LES FRANÇAIS

AUX COLONIES

CITEAUX. — IMP. GUILLERMAIN

J. SARZEAU

SÉNÉGAL ET SOUDAN FRANÇAIS
DAHOMEY
MADAGASCAR — TUNISIE

Les Français
aux Colonies

PARIS

LIBRAIRIE BLOUD ET BARRAL

4, RUE MADAME, 4

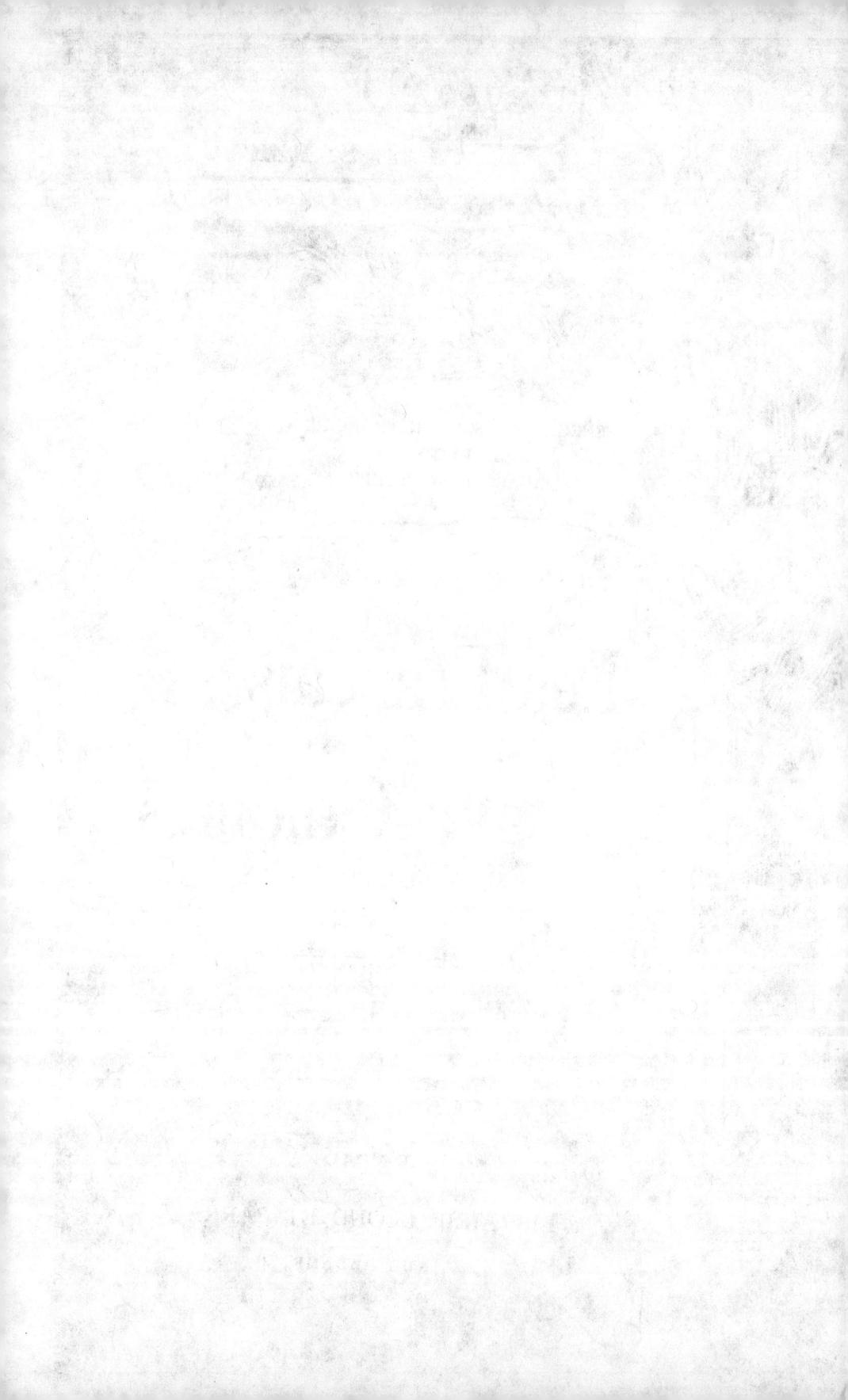

LES FRANÇAIS

AUX COLONIES

SÉNÉGAL ET SOUDAN FRANÇAIS, DAHOMEY,

MADAGASCAR, TUNISIE.

PAR

Le Commandant J. SARZEAU

PARIS

BLOUD & BARRAL LIBRAIRES-ÉDITEURS

4, rue Madame, et rue de Rennes, 59

SÉNÉGAL

ET

SOUDAN FRANÇAIS

SÉNÉGAL ET SOUDAN FRANÇAIS

AVANT-PROPOS.

I. Description géographique. — II. Populations et mœurs. — III. Divisions territoriales et administratives.

I

Le Sénégal et le Soudan Français forment un immense territoire qui s'étend le long de l'Océan Atlantique depuis le cap Blanc (21° de latitude Nord) jusqu'au cap Roxo (12° de latitude Nord) sur une étendue de plus de 1000 kilomètres. A l'intérieur nos possessions n'ont pas de limite bien arrêtée : elles comprennent non seulement le bassin du Sénégal et de ses affluents, mais les territoires baignés par le Niger supérieur et moyen ; elles se relient en outre à notre grande colonie algérienne par le Sahara qui est placé, pour employer l'expression moderne, dans notre *sphère d'influence*, et, forment ainsi un immense empire colonial, dont, il faut bien le dire, l'étendue est la principale qualité.

Le fleuve Sénégal a sa source dans le Fouta-Djallon, contrée montagneuse située dans la partie méridionale de nos possessions, d'où descendent également le Niger vers le Nord, et, vers le Sud, les nombreux cours d'eau qui arrosent les contrées baignées par l'Atlantique, du Sénégal au Sierra-Leone.

Le Sénégal qui coule d'abord du Sud au Nord, sous le nom

de Bafing, reçoit à Bafoulabé un affluent important, le Bakhoy, et se dirigeant vers le Nord-Ouest, puis vers l'Ouest, après avoir reçu près de Bakel un nouvel affluent, la Falémé, il vient se jeter à la mer un peu en aval de Saint-Louis après un cours de 1800 kilomètres.

La ville de Saint-Louis, la capitale de la colonie, est bâtie dans une ile qu'entourent les bras du fleuve. Un étroit chenal la sépare de la langue de terre comprise entre le fleuve et la mer. Sur cette langue de terre s'élèvent les villages indigènes de Guet N'dar et de N'dar-Tout. Saint-Louis est une ville régulière, à l'aspect imposant avec quelques édifices, cathédrale, hôpital, palais du gouvernement. La population s'élève à plus de 20.000 habitants, à plus de 70.000 avec la banlieue. Elle est le centre principal du commerce de toute la vallée du Sénégal. Malgré la gêne qu'apporte à la navigation la barre qui obstrue l'embouchure du fleuve, un assez grand nombre de navires viennent y charger les produits du pays.

Cependant le véritable centre maritime de notre colonie n'est plus Saint-Louis. C'est Dakar qu'un chemin de fer relie à la capitale; cette ville, qui ne compte encore que 5.000 habitants, s'élève à l'extrémité de la presqu'ile du cap Vert, au fond d'une baie spacieuse. Sa position qui commande les routes des ports d'Europe vers l'Afrique et l'Amérique du Sud lui donne une grande importance stratégique. Avec des dépôts de charbon, un arsenal et un bassin de radoub, Dakar pourrait devenir un port de premier ordre comme Aden ou Singapour. Actuellement, la ville est encore peu développée. Le commerce se porte de préférence à Rufisque (7.000 hab.) située au fond de la même baie, mais plus rapprochée que Dakar des centres de production.

La ville de Gorée qui s'élève dans une petite île en face de Dakar et qui fut un de nos premiers comptoirs sur la côte d'Afrique est aujourd'hui bien déchue de son ancienne importance. Il n'y reste qu'un hôpital où l'on envoie la plupart des convalescents de Dakar.

A l'intérieur, la population et la vie commerciale sont presque exclusivement concentrées sur les bords du Sénégal. En remontant le fleuve à partir de Saint-Louis, nous y trouvons d'abord le joli poste de Richard-Toll qui fut sous la Restauration le centre d'exploitations agricoles maintenant abandonnées, et où l'on admire encore un magnifique jardin. Un peu plus loin, c'est la ville importante de Dagana, (6.000 habitants,) ; puis Podor; plus haut encore nous rencontrons Matam, puis Bakel, le centre commercial le plus considérable du haut-Fleuve, à 760 kilomètres environ de Saint-Louis.

Le pays très plat jusqu'alors devient plus accidenté ; des collines de 100 à 150 mètres d'élévation bordent le cours du fleuve, que des rapides dangereux rendent généralement impraticables à la navigation. La ville de Kayes, maintenant le chef-lieu du Soudan Français, n'est qu'un poste militaire, situé à peu près à la limite de navigabilité du Sénégal. A quelques kilomètres plus loin est la ville de Médine, située en aval de la chute du Félou qui constitue le premier barrage important du fleuve. Ce fut pendant longtemps la limite extrême de nos postes et de notre zone d'action dans le Sénégal.

Maintenant toute la région qui sépare le Sénégal du Niger est parsemée de postes dont nous ne citerons que les plus importants : Bafoulabé, Badombé, Kita, Koundou, et enfin Bammakou sur le Niger.

En descendant le grand fleuve qui donne la vie au Soudan, nous trouvons un certain nombre de villes très peuplées,
et dont il sera souvent question au cours de cet ouvrage,
anciennes capitales de chefs noirs ou de sultans toucouleurs,
Koulikoro, Yamina, Ségou-Sikoro, Sansanding et enfin Tombouctou, la ville sainte et le centre commercial du Soudan,
bien déchue aujourd'hui de son ancienne splendeur, mais
qui à l'abri de notre protectorat peut se relever et retrouver
son importance d'autrefois.

II

Les populations, très variées d'apparence, qui habitent nos
territoires du Sénégal et du Soudan se rattachent ethnogra-
phiquement à deux races distinctes, la race *foulah* ou *peulh*
et la race *mandingue*. On peut y ajouter les races blanches
(berbères et Arabes) qui peuplent principalement les environs
de Saint-Louis et s'étendent tout le long de la côte du Sahara
jusqu'au Maroc.

Les Peulhs, que l'on appelle aussi Pouls, Foullahs, sont originaires de l'Est ou du Nord de l'Afrique ; peut-être descen-
dent-ils des premiers habitants de l'Egypte ; leur type rappelle assez celui des anciens *fellahs* égyptiens. Leur teint
est d'un brun rougeâtre, leurs traits sont presque européens,
leurs cheveux à peine laineux. Ils sont musulmans, très fanatiques, et ont joué parmi les autres peuplades de l'Afrique le
rôle de convertisseurs à main armée. Ils sont essentielle-
ment pasteurs et nomades.

C'est à la race Peulh qu'appartiennent les Ouolofs qui peuplent toute la côte et les environs de Saint-Louis. Ce sont des
hommes très intelligents et qui forment d'excellents ouvriers;

ils ont été nos auxiliaires les plus précieux dans la conquête du Soudan, et se sont si bien assimilés à nous que bon nombre d'entre eux, répudiant toute idée de race, se disent avec complaisance « enfants de Saint-Louis. »

En se mélangeant aux noirs, les Peulhs ont donné naissance à une nouvelle race, les Toucouleurs, dont il sera souvent question dans les récits qu'on va lire. Les Toucouleurs ont le type noir beaucoup plus développé que les Peulhs de race pure ; ils sont comme eux musulmans fanatiques, mais arrogants, voleurs, fourbes ; ils ont été de tout temps les ennemis acharnés de l'influence et de la conquête française. Ils n'ont qu'une qualité : ils sont laborieux et travaillent la terre.

La race mandingue comprend les *Bambaras* qui ont été jusqu'à ce jour nos alliés contre les Toucouleurs, les *Malinkés* et les *Soninkés*. Ce sont de véritables nègres au nez épaté, aux lèvres épaisses, aux cheveux crépus ; cependant ces traits ne sont pas aussi accentués que dans les races équatoriales, chez les nègres du Congo, par exemple.

Les Bambaras et les Malinkés sont généralement guerriers ; c'est parmi les premiers que se recrutent surtout nos tirailleurs sénégalais ; on verra plus loin de quel héroïsme ils sont capables quand ils sont bien encadrés et formés à notre discipline et à notre esprit militaire. Ils cultivent assez bien la terre. Les Soninkés sont surtout commerçants et conducteurs de caravanes. Tous les peuples de race mandingue sont restés païens et fétichistes.

« Chez tous les peuples du Soudan, la société se divise en hommes libres et en esclaves. Ils sont, les uns et les autres, guerriers, agriculteurs, pasteurs, ouvriers, *griots*, chasseurs ou pêcheurs. Aucun métier, pas même celui des armes, ne semble l'apanage des hommes libres, de préférence aux es-

claves. Souvent le même individu est successivement guerrier, agriculteur, ouvrier.

« Il n'y a guère d'exception que pour les *forgerons* et les
griots qui, libres ou captifs, forment des corporations fermées (1). »

Les griots sont des chanteurs, qui passent pour avoir des
relations avec les esprits ; on les vénère et on les redoute
comme des sorciers.

« Le noir est industrieux, et fait à peu près lui-même
tout ce dont il a besoin. Quand il ne voit rien à faire autour
de lui, il passe de longues journées assis près de sa case,
son fusil à côté de lui, ne faisant rien ou pinçant l'unique
corde d'une sorte de petite guitare dont il tire toujours à peu
près le même son. »

« Il aime à discuter, à *palabrer*, et on comprend que des
gens ainsi occupés n'aiment pas à prendre une décision
rapide. »

Les esclaves ne sont pas en général très malheureux.
Comme ils constituent la principale fortune de leur maitre,
celui-ci a tout intérêt à les ménager. Aussi beaucoup d'entre
eux sont-ils satisfaits de leur sort, et refusent-ils la liberté
quand nous la leur offrons. Cependant la traite des noirs
donne lieu comme partout à des abus odieux, et il est indispensable, pour l'honneur de notre civilisation chrétienne, que
la France y mette bon ordre.

« Le noir, a dit le général Archinard, abuse de sa force contre tout ce qui est plus faible que lui : c'est là le trait saillant
de son caractère. Quand on entre dans un village, ce qui
frappe tout d'abord, c'est de voir les femmes et les enfants

(1) Général Archinard. *France coloniale* par Rambaud.

appliqués à de durs travaux, tandis que le mari accroupi dans quelque coin à l'ombre, se contente pour toute occupation de se bourrer les narines de tabac. Qu'il faille porter quelque lourd fardeau au village voisin, la femme, à défaut de captifs, le charge sur sa tête, et pliant sous le faix, se met en route sans se plaindre, suivie de son seigneur et maître qui emboite le pas derrière elle et porte fièrement son fusil sur l'épaule ».

En somme, chez les Soudaniens, « la femme est souvent réduite à l'état d'une bête de somme ; pour son mari elle est une richesse, comme l'esclave ».

Le noir, par contre, possède une qualité qui a vivement frappé tous les observateurs. Il a pour sa mère une vive affection et même une véritable vénération qui la suit jusque dans sa vieillesse la plus avancée, et qui se traduit souvent par des actes de dévouement réellement touchants.

III.

Au point de vue administratif, l'ensemble de nos possessions sénégalaises et soudaniennes se divise en deux gouvernements à peu près distincts : le Sénégal proprement dit et le Soudan Français.

Le Sénégal comprend un certain nombre de subdivisions : le Cayor, qui s'étend le long de la côte au sud de Saint-Louis, est principalement habité par les Ouolofs; le *Oualo* comprend la partie basse du fleuve ; en remontant dans l'intérieur, on trouve le *Fouta* qui s'étend sur la rive gauche du Sénégal dans tout son cours moyen; habité presque exclusivement par les Toucouleurs, ce fut longtemps une des régions les plus remuantes de nos possessions.

Au delà du Fouta, se trouve le *Bondou;* sur la rive gauche, le *Kaarta;* sur la rive droite, le *Bélédougou* qui comprend toute la région entre le haut Sénégal et le Niger; le *Fouta-Djalon* dans le Sud, le *Ségou* et le *Macina* dans le haut et le moyen Niger. Ces dernières provinces dépendent du gouvernement du Soudan Français, dont le chef-lieu a été établi provisoirement à Kayes.

Le gouverneur du Soudan dépend en partie du gouverneur du Sénégal, quoiqu'il ait le droit de correspondre directement avec le ministre des Colonies. Son autorité s'étend principalement sur le bassin du Niger et sur la partie du bassin du Sénégal qui en est le plus rapproché.

Une troisième division comprend le territoire des *Rivières du Sud*, situées au Sud de la Gambie jusqu'au Liberia. Nous n'avons pas à nous en occuper ici, la conquête de ce pays n'ayant donné lieu à aucun incident digne d'être raconté.

La superficie de cet ensemble de territoires est approximativement de 1.500.000 kilomètres carrés, près de trois fois la superficie de la France. La population est évaluée à 5.000.000 d'habitants, dont un millier seulement d'Européens résidant surtout à Saint-Louis et dans les villes de la côte.

Pour tenir sous sa dépendance une si grande étendue de pays, la France n'y entretient guère plus de trois ou quatre mille hommes de troupes dont quelques centaines seulement sont Français, tout le reste étant fourni par des contingents indigènes.

Le colonel, commandant supérieur des troupes, a sous ses ordres des troupes d'infanterie et d'artillerie de marine envoyées de France pour faire un séjour de deux années dans la colonie; un escadron de spahis sénégalais comprenant par parties égales des spahis européens détachés du 1er régiment d'Algérie et des spahis indigènes ; deux compagnies de disciplinaires de la marine ; enfin des troupes de tirailleurs sénégalais recrutés parmi tous les noirs du Sénégal et des pays voisins qui demandent à contracter un engagement ; ces tirailleurs sont commandés par des officiers, sous-officiers et caporaux de l'infanterie de marine et indigènes dans les proportions fixées par les règlements.

Les troupes d'artillerie se composent de plusieurs batteries de détachements d'ouvriers d'artillerie, et d'une compagnie de conducteurs sénégalais, formée de militaires européens et de militaires indigènes comme l'escadron des spahis (1).

La marine, placée sous les ordres d'un capitaine de frégate qui réside à Dakar, comprend quelques avisos de rivière, et deux petites canonnières démontables qu'on a transportées et lancées sur le Niger. Les équipages sont formés en grande partie de matelots indigènes nommés *laptots*.

(1) *Général Archinard.* FRANCE COLONIALE par *Rambaud.*

CHAPITRE PREMIER.

I.

Le Sénégal est la plus ancienne colonie de la France. Dès le quatorzième siècle, des navigateurs dieppois avaient des comptoirs sur cette partie de la côte d'Afrique. Après différentes vicissitudes sur lesquelles il est inutile de nous arrêter ici, les établissements du Sénégal furent réunis en 1779 en une seule colonie, administrée par des gouverneurs nommés par le roi. Tombé au pouvoir des Anglais pendant les guerres du premier empire, le Sénégal fit retour à la France en 1815.

A cette époque, notre colonie ne comprenait réellement que la ville de Saint-Louis et l'ilot de Gorée. Dès 1820 on construisit les forts de Richard-Toll et de Dagana, et un peu plus tard le fort de Bakel sur le Sénégal. Mais notre situation resta longtemps des plus précaires. Les Maures de la rive droite venaient jusqu'aux portes de Saint-Louis piller les villages et les caravanes, et ils tenaient sous la terreur les petits états noirs de la rive gauche du Sénégal.

Le commandant du génie Faidherbe fut le véritable créateur de notre colonie. Un séjour prolongé en Algérie, à la Guadeloupe, au Sénégal même, où comme simple capitaine, il avait contribué à l'érection de plusieurs postes, l'avait mis à même de se familiariser avec les questions coloniales.

Nommé gouverneur du Sénégal, le 16 décembre 1854, il commença par faire une guerre impitoyable aux Maures Trarzas, les chassa de la rive gauche du fleuve et des environs de Saint-Louis, et, après quatre ans de luttes et d'efforts incessants, il réussit à leur imposer un traité par lequel ils reconnaissaient la souveraineté de la France sur le bas Sénégal.

Au moment où le gouverneur croyait avoir terminé son œuvre de pacification, un nouveau et plus pressant danger vint tout compromettre.

Un conquérant, Al-Hadji-Omar, avait levé l'étendard du prophète dans l'intérieur du Soudan, et après avoir fondé un vaste empire sur les débris des principautés nègres établies entre le Sénégal et le Niger, il avait formé le projet de jeter à la mer les *infidèles*, les chrétiens, en soulevant contre nous les indigènes de Fouta et du bas-fleuve nouvellement soumis à notre domination.

Al-Hadji-Omar était né près de Podor ; il était fils d'un marabout toucouleur et il se fit remarquer de bonne heure par son intelligence et sa ferveur religieuse. Il accomplit au milieu de difficultés considérables le pèlerinage de La Mecque qui lui valut le titre, si recherché dans le monde musulman, de Al-Hadji. A son retour de La Mecque, il s'établit dans le Fouta-Djallon, pays remuant et habité par ses compatriotes toucouleurs ; il sut grouper autour de lui un certain nombre de partisans qu'il enthousiasmait par sa parole ardente et ses projets de guerre sainte contre les *infidèles*.

Ce fut en 1850 qu'il commença ses conquêtes. Il soumit facilement les peuplades indigènes, de race mandingue, qui peuplaient le bassin du Haut-Sénégal jusqu'aux bords du Niger; enfin, en 1857, il envahit le territoire soumis à la France et vint mettre le siège devant Médine.

II.

La ville de Médine, située à la limite de la navigation du Sénégal, à deux kilomètres en aval des chutes du Félou, était alors notre poste le plus avancé dans l'intérieur. Le gouverneur Faidherbe, qui en avait compris l'importance stratégique, y avait récemment fait construire un fort qui commandait le fleuve.

Le mur d'enceinte en forme de rectangle avait son côté Nord sur la berge. Il dominait dans l'Ouest le village de Médine situé en contre-bas le long du fleuve; le village était entouré d'un mur en terre ou *tata* qui, partant de la berge même, le défendait contre les attaques de la rive gauche.

La garnison comprenait sept Européens, vingt-deux soldats noirs et une *trentaine* de *laptots* ou marins de Saint-Louis, soit en tout une soixantaine d'hommes. C'était peu sans doute. Mais comme on le verra bientôt, sous la direction d'un chef énergique, le courage et le dévouement peuvent suppléer au nombre et enfanter des prodiges.

Le commandant du poste était un mulâtre de Saint-Louis déjà connu au Sénégal par son énergie et son intelligence, nommé Paul Holle. Chrétien convaincu, il joignait à un patriotisme ardent une foi religieuse intense qui allait s'exalter encore dans sa lutte avec les Musulmans. On s'attendait peu sans doute à retrouver dans nos guerres coloniales, en plein dix-neuvième siècle, le cachet des croisades et des guerres religieuses du moyen âge. Il en est pourtant ainsi, et à ce titre, le siège de Médine mérite une mention spéciale qui le met à part des faits de guerres analogues de notre époque.

Nous emprunterons au capitaine Pietri (1) le récit émouvant et si peu connu de cette lutte héroïque où une poignée d'hommes réussit à tenir en échec les hordes fanatisées du prophète musulman.

« Paul Holle s'attendait depuis longtemps à une attaque ; les préparatifs de défense les plus sérieux avaient été faits ; le fort avait été relié au village par un mur en terre assez solide, renforcé d'une palissade, derrière laquelle on avait construit des hangars pour abriter la foule désarmée venue du dehors.

« Cette foule comprenait près de six mille personnes, vieillards, femmes, enfants qui avaient fui de tous les points du Haut-Sénégal à la menace de l'invasion. En outre deux mille hommes, qui nous avaient été fournis par un chef noir de nos alliés, Sambala, étaient spécialement chargés de la défense du village.

« Pendant qu'à Médine on prenait les dernières dispositions, le prophète concentrait ses troupes à Sabouciré, faisait construire des échelles de bambou, accumulait les munitions et continuait ses prédications enthousiastes. Au moment de s'engager dans une lutte ouverte contre nous, il éprouvait cependant une certaine défiance de lui-même, et craignant de voir son prestige compromis par un échec, il ne poussait pas directement ses troupes au combat. Mais il excitait sous main

(1) Les Français au Niger.

ses lieutenants, et c'étaient eux qui préparaient l'attaque. Il ne voulut même pas y assister, promettant seulement en termes obscurs que, *s'il plaisait à Dieu*, les canons ne partiraient pas contre eux ; et les laissant tout d'abord aller de l'avant, il resta à Sabouciré. »

Les troupes qui marchaient contre Médine comprenaient la plus grande et la meilleure partie de l'armée d'Al-Hadji. Elles étaient au nombre d'environ quinze mille combattants. Mais ceux-ci étaient suivis d'une si grande quantité de femmes et d'esclaves non armés, qu'à voir cette foule, le long des étroits sentiers du pays, elle semblait innombrable.

Les assaillants étaient partagés en trois colonnes de force inégale. La plus nombreuse, où se trouvaient aussi les plus braves et les plus décidés, devait attaquer le fort ; la seconde devait donner l'assaut du village, et la troisième, composée en grande partie des Khassonkés de Kartoum, devait faire une diversion sur la face Ouest du poste.

« L'assaut était décidé pour le 20 avril 1857. La veille, une femme échappée de Sabouciré, vint en avertir le commandant ; la nuit, la marche de l'ennemi fut signalée ; au point du jour, il parut.

« Le village fut attaqué le premier ; mais, au moment où Paul Holle dirigeait de ce côté son artillerie, il vit arriver sur le fort la colonne principale, celle du centre. Elle s'avançait en une masse profonde et silencieuse, tête baissée, comme des hommes bien décidés à ne pas reculer. En tête, un guerrier marchait avec l'étendard du prophète ; derrière étaient portées des échelles pour l'escalade.

« Paul Holle avait donné ordre de ne tirer que sur un signal de lui. Il laissa l'ennemi s'avancer à bonne portée ; puis, à son commandement, les canons et les fusils du fort parti-

rent à la fois. L'effet sur cette masse compacte fut si sanglant que les assaillants hésitèrent un instant. Malgré la pré-
diction du prophète, les canons partaient ; mais l'hésitation
ne fut pas longue ; et, entraînés par la voix des chefs, les soldats poussant des cris, s'excitant eux-mêmes au bruit du
combat, reprennent plus rapidement leur marche en avant,
malgré le feu meurtrier qui partait des créneaux.

« Cette fois, l'élan est si vif qu'ils arrivent en quelques
minutes au pied du mur, se répandent le long de l'enceinte,
placent leurs échelles et montent à l'assaut ; un moment
même, leur étendard paraît sur le rempart. Les assiégés
redoublent d'efforts, et une lutte corps à corps s'établit sur
la crête du mur. Paul Holle se multiplie ; une grêle de balles
tombe du haut de la terrasse du poste sur les assaillants les
plus proches ; aux créneaux, derrière chaque soldat qui fait
feu, deux hommes chargent les fusils dont il fait usage.

« Pendant ce temps, une troisième attaque se dessine à
l'Ouest : ce sont les Khassonkés de Kartoum qui viennent
en aide à la colonne principale.

« Enfin, le porte-drapeau est tué, les échelles renver-
sées ; l'ennemi recule lentement en subissant encore de
grandes pertes et va se placer derrière les abris naturels
qu'il peut trouver à petite distance. Sambala avait résisté de son mieux et avait rejeté l'ennemi loin du *tata*. Le
feu ne cessa pas pour cela ; pendant cinq heures, le combat
continua de loin ; puis peu à peu les Toucouleurs se retirèrent.

« Les morts qu'ils laissaient sur le terrain, en dehors de
l'enceinte, témoignaient de leur opiniâtreté et de l'ardeur de

leur lutte ; mais ils n'étaient pas habitués aux revers, et celui-ci ébranla leur confiance dans le prophète.

« Ils semblèrent abandonner la partie et revinrent tout découragés à Sabouciré. Ils y trouvèrent Al-Hadji-Omar ferme et confiant dans le succès. La lutte engagée maintenant, bien que sans son aveu, il pouvait agir franchement et diriger lui-même ses soldats. Il les gourmanda, attribua l'insuccès à leur manque de foi et à leur impatience, et enfin réussit à relever peu à peu leur courage et à leur rendre leur confiance en eux-mêmes.

« Vous avez voulu vous battre malgré moi, leur disait-il ; « vous voilà vaincus : Dieu vous punit et vous êtes déses- « pérés comme des femmes à cause d'un revers. Je dis : « Croyez-vous donc que vous n'avez pas beaucoup péché et « que Dieu ne sait pas se venger ! »

« Et plus tard :

« Vous avez engagé le nom de notre Dieu et vous le lais- « sez tourner en dérision par les Keffirs ; eh bien ! je vous « dis : Maintenant il faut venger Dieu, il faut venger le « sang d'Oumar Sané, Ahmadi Hamat, d'Abdoulage et de « tous ceux qui sont morts pour la foi. »

III.

« Médine un instant délivré vit reparaitre l'ennemi. En peu de temps, un blocus rigoureux se forma autour de ses murs ; il fut surveillé par une foule de petits postes cachés à bonne portée ; et désormais, aucune tête ne pouvait se montrer sans qu'elle ne fût accueillie à coups de fusil.

« Heureusement, on avait encore des vivres ; avant de le réduire par la famine, les assiégeants essayèrent de prendre

le village par la soif; Médine n'a pas de puits dans l'intérieur de l'enceinte et il tire toute son eau du fleuve. Il y avait
en face du poste, au milieu du Sénégal, un îlot de sable assez
élevé d'où l'on commandait la rive gauche où est Médine. En
même temps, le talus du côté opposé était assez raide pour
servir d'abri contre les projectiles du village.

« Un poste de laptots occupait ce point important : mais
une nuit, ils furent surpris, chassés après un combat assez
vif, et plus de cent Toucouleurs occupèrent l'îlot. Le lendemain, les habitants qui, suivant leur habitude, allèrent au
fleuve, furent reçus par une grêle de balles. Le danger était
sérieux ; à tout prix, il fallait reprendre la position.

« Tout d'abord on pourvut aux premiers besoins de la
manière suivante : plusieurs hommes se plaçaient à la file
sous une pirogue renversée qu'ils soutenaient sur leurs épaules et dont ils se servaient comme bouclier contre les balles
ennemies. Ils s'approchaient ainsi du fleuve péniblement,
tout courbés, et en rapportaient chacun une calebasse remplie
d'eau. C'était une manœuvre fatigante et très dangereuse,
que les plus braves seuls osaient exécuter ; mais dès le lendemain l'embarcation du poste était armée ; elle était couverte et blindée de peaux de bœufs que les balles ennemies
étaient impuissantes à traverser.

« Sous un feu violent, Paul Holle la mit à flot ; le sergent
Desplat et une quinzaine de laptots la montèrent et lui
firent prendre le large. Nos hommes, arrivés en vue de
l'autre versant de l'îlot, firent feu sur l'ennemi qui se trouva
ainsi entre les feux croisés du poste et de l'embarcation.
Incapables de résister, les Toucouleurs finirent par se jeter
à l'eau, non sans laisser sur la rive un grand nombre de
morts. L'îlot de sable fut repris ; et, détail hideux, pendant

plusieurs jours, il fut entouré de nombreux caïmans que l'odeur du sang répandu y attirait.

« Le blocus, tous les jours plus resserré, n'en continuait pas moins. Les souffrances des assiégés augmentaient. Le grand nombre des réfugiés, bouches inutiles, avait rapidement consommé les approvisionnements qui, le premier jour, semblaient considérables. Vers la fin de juin, il y avait encore un peu de mil, quelques arachides et même un peu de biscuit. Mais ce qui manquait absolument, et ce dont on sentait vivement la privation sous ce soleil brûlant, c'était le feu. Il en fallait pour la cuisson des aliments et depuis longtemps on n'avait plus rien de combustible dans le village. On était réduit à manger un mélange grossièrement pilé de mil et d'arachides.

« Paul Holle donnait à tous l'exemple de l'abnégation. Sa foi religieuse, exaltée par la lutte qu'il soutenait contre le prophète, lui donnait une opiniâtreté d'apôtre ; car, dans ces combats journaliers avec une race pillarde et dévastatrice, il aimait à retrouver l'antique combat de la croix de Jésus contre le croissant de Mahomet. Au-dessous du drapeau français, il mettait des inscriptions de ce genre : *Pour Dieu et la France ! Jésus, Marie !*

« L'activité, l'ardeur de cet homme héroïque augmentaient à mesure que la détresse du poste devenait plus grande. Il avait su communiquer à ceux qui l'entouraient la foi et la passion du devoir dont il était animé. Les sept Français, soldats bien humblement gradés de notre armée, avaient généreusement compris leur devoir. Ils représentaient la patrie dans ce coin du Sénégal ; l'honneur du drapeau leur était confié, et leur âme s'était élevée à la hauteur de cette noble tâche. Ils formaient autour du commandant un état-major dévoué, prêt à tous les sacrifices, à qui pouvaient être confiés les douloureux secrets de la défense que l'on cachait aux indigènes.

« Les munitions commençaient à manquer, mais Paul Holle prétendait en avoir ses magasins remplis. Lorsque le roi Sambala lui en demandait pour répondre au feu des Toucouleurs et repousser leurs avant-postes, il répondait :

« Quand le jour du combat viendra, je t'en donnerai tant « que tu voudras ; maintenant ménage celles que tu as. »

Pendant ce temps, il vidait en secret ses obus pour faire des cartouches, et il écrivait à Saint-Louis et à Bakel. « Il ne « reste au poste qu'une dizaine de paquets de cartouches. « Nous avons beaucoup de fusils qui ne peuvent servir faute « de pierres. »

Les eaux malheureusement étaient encore trop basses. Les officiers des postes voisins voyant le danger imminent de Médine faisaient des efforts désespérés pour rallier les indigènes dévoués et les conduire au secours des assiégés. Mais telle était la terreur qu'inspirait Al-Hadji-Omar que dès qu'on approchait de l'ennemi, des désertions en masse se produisaient et les officiers restaient seuls.

L'aviso *Guet N'Dar* avait essayé de profiter d'une crue du fleuve pour remonter vers Médine. mais il s'était échoué contre des rochers, avait été attaqué par les Toucouleurs, et, bien que cette attaque eût été brillamment repoussée, l'aviso n'avait pu être dégagé, et le commandant malade avait dû être évacué sur Bakel où il mourut.

Ces tristes nouvelles amplifiées par les récits des Toucouleurs parvenaient jusqu'aux assiégés et jetaient la terreur et le désespoir parmi nos auxiliaires indigènes. Paul Holle essayait de les réconforter, se montrait toujour impassible et démentait ces récits qu'il ne savait que trop véridiques.

Sa résistance à l'ennemi n'en devenait que plus vive et même agressive, tant il voulait montrer que les événements extérieurs ne pouvaient abattre son courage.

« Les Toucouleurs étonnés et inquiets de cette invincible opiniâtreté commençaient eux-mêmes à désespérer d'en venir jamais à bout. Mais le prophète était plus tenace; il leur montrait que ces apparences de vigueur et de force dont les Français étaient plus prodigues que jamais, étaient destinées à cacher à tous les yeux l'affaiblissement de la garnison et le découragement qui gagnait les Khassonkés. Croyant peut-être lui-même les assiégés plus affaiblis qu'ils ne l'étaient en réalité, il disposa tout pour une attaque de nuit. Les hommes les plus braves étaient désignés, et l'on se disposait à partir, lorsqu'une émeute se produisit contre les exigences d'Al-Hadji : celui-ci voulait leur faire porter les pioches et les outils nécessaires pour démolir le tata du village que l'on devait attaquer le premier. Furieux de cette rébellion, que peut-être il avait prévue, le prophète se précipita en avant, se chargea les épaules des outils dont ne voulaient pas ses soldats, et partit le premier en poussant son cri de guerre : *La illah illallah. Mahamadou raçoul Allah !*

« Ses guerriers le suivirent, honteux de leur mouvement de révolte, l'empêchèrent d'aller plus loin et se portèrent avec plus d'ardeur vers le point désigné pour l'attaque.

« Mais les assiégés veillaient ; les Toucouleurs ne purent les surprendre. Malgré le feu qui s'ouvrit contre eux, les assiégés parvinrent jusqu'au tata, et, tout en combattant, commençaient à le battre à coups de pioches. En peu de temps, une petite brèche était faite, et déjà les assaillants y pénétraient, lorsque, heureusement, un secours arriva du fort.

Les Toucouleurs furent encore une fois refoulés après un combat très vif, et aussitôt la garnison, avec des palissades et des toitures de cases, se mit en devoir de réparer la brèche.

« Mais c'était le dernier effort des assiégés. Ils venaient de brûler leurs dernières cartouches et n'auraient pu résister à un autre assaut. Il fallait le prévoir, pourtant ; Paul Holle n'avait plus d'autre ressource que de s'ensevelir sous les ruines du fort. Les rôles pour cette lutte suprême furent distribués et acceptés avec tout le calme qui convenait à des soldats. Le commandant devait sauter avec le bâtiment d'habitation, et le sergent Desplat avec la poudrière, dès que l'ennemi pénétrerait dans le fort ».

IV.

Pendant que Médine arrivait ainsi aux limites extrêmes de la résistance, le secours si nécessaire approchait. Deux avisos étaient arrivés à Saint-Louis et se tenaient prêts à partir dès que la crue des eaux le permettrait. Cette année là — ce fut sans doute un miracle accordé à l'ardeur religieuse de Paul Holle et à sa foi dans le Christ — elle commença plus tôt que d'habitude. Le 2 juillet le colonel Faidherbe put s'embarquer.

La navigation est toujours difficile sur le fleuve ; le prophète avait encore ajouté à ces difficultés en faisant construire des barrages heureusement peu solides et que les premières crues emportèrent en partie. Enfin le 28 juillet la flottille arrivait en vue des Kippes à cinq kilomètres en aval de Médine.

« Les Kippes sont deux grands rochers à pic opposés sur chaque rive et entre lesquels le fleuve resserré forme un courant très rapide, des plus dangereux à franchir en temps ordinaire.

« Ayant reconnu que le passage si difficile des Kippes était défendu par de nombreux contingents couvrant les rochers qui dominaient le fleuve des deux côtés, le gouverneur se décida à forcer le passage en même temps par terre et par eau. Attendre de nouveaux renforts c'était s'exposer à laisser prendre Médine qui devait être à la dernière extrémité. Des personnes doutaient même qu'il fût encore en notre pouvoir.

« A six heures, le *Basilic* s'embossa à portée d'obusier des Kippes, et les canonna alternativement. En même temps le gouverneur débarqua pour prendre le commandement des troupes à terre : 500 hommes, dont 100 blancs et un obusier. Il porta la colonne au pied de la position à enlever, fit lancer deux obus et sonner la charge ; soldats, laptots, volontaires et ouvriers, officiers en tête, escaladèrent le rocher avec beaucoup d'entrain. L'ennemi l'abandonna sans résistance et l'on ne reçut des coups de fusil que des ennemis embusqués sur la rive gauche. On prit position de manière à répondre à leur feu et à protéger le passage du *Basilic* ; l'ordre fut alors donné à celui-ci de franchir.

« La colonne descendit ensuite sur le bord du fleuve vis-à-vis de l'aviso, et de là, on aperçut, à travers une plaine de 3 à 4 000 mètres, le fort de Médine. Le pavillon français flottait sur un des blockhaus. Mais aucun bruit, aucun mouvement ne prouvait que le fort fût occupé. Dans la plaine on voyait des Toucouleurs embusqués ou errants çà et là.

« Toute la colonne passe alors sur la rive gauche, refoule les Toucouleurs de toute part, et se rapproche de Médine. Mais le fort ne donnait pas encore signe de vie, et cela paraissait inexplicable quand on songeait que Médine contenait plus d'un millier de défenseurs armés de fusils. Enfin, le gouverneur, ne pouvant contenir son impatience, se lance au pas de course sur les positions ennemies.

« Les Toucouleurs montrèrent jusqu'au dernier moment une audace incroyable : poursuivis, cernés, ils ne faisaient pas un pas plus vite que l'autre et se faisaient tuer plutôt que de fuir, tant était grande leur exaspération de voir leur échapper une proie qu'ils tenaient déjà si bien » (1).

Les défenseurs avaient enfin donné signe de vie : Paul Holle en tête, ils étaient sortis en poussant des cris d'allégresse, et s'étaient jetés dans les bras de leurs libérateurs. Toutes les souffrances étaient finies, et tant d'efforts n'avaient pas été stériles !

« Mais quel spectacle navrant pour les nouveaux venus!

« Les environs du poste offraient l'aspect d'un charnier ; aucun ossement n'avait été enlevé depuis le commencement du siège ; la putréfaction s'y faisait sentir encore. Toute une foule affamée, en guenilles, des enfants, des vieillards surtout, entassés, grouillant au milieu des immondices et n'ayant pas même la force de remercier ceux qui venaient les délivrer. Certes le secours était arrivé bien juste à temps !

« Pendant que le combat se poursuivait au dehors, et que les Toucouleurs vaincus reprenaient en désordre le chemin de Sabouciré, Sambala qui voulait prendre sur Al-Hadji-Omar sa revanche de tant d'insultes, vint demander au commandant du poste cette poudre tant promise, puisqu'enfin, le jour du combat était venu.

(1) Annuaire du Sénégal.

« Je n'en ai pas, répondit Paul Holle.

— Et ces magasins tout remplis ?

— Il n'y a que des caisses vides.

— Mais pourquoi me disais-tu ?... Ah je comprends maintenant. Vous autres blancs, vous pensez à tout. »

« Quelques jours après, le gouverneur poursuivait Al-
Hadji-Omar sur la route de Sabouciré, lui infligeait une
nouvelle défaite après un brillant combat, et en délivrait
complètement le Khasso. Le prophète fuyait donc devant nos
troupes, mais il ne voulait pas s'avouer définitivement vaincu par les infidèles : il allait chercher des vivres, disait-il, et
promettait de revenir.

« Une pierre a été posée à la place même où se livra le
combat acharné du premier jour du siège. Elle porte inscrits
les noms des défenseurs de Médine (1). »

V

Quelques jours après, Al-Hadji ayant reçu des renforts
importants, reprenait avec ses troupes le chemin de Médine.
Le gouverneur sortit au-devant de lui avec les forces peu
nombreuses qu'il avait à sa disposition, 50 soldats blancs et
300 noirs environ. La rencontre eut lieu à trois kilomètres de la place. Les Toucouleurs embusqués derrière un
ravin défendirent vigoureusement leurs positions. Mais ils ne
purent résister à l'élan des nôtres. Entraînées par l'exemple
de leurs chefs, nos troupes coupèrent en deux la ligne de
bataille de l'ennemi. Le gouverneur, à la tête de cinquante

---

(1) PIETRI. *Les Français au Niger.*

soldats blancs, s'attaqua au corps principal. La résistance
de l'ennemi fut acharnée; et son feu très vif nous causa de
grandes pertes. Le sous-lieutenant Desmet de l'état-major
fut tué. Le sous-lieutenant Guizeri de l'infanterie de marine
gravement blessé ; trois sergents sur cinq furent atteints ; en
tout trente-neuf hommes hors de combat. Mais l'ennemi dé-
cimé par notre fusillade et par la mitraille de notre obusier
fit des pertes encore plus considérables, et s'enfuit en désordre dans les montagnes. Une partie de son convoi tomba
entre nos mains.

Al-Hadji, ayant appris que le gouverneur allait recevoir de
nouveaux renforts de Saint-Louis, quitta Sabouciré après en
avoir détruit le tata, et remontant le Sénégal par la rive
gauche se retira dans le Fouta-Djalon avec tous ses fidèles
et ses biens.

Le gouverneur Faidherbe fit alors battre la campagne dans
les environs. La forteresse de Somsom, qui avait résisté à
plusieurs assauts, fut prise, le Bondou et le Khasso complètement débarrassés des bandes d'Al-Hadji.

L'année suivante, le prophète recommença ses incursions
qu'il poussa jusque dans le Fouta. Au commencement de
de 1859, il arriva devant le poste de Matam, qui se trouvait
être commandé par le héros de Médine, Paul Holle. Al-Hadji
ne voulut pas passer devant ce poste sans essayer de reprendre sa revanche sur son ancien adversaire, et, après avoir
ravagé tout le pays aux alentours, il vint mettre le siège
devant Matam.

Le 13 avril, à quatre heures et demie du matin, son armée
partagée en deux colonnes commença son mouvement vers
la tour. Une des colonnes se dirigea vers le réduit et une autre
vers le village. Le réduit et la canonnière *Galibi* qui se trou-

vait au mouillage ouvrirent le feu sur les assaillants qui furent repoussés. Ceux-ci laissèrent sur le terrain 24 hommes, parmi lesquels se trouvait un parent d'Al-Hadji. Les pertes de notre côté furent de cinq hommes, tués dans le village.

Le même jour à huit heures du soir le village fut de nouveau attaqué. Un quart d'heure après, l'ennemi était encore obligé de se retirer. Enfin le 16 avril, Al-Hadji se décida à vider les lieux. Les canons et les carabines du réduit et du *Galibi* jetèrent la confusion dans ses troupes qui se débandèrent ; les gens du village se mirent à leur poursuite et firent de nouveaux prisonniers.

Quelque temps après, Al-Hadji découragé et ne pouvant plus vivre dans le pays qu'il avait complètement ruiné se retirait dans la région du Haut-Niger, laissant seulement une solide garnison à Guémou.

VI.

La citadelle de Guémou avait été construite par le prophète quelques années auparavant, à une petite distance du fleuve, presqu'en face de Bakel, pour intercepter le commerce de cet important comptoir et en même temps pour assurer les communications de ses partisans entre le Kaarta et le Fouta. Sur les sollicitations pressantes des négociants de la colonie, le gouverneur résolut de s'en emparer.

La ville fut prise le 25 octobre 1859 après un combat acharné qui nous coûta des pertes sensibles, 39 tués dont un officier et 97 blessés. Mais le prophète, découragé par ce dernier revers, se décida enfin à nous demander la paix.

Un traité, signé en août 1860, établit le protectorat de la

France sur le Bafing, la Falémé, le Bondou, et laissa à Al-Hadji le Kaarta, le Beledougou, en un mot la région située entre le Sénégal et le Niger. Le prophète tourna alors toute son activité guerrière du côté des peuplades du Soudan. En moins de trois ans, il s'empara de toute la vallée du Niger, et ses bandes victorieuses poussèrent jusqu'à Tombouctou qui fut mis à sac. Mais bientôt la cruauté des conquérants souleva contre eux les peuples nouvellement soumis. Al-Hadji vaincu, puis assiégé dans Hamdallahi résista avec un courage héroïque. Avec une poignée d'hommes, il repoussa pendant plusieurs mois tous les assauts des rebelles. Réduit à la dernière extrémité, au moment où les assaillants, dans un suprême effort, escaladaient les murs de la citadelle, il s'assit sur un tonneau de poudre et ordonna à un de ses fidèles d'y mettre le feu. Le prophète sautait pour ne pas tomber entre les mains de ses ennemis.

Nous ne dirons rien des luttes qui éclatèrent à sa mort entre ses fils. L'aîné Ahmadou finit par recueillir seul l'héritage de son père. Nous le retrouverons plus tard à Ségou.

CHAPITRE II.

I

Les années qui suivirent la paix avec Omar furent em-ployées à achever la conquête du Bas-Sénégal, du Cayor et du Saloum. Il n'entre pas dans le cadre de cet ouvrage de ra-conter les nombreuses expéditions, la plupart dépourvues d'intérêt, dirigées contre les peuplades de ces pays qui du reste nous opposèrent moins de résistance que les Toucou-leurs ; et nous passerons tout de suite aux campagnes de]pé-nétration vers le Niger où l'endurance et le]courage de nos soldats allaient pouvoir se manifester sur un nouveau et plus vaste théâtre.

Ce fut le colonel Brière de l'Isle qui fit reprendre la mar-che en avant dans le Soudan. Elle débuta en 1878 par la prise de Sabouciré, gros village habité par une population fort remuante de Toucouleurs et qui fut emporté par le lieu-tenant-colonel Reybaud après une défense acharnée des habi-tants.

L'année suivante le colonel Brière de l'Isle fit construire un poste à Bafoulabé, au confluent du Bafing et du Bakhoi. Puis il confia au capitaine Gallieni, de l'infanterie de marine, l'importante mission d'entrer en relations avec Ahmadou, le sultan de Ségou, dont l'autorité s'étendait sur tous les pays compris entre le Sénégal et le Haut-Niger.

La colonne Gallieni, comprenait seulement une trentaine de tirailleurs sénégalais et dix spahis, escortant un convoi de 100 âniers et de 300 bêtes de somme chargés de vivres et de cadeaux. Les lieutenants Vallière et Pietri, les docteurs Tautain et Bayol accompagnaient le capitaine Gallieni, dont la mission devait être avant tout pacifique et diplomatique. La petite troupe armée qui en faisait partie constituait plutôt une escorte qu'une colonne militaire.

La mission quitta Médine le 22 mars 1880 et arriva à Kita le 22 avril suivant. Le capitaine Gallieni réussit après de longues négociations à imposer notre protectorat aux populations de cette région.

Elle traversa ensuite le Bélédougou dont les habitants dissimulaient mal leurs dispositions hostiles. A force d'habileté et d'énergie, le capitaine Gallieni réussit cependant à atteindre sans encombre le village de Dio, à quelques journées de marche du Niger.

On établit le camp à 600 mètres au delà du village. Le capitaine Gallieni s'était aperçu en arrivant près de Dio que l'enceinte du village, dans laquelle il lui avait été interdit de pénétrer, était remplie d'un nombre extraordinaire de guerriers Bambaras. Mis en défiance, il fit explorer avec soin les environs. Les éclaireurs ne trouvèrent rien de suspect. Les environs de Dio étaient silencieux et déserts.

Le lendemain 11 mai, on se remit en route vers une heure

de l'après-midi. Quelques spahis ouvraient la marche, suivis du capitaine et du docteur Bayol avec la moitié des tirailleurs; derrière venait la longue file des ânes; le docteur Tautain fermait la marche avec le reste des tirailleurs.

On arriva sans encombre au ruisseau de Dio ; ce ruisseau coule dans un lit fangeux et très encaissé entre deux rives bordées d'une végétation très épaisse. On traversa péniblement ce passage dangereux. Le temps était à l'orage, l'air étouffant; un silence profond régnait dans ces broussailles qui, pourtant, grouillaient de monde. Le docteur Tautain avec l'arrière-garde allait traverser le ruisseau quand tout à coup la fusillade éclate sur toute la longueur de la colonne.

Les Bambaras embusqués se lèvent en poussant leur hurlement sinistre : hou ! hou ! qui est le signal de l'attaque. Ils tirent à coups précipités sur les voyageurs, se ruent sur eux et sur le convoi qui les suit, et une mêlée confuse se produit. Le capitaine Gallieni réussit enfin à réunir ses hommes, bouscule autour de lui les ennemis qu'il rencontre et a même de la peine à contenir ses soldats surexcités par le bruit du combat. Enfin il parvient à gagner une petite éminence sur laquelle se dressaient les ruines d'un village avec quelques pans de mur encore debout. Il s'y établit solidement.

Dès le début de l'action, l'arrière-garde avait été complètement séparée du reste de la colonne. Le danger qu'elle courait était encore plus grand qu'en tête à cause de la nature du terrain.

« Les Bambaras cachés au milieu d'une épaisse végétation où l'on ne voyait que les canons de leurs fusils faisaient feu presque à coup sûr de très près sur l'arrière-garde qui s'approchait. Bientôt les mulets se renver-

1. — GÉNÉRAL FAIDHERBE

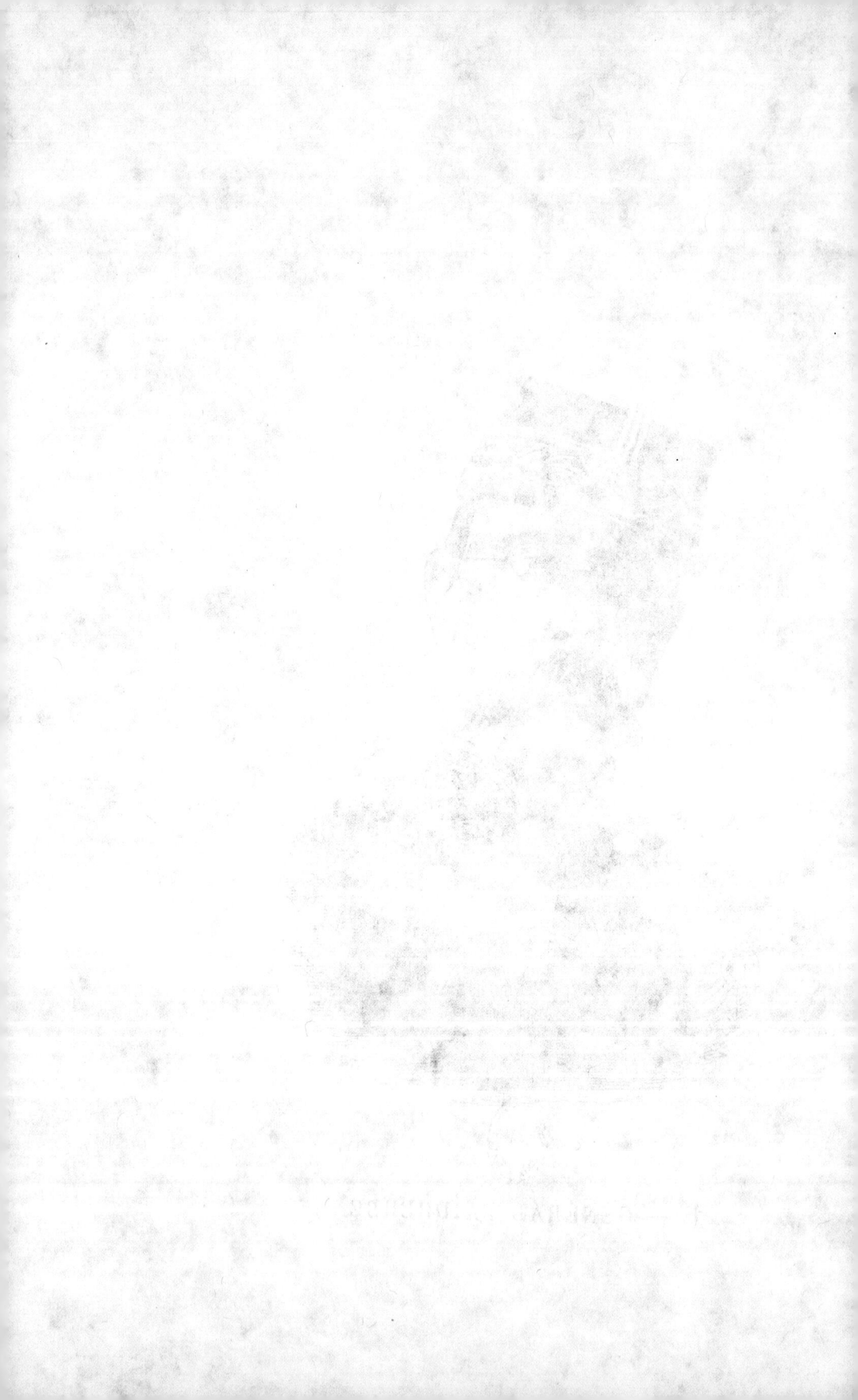

sent dans le lit du marigot, leurs conducteurs sont tués pendant qu'ils essaient de les relever, le passage semble devenu impossible. Heureusement, le jeune docteur possède un sang-froid magnifique et les braves gens qui l'entourent font preuve du plus grand courage. Les tirailleurs se jettent en avant comme à l'assaut. Les laptots résistent solidement au bord du ruisseau. Un de ces derniers, Saër, atteint de plusieurs blessures, ne pouvant plus se tenir debout, continue tout assis à faire le coup de feu et ses camarades sont obligés de l'entrainer pour qu'il ne reste pas aux mains de l'ennemi.

« Enfin on aborde le ruisseau, on le franchit péniblement au milieu du feu ; sur l'autre bord on entendait le clairon des tirailleurs qui s'avançait. Alors profitant d'une éclaircie, l'interprète Alassane, le seul qui fût encore à cheval, fait saisir le docteur Tautain par un de nos robustes indigènes, le met en croupe derrière lui, et tous deux, suivis des combattants qui restaient, se précipitent au pas de course sur les Bambaras, qui leur barraient le passage dans la direction où l'on entendait toujours le clairon plus rapproché.

« Quelques minutes après les deux troupes se rejoignent et reprennent ensemble le chemin des ruines dont on s'empare de nouveau et où les combattants peuvent avoir un instant de répit. » (1)

Les Bambaras entouraient toujours les débris de la mission, cachés dans les broussailles, et leur feu quoique ralenti n'était pas interrompu. Il était impossible de rester plus longtemps dans une situation pareille. Le capitaine Gallieni

(1) PIETRI. *Les Français au Niger.*

ayant rassemblé tous les hommes valides qui lui restaient et mis ses blessés sur les quelques mulets qu'on avait pu rattraper, réussit à se frayer un passage en passant sur le corps de ses ennemis. Les Bambaras n'abandonnèrent la poursuite qu'à la tombée de la nuit.

Pendant cette terrible journée, la mission avait eu 15 hommes tués, 16 blessés et 7 disparus. Quant au convoi il avait été perdu dès le commencement de la lutte. Les âniers s'étaient dispersés pendant que les pillards se précipitaient sur les ânes tout effarés et immobiles au milieu de ce tumulte, et les tiraient à deux mains par les oreilles en dehors du sentier.

Le lendemain, après des alertes continuelles et un orage terrible, la petite troupe harassée de fatigue entrait dans la vallée du Niger et s'arrêtait devant Bammakou où elle retrouvait les lieutenants Vallière et Pietri, envoyés en avant pour explorer le pays.

Malgré l'état de dénûment où il était réduit par suite du combat de Dio, le capitaine Gallieni résolut de continuer sa mission. Il franchit le Niger et avec les cinquante hommes qui lui restaient, il se dirigea vers Ségou par la rive droite du fleuve.

Arrêté par ordre d'Ahmadou à 40 kilomètres de la capitale, il dut attendre pendant dix mois la signature du traité qu'il était chargé de conclure. Le sultan noir le retenait à moitié prisonnier dans le village de Nango et ce ne fut qu'en apprenant le départ du Sénégal d'une colonne commandée par le colonel Borgnis-Desbordes qu'Ahmadou se décida enfin à renvoyer la mission Gallieni. (21 mai 1881.)

II

Au mois d'octobre 1880, le lieutenant-colonel Borgnis-Desbordes, de l'artillerie de marine, fut nommé commandant supérieur du Haut-Sénégal. Sa mission consistait à continuer la campagne de pénétration vers le Soudan en créant des postes fortifiés entre le Sénégal et le Niger, et à étudier l'établissement d'une voie ferrée entre Médine et ce dernier fleuve.

La concentration des troupes et du matériel se fit à Médine et ne fut complètement terminée qu'à la fin de l'année 1880.

Le 9 janvier 1881, la colonne expéditionnaire, affaiblie par une épidémie de fièvre typhoïde qui avait fait de nombreuses victimes, se mit en route vers Kita. Elle comptait 424 combattants, dont 156 Européens, commandés par 18 officiers, 4 canons et 355 muletiers et âniers. Le convoi comptait 452 animaux.

La colonne arriva le 7 février à Kita. On y construisit un poste.

A 17 kilomètres au Sud-Est de Kita se trouvait le village de Goubanko habité par un ramassis de brigands dont l'unique moyen d'existence était le pillage des villages voisins et des caravanes. Il était impossible de laisser subsister cette menaçante agglomération dans le voisinage de notre nouveau poste. Le colonel Desbordes enjoignit au chef de Goubanko de venir lui parler à Kita, sans quoi il serait considéré comme ennemi des Français et traité comme tel. Enhardis par la faiblesse numérique de notre colonne qu'on disait en outre épuisée par la fatigue et les maladies, les habitants de Gonbanko refusèrent de se rendre à cet appel.

Le 12 février, le colonel Desbordes arriva devant le village avec 300 hommes et 4 canons et commença immédiatement l'attaque.

L'enceinte de Goubanko était constituée par une muraille en argile ferrugineuse ayant la forme générale d'un vaste rectangle avec portes fortifiées, créneaux et plates-formes pour le tir. Deux fortes traverses en argile partageaient le village en trois parties inégales dont chacune formait une véritable forteresse ou *tata* indépendante des deux autres. Enfin un fossé extérieur dont les bords étaient presque partout à pic entourait toute l'enceinte extérieure.

Le village fut attaqué à l'angle Nord-Est à sept heures du matin. A dix heures les obus mettaient le feu à une partie du village; mais le mur, bien que dentelé par les trous d'obus, restait debout. Les projectiles allaient manquer : il ne restait que onze obus. Le capitaine du Demaine, qui dirigeait le feu de la batterie avec autant de sang-froid que de précision, informa le colonel de cette situation et lui offrit de faire brèche à la pioche. Le colonel refusa d'employer ce moyen héroïque auquel il aurait été toujours temps de recourir lorsqu'il n'y en aurait plus eu d'autres et ordonna de continuer le tir.

La muraille tomba enfin en comblant à peu près le fossé : une brèche praticable de onze mètres de largeur était ouverte.

Les tirailleurs commandés par le chef de bataillon Voyron donnèrent l'assaut, et furent soutenus par les ouvriers d'artillerie sous les ordres du capitaine Archinard.

Après une lutte pied à pied qui ne dura pas moins de trois quarts d'heure et dans laquelle le commandant Voyron, les capitaine Archinard, Monségur et Pujol firent des prodiges de courage, deux des tatas tombèrent en notre pouvoir. Une partie des défenseurs prirent la fuite et furent chargés par les spahis; les autres retirés dans le troisième tata vendirent chèrement leur vie.

Cette dernière attaque nous coûta des pertes sensibles : c'est là que fut blessé mortellement le capitaine d'artillerie de marine Pol, tout jeune officier auquel des qualités éminentes réservaient un brillant avenir. En passant près du colonel, porté par des tirailleurs, il retrouva assez de force pour lui dire :

« Mon colonel, je meurs en soldat. Je n'ai qu'un regret : ce n'est pas ici sous les coups des noirs que j'aurais voulu tomber. »

La ville était enfin à nous; il y régnait une confusion indescriptible. Les troupes furent ralliées en dehors du village. Il était midi et demi.

La colonne avait un officier tué, cinq hommes tués et vingt-quatre blessés. L'ennemi avait perdu plus de trois cents hommes. Le dernier coup de canon tiré sur Goubanko avait tué le chef même du village.

La prise de Goubanko produisit un effet considérable parmi les populations indigènes. Jamais, dit le capitaine Piétri, elles n'avaient vu mener si rapidement une action militaire. Les premiers jours, la nouvelle ne trouva que des incrédules. Ce village si redouté détruit en trois heures ! L'Almamy de Mourgoula fit mettre aux fers comme mauvais plaisant le premier qui osa la lui annoncer.

IV.

L'année suivante (1881-1882) le colonel Borgnis-Desbordes, maintenu comme commandant supérieur du Haut-Sénégal, résolut de pousser jusqu'au Niger.

Un chef puissant, dont le nom reviendra souvent désormais dans le cours de cette histoire, Samory, ravageait les pays situés sur la rive droite du Niger et cherchait à établir son autorité sur les peuples de la rive gauche.

Samory, ou mieux, d'après la prononciation de son pays, Sambourou, était né vers 1830 dans un village situé au sud de Bammakou sur la rive droite du Niger. Il fut longtemps esclave chez un marabout qui l'instruisit. D'une intelligence remarquable, il acquit bientôt une grande influence sur ses compatriotes, s'enfuit de chez son maître, s'entoura de quelques disciples d'humeur batailleuse et fit la guerre pour son compte. Le succès — et aussi ses cruautés envers les vaincus — augmentèrent le nombre de ses partisans; il réussit assez promptement à établir son autorité depuis Ségou jusqu'aux sources du Niger.

A l'époque où nous sommes arrivés, (1882), un grand village nommé Kéniéra essayait encore de lui résister. Les bandes de Samory l'entouraient et le tenaient étroitement bloqué. Les chefs de Kéniéra avaient envoyé des émissaires au poste de Kita demander du secours aux Français ; mais on était en plein hivernage, et le commandant de ce poste, M. Monségur, n'avait pas voulu engager sans ordre une expédition militaire si loin des limites de sa sphère d'action.

Il se borna à envoyer un officier indigène auprès de Samory pour intercéder en faveur des assiégés. Celui-ci ne répondit que par des violences, menaça de lui faire couper le cou, et le jeta en prison. Notre envoyé réussit cependant à s'échapper et à regagner Kita.

Informé de ces événements, le colonel Desbordes qui venait d'arriver à Kita pour la campagne 1881-1882 se décida immédiatement à porter secours aux habitants de Kéniéra. Le 11 février 1882, il se mit en route avec une petite colonne composée seulement de 220 combattants avec deux canons. La marche fut longue et pénible à travers un pays inconnu, où l'on ne pouvait compter sur aucune assistance ; nos soldats étaient obligés de tout porter avec eux, même les vivres des animaux. On traversa le Niger le 25 février à Falama. C'était la première fois qu'une colonne française franchissait le grand fleuve du Soudan.

« On n'avait au sujet de Kéniéra aucune nouvelle précise. Tout ce qu'on savait, c'est que l'armée de Samory était encore autour du village et que peut-être on arriverait à temps. La colonne reprit sa marche en avant. L'ardeur des officiers s'était communiquée aux soldats ; chacun sentait le prix du temps, et avait à cœur d'arriver vite, de prévenir un massacre qui devait être épouvantable. Les fatigues étaient grandes, mais on les supportait gaiement, tant la cause en semblait généreuse à tous.

« Le lendemain, la marche ne se ralentit pas ; on prit dans la journée quelques heures de repos, et, la chaleur tombée, on repartit. Vers six heures, on entendit quelques coups de feu à l'avant-garde. Un de nos officiers indigènes, Alakamessa, revint bientôt avec un prisonnier. On venait de rencontrer pour la première fois des soldats de Samory. Aussitôt on interrogea le prisonnier, et, cette fois, on eut la nouvelle précise et désespérante : Kéniéra s'était rendu depuis trois jours, et depuis trois jours le village brûlait, les exécutions en masse se faisaient, le partage du butin était presque fini.

« C'était donc en vain qu'on avait dépensé tant d'audace et fait des marches si pénibles ! La tristesse gagna tout le monde ; la fatigue sembla revenir. Une demi-heure après on campa. On ne pouvait cependant songer à retourner sur ses pas sans avoir au moins infligé une défaite aux Musulmans. » (1)

On reprit la marche en avant.

Le lendemain matin, à huit heures, on campait de nouveau près d'un ruisseau, à quatre ou cinq kilomètres de Kéniéra.

Samory, d'abord surpris de la brusque arrivée des Français, — il ne savait même pas qu'ils étaient en route, tant leur marche avait été rapide — se décida rapidement à livrer bataille. Après la prière, il réunit ses troupes en colonne et marcha vers les Français, les cavaliers aux ailes.

Nos troupes campaient en ce moment dans un vallon de deux kilomètres de largeur. On savait qu'il y aurait combat le jour même et le colonel faisait prendre un peu de repos à ses hommes. Dès que notre grand'garde eut signalé l'ennemi, on rompit les faisceaux, les cavaliers montèrent en selle, et les fantassins trop peu nombreux pour former le carré se rangèrent sur deux lignes.

Pendant ce temps, les cavaliers ennemis avaient pris la tête de leur colonne ; ils arrivèrent au galop sur la grand'garde qui les reçut par un feu nourri et les obligea à se rejeter à droite et à gauche. L'affaire devint bientôt générale.

Les troupes de Samory n'étaient pas habituées à rencon-

(1) PIETRI. *Les Français au Niger*.

trer une pareille résistance. Epouvantées par le bruit du canon et par les effets de la mitraille, elles reculèrent vivement
après leur première attaque et prirent la fuite vers Kéniéra.

La colonne française les poursuivit et pénétra à leur suite
dans le village ruiné où on ne put sauver que quelques rares
habitants, principalement des vieilles femmes à moitié mortes
de faim.

Bien qu'elle se fût produite trop tard, notre intervention
n'en devait pas moins avoir un grand effet. Elle prouvait
aux populations du Soudan que les armes de la France
étaient, avant tout, au service des opprimés, et leur montrait que nous étions décidés à mettre un terme aux violences dont elles étaient trop souvent victimes.

Le 11 mars, la colonne rentrait à Kita après avoir parcouru 544 kilomètres en vingt-trois jours.

IV.

La campagne de 1882-1883 fut encore dirigée par le lieutenant-colonel Borgnis-Desbordes et marquée par un nouveau progrès en avant.

Ayant appris que Samory voulait s'installer à Bammakou
pour nous empêcher de prendre pied sur la rive droite du
Niger, le colonel Desbordes résolut de l'y devancer et de
prendre définitivement possession de ce point important qui
assurait notre domination sur tout le cours supérieur du
grand fleuve du Soudan.

Le 22 novembre 1882, il partit de Sabouciré avec une
colonne composée de 542 combattants dont 29 officiers,
4 canons, 783 non combattants et 677 animaux de convoi.

Le colonel espérait atteindre Bammakou sans tirer un coup

de fusil. Son espoir fut déçu. Au passage du Baoulé, le capitaine Pietri qui commandait l'avant-garde fut reçu à coups de fusil par les gens de Daba qui s'étaient déjà signalés par leur hostilité envers la mission Gallieni en 1880.

« Le village de Daba était placé dans une plaine. Un très fort tata dont l'épaisseur atteignait et dépassait souvent 1ᵐ20 faisait le tour de la ville. Ce tata avait la forme d'un grand quadrilatère. Toutes les maisons étaient de vraies casemates entourées de petits tatas qui se reliaient les uns aux autres, ne laissant pour la circulation dans le village que des rues tortueuses et étroites ayant quelquefois 60 centimètres seulement de largeur. Deux espingoles et deux pierriers pris à la mission Gallieni étaient placés sur les murs du tata, et augmentaient encore le courage des défenseurs par la confiance que leur inspiraient ces canons pris aux blancs.

« Une heure après l'arrivée du capitaine Pietri, la colonne débouchait à son tour devant le front Est de Daba qu'on avoit choisi pour l'attaque ».

L'artillerie très habilement dirigée par le capitaine de Gasquet ouvrit le feu immédiatement. Les défenseurs, du haut de leurs murs à travers les meurtrières, répondaient à coups de fusil. La brèche se faisait peu à peu ; des pans de mur tombaient ; les obus qui pleuvaient dans tout le village désorganisaient la résistance ; les captifs, la plupart des guerriers des villages voisins fuyaient par les portes opposées. Seuls les habitants restaient pour nous tenir tête et combattre jusqu'au bout.

« Enfin le bruit du canon cessa ; ils se précipitèrent tous vers la brèche avec leurs armes, leurs fusils et leurs pierriers. Cachés derrière le mur au milieu des cases voisines écroulées, ils se préparaient à soutenir une lutte désespérée.

« Pendant ce temps, la colonne d'assaut s'était formée ; elle comprenait une compagnie de tirailleurs sénégalais, derrière laquelle devait marcher une compagnie d'infanterie de marine. Le capitaine Combes en prend le commandement.

« Soudain le capitaine lève son sabre ; les clairons sonnent la charge et la colonne s'avance au pas de course vers la brèche. Pour humble et obscur qu'en soit le théâtre, dit avec raison le capitaine Pietri, une pareille scène n'en est pas moins grande ; il en n'est pas de mieux faite pour exalter les cœurs.

« Sitôt que la colonne fut à bonne portée, un feu violent l'accueillit.

« Elle n'en continua pas moins au milieu des balles sans hésitation. Sa course devenait à chaque instant plus rapide. Enfin elle touche à la brèche. Le capitaine Combes y monte le premier. Les défenseurs son vite délogés de leur première position. Alors comme un flot, toute la colonne, nègres et blancs, se précipite dans le village et disparaît dans la poussière, dans la fumée, au milieu du crépitement de la fusillade.

« La lutte y fut longue et opiniâtre. Les Bambaras se retranchaient derrière chaque mur et nous disputaient le terrain pied à pied. Pour les déloger, nos soldats montaient sur les toits des cases, franchissaient les murs, enfonçaient les portes. Le chef de la colonne, de quart d'heure en quart d'heure, renseignait le colonel sur les péripéties des combats. Mais ce qui rassurait encore mieux tous ceux qui attendaient anxieux au dehors l'issue de la lutte, c'étaient ces clairons éclatants qui sonnaient sans relâche et que l'on entendait, malgré le roulement des coups de fusil (1) ».

Enfin à midi, après une heure et demie de lutte, le village était pris. La compagnie de tirailleurs avait ses quatre officiers blessés — l'un d'eux le lieutenant Picquart mourut le soir même, — et comptait 26 hommes hors de combat. La compagnie d'infanterie de marine qui ne comptait que 64 hommes avait un sous-officier tué et 13 hommes blessés.

L'attaque avait été dirigée avec une intrépidité et un sang-froid remarquables par le capitaine Combes.

On reprit les deux espingoles et les deux pierriers, deux mulets, des instruments et des armes provenant du pillage de la mission Gallieni.

Daba pris, tout le reste du pays fut bientôt pacifié. De petites colonnes envoyées dans les environs décidèrent la soumission de tous les chefs voisins ; la route de Bammakou était ouverte et désormais absolument sûre pour nos convois.

V.

Le 1er février 1883, à 10 heures du matin, la colonne arriva à Bammakou, et dès le 7 on commença les travaux d'installation du poste. Ces travaux furent vigoureusement poussés par le capitaine Archinard, de l'artillerie de marine. Malheureusement notre petite colonne déjà fatiguée par une marche de plusieurs centaines de kilomètres eut bientôt à souffrir d'une chaleur qui devint subitement accablante.

(1) *Les Français au Niger.*

Comme dans toutes nos expéditions coloniales, nos soldats étaient trop jeunes pour résister à de pareilles épreuves. La dyssenterie et la fièvre firent en quelques jours des ravages effrayants parmi eux, à tel point qu'au commencement d'avril, il restait à peine 150 blancs valides et 200 tirailleurs capables de combattre.

C'était le moment qu'attendait Samory. Mis au courant de notre situation critique par les Maures de Bammakou, il fit avancer contre nous le long de la rive gauche du Niger une armée forte de trois mille hommes, commandée par son frère Fabou, pendant qu'une colonne passait dans le Bélédougou pour intercepter nos communications et couper notre ligne de retraite sur le Sénégal.

Le 2 avril, le colonel Desbordes apprenant que Fabou n'était plus qu'à six kilomètres de Bammakou disposa sa petite troupe pour marcher à l'ennemi. Il n'avait avec lui que 240 hommes ; le reste avait été détaché dans le Bélédougou sous le commandement du capitaine Pietri pour arrêter la marche enveloppante de nos ennemis.

L'avant-garde composée de 14 spahis bouscula les avant-postes de Fabou et arriva bientôt au madrigot de Oueyakon. Ce cours d'eau sinueux, bordé d'une épaisse végétation, formait un fossé naturel des mieux choisis, derrière lequel s'était retranchée l'armée musulmane, qui se trouvait ainsi dans une position presque inexpugnable.

Vers neuf heures, le gros de la colonne française arrivait devant l'ennemi et engageait immédiatement l'action. Le capitaine Fournier, à la tête des tirailleurs sénégalais, traverse le marigot, malgré un feu des plus vifs, avec un élan admirable, pendant que l'infanterie de marine et les ouvriers d'artillerie s'efforcent de repousser l'ennemi sur nos flancs.

Mais les musulmans bien abrités dans la brousse ripostent avec énergie et reprennent bientôt l'offensive ; ils débordent d'abord notre gauche, puis notre droite. L'ennemi voyant notre petit nombre, devenait d'instant en instant plus hardi et menaçait de nous entourer entièrement.

De notre côté, les cartouches commençaient à manquer. Le colonel donne l'ordre aux tirailleurs de repasser le marigot et de se reporter sur notre gauche où l'ennemi était plus pressant. En même temps plusieurs charges de spahis dégagent notre droite, et l'ennemi est rejeté en désordre au delà de l'Oueyakon.

Il était midi ; la chaleur était accablante et les soldats européens étaient tellement épuisés que plusieurs d'entre eux n'avaient plus la force de mettre leur fusil en joue. Les chevaux des spahis ne tenaient plus debout.

Les musulmans, de leur côté, avaient fait des pertes considérables et ne se hasardaient plus au delà du marigot.

Le colonel fit former le carré. Quelques-uns des blessés, montés sur des cacolets, furent mis au milieu ; ceux qui pouvaient encore marcher saisirent la queue d'un mulet d'une main, et se traînèrent ainsi péniblement. La colonne reprit en bon ordre la route du fort.

Dès qu'ils nous virent reculer, les musulmans quittèrent leur abri et s'élancèrent pour nous attaquer : il fallut faire halte de nouveau et les arrêter par quelques salves de mousqueterie.

« Après cette longue lutte, les Européens se traînaient sous le soleil accablant de midi. Quelques-uns, incapables de faire un pas de plus, comme pris de désespoir, se jetaient à terre, sur le bord du sentier, refusaient de se lever, d'aller plus loin, malgré les prières et les objurgations des officiers, malgré la mort affreuse qui les attendait, s'ils tombaient entre les mains de l'ennemi. Il fallait les soulever, les pousser, les sauver malgré eux (1).»

La colonne mit une heure et demie pour faire les six kilomètres qui séparaient le Oueyakon du fort ; mais elle rentra sans laisser personne en arrière.

Nous avions eu dans cette affaire trois hommes tués ou disparus et vingt blessés.

Pendant ce temps, le détachement commandé par le capitaine Pietri infligeait un sérieux échec aux musulmans de Samory dans le Bélédougou. Le 5 avril, après avoir brûlé quelques villages ennemis, ses grand'gardes signalaient la présence de l'ennemi campé au marigot de Boudanko. Sans lui donner le temps de se reconnaître, le capitaine Pietri tombe dessus, et au bout d'une heure de combat, le met en pleine déroute, après avoir tué vingt-cinq hommes, fait treize prisonniers et pris l'étendard du chef.

Le 9 avril, le détachement du capitaine Pietri rentrait à Bammakou. Le colonel Borgnis-Desbordes, ayant alors ses troupes au complet et n'ayant plus rien à craindre pour ses communications, résolut d'en finir avec les bandes de Fabou.

Excités par leur succès relatif du combat de l'Oueyakon, les musulmans s'enhardissaient en effet jusqu'à venir insulter nos soldats dans le fort. Leurs coups de feu continuels, les alertes incessantes qui en résultaient, finissaient par énerver les troupes, et le colonel Borgnis-Desbordes jugea avec raison qu'il était nécessaire de leur infliger une leçon.

Outre les 371 hommes valides qui composaient la colonne, le colonel avait pu réunir près de 250 indigènes alliés, ce

(1) PIETRI, les Français au Niger.

qui portait le total des combattants à plus de 600 hommes.

Le 12 avril, à 4 heures du matin, on se mit en route.

Fabou avait fortement organisé la défense de tout le cours de l'Oueyakon ; mais il avait négligé d'occuper sur sa gauche un défilé très étroit par où l'on pouvait tourner ses positions. Ce défilé était si abrupt, si facile à défendre, que le colonel hésita quelque temps avant de s'y engager, craignant une embuscade. On réussit cependant à le franchir sans encombre, au petit jour.

Toute la colonne s'étant ensuite formée en ordre de combat, on marcha résolument sur le camp de Fabou. Les musulmans surpris par cette brusque attaque n'essayèrent même pas de se défendre ; ils se dispersèrent dès les premiers coups de feu, et leur chef lui-même ne se sauva qu'à grand peine à travers les rochers. L'affolement des musulmans était si grand qu'on en vit se précipiter au milieu de nos spahis qui les sabrèrent.

Quelques jours après, apprenant que Fabou cherchait à reconstituer ses forces, le colonel Borgnis-Desbordes lui donna la chasse. Dans une courte campagne de dix jours, il incendia plusieurs villages qui s'étaient déclarés contre nous et poursuivit notre ennemi l'épée dans les reins jusqu'à 65 kilomètres en amont de Bammakou. Là, Fabou passa sur la rive droite. Comme dernier adieu, on le bombarda dans le village où il s'était réfugié et qu'il quitta en toute hâte pour chercher vers l'intérieur un abri plus sûr (1).

---

(1) PIETRI, *Les français au Niger.*

CHAPITRE III.

I

La quatrième campagne du Haut-Sénégal (1883-1884) fut
dirigée par le colonel d'infanterie de marine, Boilève. Elle
ne fut marquée par aucun incident militaire digne d'être
rapporté. Une canonnière démontable, le *Niger*, construite en
France fut transportée, non sans peine, jusque sur les bords
du grand fleuve soudanien, remontée et lancée à Bammakou. Pour la première fois les couleurs françaises flottèrent
sur les eaux du Niger.

En même temps le commandant Archinard, de l'artillerie
de marine, construisit le poste de Koundou entre Kita et
Bammakou.

Ce qui explique la tranquillité absolue dont nous bénéfi-
ciâmes pendant cette campagne, c'est que nos deux ennemis
acharnés, Ahmadou et Samory étaient engagés tous les deux
dans des luttes qui les retenaient loin du théâtre de nos opérations.

4

Ahmadou, après une longue guerre contre son frère Montaga, venait de s'emparer de sa capitale Nioro. Montaga, après une héroïque résistance, voyant qu'il ne pourrait échapper à son ennemi, s'était fait sauter et ensevelir sous les murs de sa capitale plutôt que de se rendre.

Par suite de cette victoire, Ahmadou devenait seul maître de la province de Kaarta, située au nord de la ligne de nos postes, et par là il pouvait surveiller et menacer nos communications avec le Sénégal. C'était un fait politique d'une haute gravité dont les conséquences ne tardèrent pas à se manifester.

De son côté, Samory ne cessait d'étendre ses conquêtes. Du Haut-Niger, il s'acheminait lentement vers le Haut-Sénégal, gagnant de jour en jour du terrain, installant des garnisons jusque dans les pays de Siéké et de Balankoumakana, à quelques heures seulement de Niagassola. Aux ouvertures de paix qui lui furent faites en 1884 par le commandant de Bammakou, Samory répondit par une lettre insolente :

« Je ne veux, disait-il, avoir avec les Français que des rapports d'ennemis (1). »

II.

La campagne de 1884-1885 fut dirigée par le commandant Combes, de l'infanterie de marine. Elle devait être, comme les précédentes, résolument pacifique. Les événements en décidèrent autrement.

Le nouveau commandant supérieur parcourut d'abord avec

---

(1) FREY. *Campagnes dans le Haut-Sénégal.*

sa colonne toutes les provinces de la rive gauche du Niger sur lesquelles Samory avait étendu son autorité. Puis, passant le Niger à Siguiri et à Kangaba, il détruisit deux villages situés à deux ou trois kilomètres du fleuve et qui étaient réputés pour leur hostilité contre nous. Revenant ensuite sur la rive gauche, pour protéger Niagassola où un fort était en construction, il établit à quatre-vingts kilomètres de ce point, sur la route du Niger, un détachement de cent vingt tirailleurs sénégalais et d'une pièce de 4 de montagne. Ce détachement était commandé par le capitaine Louvel, de l'infanterie de marine, ayant sous ses ordres le lieutenant Dargelos et le sous-lieutenant indigène Suleyman-Dieng.

« Samory qui comptait cette année encore n'avoir pas à redouter notre intervention avait rappelé de la rive gauche une grande partie de son armée pour la diriger contre Tiéba, chef du Kanadougou, puissant état qui jusqu'à ce jour avait victorieusement résisté à ses attaques.

« Surprises par la rapidité des opérations de la colonne Combes, les petites garnisons qui étaient restées sur la rive gauche s'enfuirent à son approche sans tenter de résistance et passèrent sur l'autre rive. Rapidement, dans le plus grand secret, avec l'esprit de décision qui caractérise ses actions, Samory concentre alors une armée. Il fait irruption sur la rive gauche et fond à l'improviste sur le détachement Louvel.

« Le choc eut lieu à Komodo le 31 mai 1885.

« Le capitaine Louvel, trouvant devant lui des forces nombreuses et comptant huit blessés, se replie le soir même du combat dans la direction de Nafadié. Il s'enferme dans un *tata*, mur en pisé de deux mètres de hauteur servant d'enceinte au village. Samory l'y suit. Il lance ses guerriers à l'assaut du *tata.* Une décharge des défenseurs arrête net leur élan et en tue ou blesse une centaine. Devenus plus prudents, les assaillants établissent un blocus rigoureux autour du village.

« Le 2 juin, le commandant Combes qui se trouvait à Koundou en route pour rentrer à Kayes, prévenu du danger que court le détachement Louvel, gagne Niagassola par une marche rapide. De là, à la tête de cent cinquante hommes environ qu'il a ralliés à la hâte, il se porte à son secours.

« Le 10 juin, prenant un chemin détourné pour ne pas signaler sa marche, il débouche sur Nafadié, et, à la grande stupéfaction de l'ennemi, qui n'attendait point son arrivée, donne la main à la compagnie Louvel.

« Il était temps. Resserrés dans cette étroite enceinte qui servait aussi de refuge à plusieurs centaines d'indigènes, ces cent-vingt braves avaient vécu, dix jours durant, de riz et de maïs, ne buvant que de l'eau recueillie dans de petites mares bourbeuses qui s'étaient formées à la suite d'un orage providentiel. La jonction opérée, la petite troupe prend la direction de Niagassola.

« Revenu de sa surprise, furieux de voir lui échapper une proie qu'il croyait si bien tenir, Samory commence la poursuite. Pendant qu'avec ses bandes, il harcelle vivement la petite troupe et l'oblige, à plusieurs reprises, de s'arrêter pour tenir tête à ses attaques, il ordonne à l'un de ses frères, Fabou, dont l'armée occupe le Manding, de devancer la colonne et de s'établir solidement pour lui couper la retraite à dix kilomètres en avant de Niagassola, au gué du Kokaro, rivière large aux bords escarpés.

« Le 14 juin, après une lutte opiniâtre, la colonne force le passage du Kokaro et rentre dans le fort de Niagassola.

Quelques cavaliers ennemis s'étaient acharnés à la poursuite de la colonne, l'invectivant à la façon des héros d'Homère, lui jetant les cris de : « Lâches, poltrons, fuyards, qui refusez le combat.» Les plus audacieux poussèrent même jusqu'au village de Niagassola, sous le canon du fort et mirent le feu aux premières cases (1).»

Renforcée par un détachement accouru de Kita, la colonne jeta rapidement dans Niagassola un approvisionnement de vivres et de munitions, puis elle reprit le chemin de Kayes. La mauvaise saison arrivait à grands pas et allait rendre les opérations militaires et les marches impossibles.

Le but proposé n'avait pas été atteint. Samory restait maître des pays situés sur la rive gauche du Niger. Ses bandes, mal armées il est vrai et peu disciplinées, venaient de montrer cependant une fois de plus cette ténacité et cette audace qui font les ennemis redoutables.

Aussitôt la colonne partie, elles investirent le poste de Niagassola et envahirent successivement toutes les provinces du Haut-Sénégal jusqu'à Fatafi qu'elles incendièrent.

« Au mois de septembre 1885, Samory menaçait ainsi sur une longueur de trois cent cinquante kilomètres nos postes du Haut-Sénégal. Ses pertes avaient été importantes. Mais resté maître du pays, il pouvait se proclamer vainqueur. Aussi faisait-il annoncer partout son triomphe en ajoutant qu'il irait prochainement faire ses ablutions dans les eaux du Sénégal devant Bafoulabé et planter son étendard sur les murs en ruines du fort (2) ».

(1) FREY. *Campagne dans le Haut-Sénégal.*
(2) id.

III.

Le lieutenant-colonel Frey, de l'infanterie de marine,
nommé commandant supérieur pour la campagne 1885-1886,
avait pour mission principale de rejeter définitivement Samory sur la rive droite du Niger.

Arrivé le 17 novembre à Kayes, il organise aussitôt sa
colonne composée de huit à neuf cents hommes, et se met en
route le 10 janvier pour attaquer le gros de l'armée ennemie forte d'environ huit mille hommes et concentrée sous
les ordres d'un lieutenant de Samory, nommé Malinkamory,
dans le village fortifié de Galé.

A l'approche de nos troupes, les bandes de Samory incendient le village et battent en retraite vers le Niger (16 janvier 1886).

« A la vue de Galé en flammes, à la nouvelle que l'ennemi, contrairement à toutes les prévisions, à toutes les espérances, refuse le combat, un immense découragement s'empare de tous les cœurs. Les soldats européens, dont quelques-
uns malades ont fait des efforts inouïs pour venir prendre
part à l'action qui se prépare, sont particulièrement affectés.
Sur le point de recueillir le prix de tant de fatigues, d'en
venir aux mains avec l'ennemi, voir celui-ci se dérober !
Il y avait de quoi abattre les caractères les plus énergiques. »

Le colonel, laissant en arrière une cinquantaine de soldats
européens et une vingtaine de tirailleurs incapables de fournir une marche, se porte vivement à la poursuite de l'ennemi. Il arrive le lendemain matin à Nafadié au moment où
l'arrière-garde de Malinkamory vient de quitter ce village.

Après avoir donné quelques heures de repos à ses troupes exténuées de fatigue, le colonel décide de redoubler la marche et de tenter d'atteindre l'ennemi. Il forme une colonne légère composée des spahis, des ouvriers indigènes et des trois cents tirailleurs les plus valides, sous les ordres des commandants des 1re et 2me compagnies, auxquels il adjoint seulement quelques sous-officiers européens montés.

Chaque homme reçoit cinq jours de vivres.

Le reste de la colonne est laissé à Nafadié.

On se met en route le même jour à 3 heures 30 du soir.

Après une marche ininterrompue, retardée seulement par le passage de marigots encaissés avec des bords à pic de huit à dix mètres de hauteur, on retrouve les traces du récent passage de l'ennemi : sept ou huit sillons parallèles au chemin, fraîchement tracés, témoignent du grand nombre des fugitifs.

« Colonel, disent les tirailleurs en ramassant des crottins de cheval sur la route, vois, ils sont encore chauds! Malinkamory n'est pas loin! »

Instinctivement, hommes et chevaux accélèrent l'allure; c'est presque en courant que l'on avançait, lorsque la pointe d'avant-garde surprend un petit poste avancé de trois hommes. On se jette sur eux, on les baillonne; le couteau sur la poitrine on les force à parler. On apprend ainsi que Malinkamory croyant la colonne encore à Nafadié s'était arrêté pour passer la nuit à cinq kilomètres plus loin à l'abri du marigot de Fatako-Djino.

La colonne se remet en marche guidée par les trois prisonniers que des tirailleurs conduisent au moyen d'une corde passée autour du cou, prêts à la serrer et à les étouffer s'ils tentent de donner l'alerte.

On laisse derrière, les chevaux qui par leurs hennissements pourraient dénoncer la marche de la troupe.

« La nuit était superbe, la lune brillait. On allait avec toutes les précautions imaginables. Vers une heure, après avoir franchi encore trois marigots, le colonel arrête la tête de la colonne. Un tirailleur grimpe sur le faîte d'un arbre. De ce point, il voit scintiller devant lui à travers le feuillage des groupes de feux aussi nombreux, dit-il, que les étoiles du ciel. En effet, l'armée de Malinkamory était là échelonnée sur plus d'un kilomètre de longueur.

« Exténués de fatigue, les fugitifs après avoir à la hâte allumé des feux s'étaient endormis, non sans avoir, par dernière mesure de précaution, élevé une petite palissade de bambous pour barrer la route.

« L'un des prisonniers signale un sentier qui permet de descendre un par un dans le fond du marigot et de remonter sur l'autre bord. La 2ᵐᵉ compagnie commence le passage silencieusement ; les hommes s'accroupissent sur l'autre rive. Heureusement, à ce moment, la lune, comme si elle eût été complice, s'était voilée.

« Au bruit d'un bambou brisé par l'un des tirailleurs, quelques noirs se réveillent en sursaut. Inquiets, ils dressent la tête.

« Ils vont jeter l'alarme ! Tout à coup retentit le commandement de : Feu ! aussitôt suivi d'une salve bruyante.

« Il s'élève alors dans le camp de Malinkamory une clameur de surprise et d'effroi : *Toubako ! Toubako !* Ce sont les blancs ! Ce sont les blancs !

« Aux feux de salve succèdent aussitôt des feux rapides très nourris destinés à fouiller le terrain en avant et à empêcher l'ennemi de se reconnaître. Puis la petite troupe chargea.

« Il s'ensuivit une mêlée générale qui faillit être fatale à nos soldats. Ceux-ci, malgré la sonnerie de « Cessez le feu », tiraillaient dans toutes les directions, entraînés par l'exemple de plusieurs d'entre eux qui, chantant victoire à tue-tête, bondissaient à droite, bondissaient à gauche, et, à chaque saut, à chaque pirouette, déchargaient leurs armes au hasard. Ce ne fut qu'à force de cris et de bourrades que les chefs purent reformer la troupe.

« Des feux de salve, exécutés comme à l'exercice, furent alors dirigés sur la ligne des feux de bivouac qui se prolongeaient au loin ».

L'ennemi était en complète déroute : surpris en plein sommeil, il avait abandonné ses armes et ses chevaux sur le champ de bataille. Il laissait un grand nombre de morts autour des feux de bivouac et dans un petit marigot où beaucoup avaient cherché un refuge à la première décharge des coups de fusil. De notre côté, nous n'eûmes qu'un officier indigène et un tirailleur blessés.

Il était quatre heures du matin.

« Les dispositions de sûreté prises, de grands feux d'avant-postes allumés, officiers et soldats, harassés de fatigue se jettent sur le sol pour prendre un peu de repos.

« Au lever du jour, après deux heures à peine de sommeil, le réveil est ordonné. Les officiers sont obligés de secouer fortement leurs hommes pour les tirer de la torpeur où la fatigue et la fraicheur de la nuit les ont plongés ».

. La poursuite recommence aussitôt.

Après vingt-quatre heures de marche forcée à travers un pays difficile et légèrement montagneux, la colonne mobile arrive à Nabou. Là, on apprend que l'armée de Malinka-mory est complètement détruite. Démoralisés par l'attaque de nuit du colonel Frey, affolés par la poursuite dont ils étaient l'objet, les soldats de Samory se sont jetés dans la montagne. Les captifs qu'ils emmenaient avec eux en ont profité pour prendre la fuite. Malinkamory, accompagné seulement de trois cavaliers, après avoir failli à plusieurs reprises tomber entre nos mains, s'est dirigé d'une traite sur Farabala pour gagner de là le Niger.

Le 22 janvier la colonne mobile est de retour à Niagassola. Dans ces quatre dernières journées, elle avait parcouru près de deux cents kilomètres, dont trente environ en pays de montagnes.

Samory, complètement découragé par le désastre de Fatako-Djino, demanda la paix. Le colonel lui fit répondre que tant qu'un seul *sofa* (c'est le nom sous lequel on désigne les soldats de Samory) serait sur la rive gauche du Niger, aucune négociation ne serait possible.

Le sultan accepta toutes nos conditions, et peu après il se soumit, signa le traité qui reconnaissait à la France la possession de toute la rive gauche du Niger jusqu'au Tankisso; il ne conservait en aval de cet affluent que les territoires de la rive droite.

IV.

Cette paix ne nous débarrassait pas seulement d'un ennemi gênant dans le Sud de nos possessions soudaniennes; elle forçait également notre vieil adversaire, Ahmadou, à traiter également avec nous. Ahmadou comprit que rien ne nous empêcherait désormais de concentrer toutes nos forces contre lui, et il consentit en mars 1887, c'est-à-dire moins d'un an après Samory, à signer avec nous une convention qui plaçait ses états sous notre protectorat.

Ce double succès diplomatique nous permit de nous débarrasser rapidement d'un nouvel adversaire, le prophète Mahmadou-Lamine qui agitait la vallée supérieure du Sénégal et menaçait nos postes du Haut-Fleuve. Le lieutenant colonel Gallieni, nommé commandant supérieur, en eut facilement raison au cours de la campagne de 1887-1888.

Une ère de tranquillité paraissait alors devoir s'ouvrir pour le Soudan. On en profita pour organiser nos nouvelles conquêtes. Les territoires du Haut-Sénégal et du Niger furent détachés de la colonie du Sénégal, dont ils avaient jusqu'alors dépendu administrativement et formèrent la colonie du Soudan français, dont la capitale fut fixée à Kayes. Des reconnaissances hydrographiques et géographiques sillonnèrent cette contrée jusqu'alors si peu connue. Le lieutenant de vaisseau Caron, commandant la canonnière *Niger* leva tout le cours du fleuve jusqu'à Tombouctou. Le capitaine Binger explora la boucle du Niger. Enfin on s'occupa de prolonger par un petit chemin de fer Decauville la ligne de Kayes à Bafoulabé qui devait relier nos possessions du Sénégal au Niger et ouvrir une voie commerciale dont on se promettait de nombreux avantages. On sait comment finit cette entreprise, mal menée, et dans laquelle des millions furent engloutis sans aucun résultat pratique. Ces pays sont trop pauvres pour qu'un instrument coûteux et délicat comme l'est une voie ferrée puisse réussir et couvrir ses frais. Au Sénégal comme au Tonkin, comme à Madagascar, un chemin de fer peut être un instrument de conquête ; il ne pourra être d'ici bien longtemps une source de revenu commercial.

Ce fut aussi à cette époque que remontent les premiers essais d'évangélisation religieuse. « On se rendit bientôt compte que ce n'était pas tout que de massacrer vaillamment les ennemis du drapeau français sur les champs de bataille du Soudan — et ces pages montrent combien de massacres ont eu lieu en effet dans ces campagnes. — Après avoir « taillé », il fallait « coudre », selon le mot célèbre de la vieille Catherine de Médicis. Or, pour coudre un ordre de choses conforme à l'influence française, il était nécessaire de faire appel au sentiment religieux, le même qui a tiré de la barbarie les ancêtres des habitants actuels de la France, de l'Allemagne, de l'Angleterre, et qui peut seul tirer de leur barbarie actuelle les habitants du Soudan (1). »

Les Pères du Saint-Esprit qui vinrent s'installer en 1888 à Kita, avaient fort à faire pour régénérer ces populations mandingues abruties par un fétichisme grossier et pour arrêter la propagande musulmane qui s'étend avec tant de rapidité dans toute l'Afrique centrale. « Pour réussir dans leurs généreux efforts, a dit excellemment le commandant Péroz qui les a vus à l'œuvre et les a fort appréciés, il faut qu'ils soient soutenus d'une façon ouverte, nette, franche, dans la pratique même de ce que leurs attributions sacerdotales doit avoir de sacré, aux yeux des indigènes. Il suffirait pour cela que nous tous, officiers de passage ou en résidence au siège d'une mission, quels que soient nos opinions religieuses ou nos sentiments d'indépendance spirituelle, nous nous rendions en quelque apparat aux offices sacrés. C'est ce qu'a fait le colonel Archinard, au cours de sa dernière campagne ; il est à désirer que son exemple ait des imitateurs (2). »

(1) Avenir militaire.

(2) COMMANDANT PÉROZ. *Campagnes au Niger.*

Ajoutons encore, avec le Commandant Péroz, qu'il serait également à désirer que l'apostolat religieux ne se bornât pas aux seuls nègres. Dans toutes ces campagnes du Soudan, nos soldats ont été privés des secours de la religion. « Des soldats, des officiers sont morts en demandant instamment un prêtre. Il fut impossible de satisfaire aux vœux de ces agonisants, les colonnes françaises n'ayant jamais eu un aumônier avec elles. »

Qu'ajouter à une pareille constatation ! Ceux qui donnent leur vie pour leur pays doivent-ils être les seuls à ne pas jouir de cette fameuse liberté de conscience qu'on prend tant de soin à assurer à ceux qui n'ont ni conscience ni religion ? Est-ce là la civilisation que nous allons porter à ces peuples soi-disant barbares, et leur barbarie, tout compte fait, ne vaudrait-elle pas mieux qu'une telle civilisation ?

CHAPITRE IV.

I.

En 1888 le chef d'escadron Archinard, de l'artillerie de
marine fut nommé commandant supérieur du Soudan Français. Cet officier qui allait se faire un nom si glorieux dans
les campagnes que nous allons raconter n'était pas un inconnu
dans notre nouvelle colonie. Il avait déjà pris part aux campagnes du colonel Borgnis-Desbordes et s'y était fait remarquer
par son activité et son énergie. Désigné pour commander
en chef au milieu de circonstances particulièrement difficil-
les, il allait donner la mesure de ses talents militaires et de
ses puissantes facultés d'organisateur. Son nom restera lié
à la conquête du Soudan Français comme celui de Faidherbe
à celle du Sénégal.

Au moment où le commandant Archinard prit possession
de son commandement, (octobre 1888) la situation commençait à se troubler de nouveau. Nos deux ennemis, Ahmadou
et Samory, n'avaient accepté la paix qu'avec l'espérance de

se refaire et de nous attaquer à nouveau, dès qu'ils seraient prêts. Ils s'entendaient sous main pour nous créer tous les embarras possibles. Ahmadou, plus rapproché de nous, avait recommencé à nous susciter mille ennuis; il entravait notre commerce, excitait contre nous les petits chefs, nos voisins, faisait maltraiter nos alliés et même nos tirailleurs isolés, quand il pouvait mettre la main sur eux.

Le village de Koundian, situé à peu près au milieu de notre ligne de postes, était le centre de toutes les intrigues qui s'ourdissaient autour de nous. C'était de là que partaient toutes les petites expéditions, les razzias dirigées contre nos alliés. Ahmadou, sommé d'évacuer ce village, n'en avait rien fait; son lieutenant, Boukary, qui gouvernait la place en son nom, ne cessait de travailler à en augmenter les fortifications et en renforçait la garnison par des contingents appelés des villages voisins.

Le commandant Archinard se décida à en finir par un coup de force.

II.

Il se mit en route le 15 février 1889 au soir avec une colonne forte de trois à quatre cents hommes et arriva le 18 à quatre heures du matin en face de Koundian après avoir parcouru 100 kilomètres.

L'avant-garde commandée par le capitaine Quiquandon était arrivée deux jours auparavant. Elle avait pour mission de gêner les préparatifs de défense des gens de Koundian, car les derniers renseignements reçus ne laissaient aucun doute sur la ferme résolution des habitants de se défendre jusqu'à la dernière extrémité. La place de Koundian avait subi victorieusement tant d'attaques que les habitants avaient pleine confiance. Ils avaient pris toutes les précautions possibles pour la défense, jusqu'à enlever et brûler sur place les toitures en paille des cases pour empêcher la propagation des incendies allumés par les obus.

A l'arrivée de l'avant-garde, une quarantaine d'hommes armés de fusils avaient pris position à 600 mètres de la forteresse au débouché d'un défilé. Ils se précipitèrent sur les nôtres en poussant de grands cris. Quelques feux de section les obligèrent à rentrer dans la place.

Cependant les provocations, les défis, les rodomontades qui n'avaient pas cessé tant que l'avant-garde était restée seule devant Koundian firent place au plus profond silence à l'arrivée de la colonne.

« Les gens de Koundian avaient cru sans doute que l'avant-garde devait seule les attaquer, et, renfermés dans leur citadelle, ils jugaient avec juste raison qu'une centaine de tirailleurs ne pouvaient guère les inquiéter. Ils avaient installé un service de garde et toutes les nuits les cris de *Allorou :* « Gens des créneaux, veillez! » se faisaient entendre.

« Les troupes et les pièces étant disposées, le commandant supérieur attendit environ une demi-heure pour voir si quelque demande de parlementer se produirait. Aucun boubou blanc n'ayant été agité (comme il est d'habitude de le faire en pareille circonstance), il fit envoyer un obus de 80 au milieu de la ville; un immense cri *Ah ! Allah !* prolongé s'éleva; quelques coups de fusil furent tirés des tours, puis tout rentra dans le silence. Après un moment d'attente, le tir commença sans interruption.

« La brèche était à peu près impossible à faire. Nos projec-

2. — COLONEL ARCHINARD

tiles de 80 milimètres ne traversaient pas et ne faisaient tomber que quelques pierres dès qu'ils frappaient près de la crête. »

Obligé d'agir de vive force, le commandant Archinard voulut que l'effet produit fût aussi considérable que possible, pour bien prouver à nos ennemis qu'aucune citadelle construite par les noirs, si forte qu'elle fût, ne pouvait nous résister.

La place n'avait que deux portes de sortie. Le commandant résolut d'attaquer l'une, et fit surveiller l'autre par un détachement de cinquante tirailleurs. Nos auxiliaires noirs occupaient tous les défilés voisins; Koundian étant entouré d'un cirque de montagnes, aucun de ses défenseurs ne devait nous échapper.

Le bombardement et le tir en brèche commencés à six heures du matin durèrent sans interruption jusqu'à deux heures de l'après-midi. Les défenseurs ripostaient faiblement, se rendant compte de l'insuffisance de portée de leurs armes.

L'assaut fut ordonné à deux heures. La colonne d'assaut composée d'une compagnie de tirailleurs fut brillamment enlevée par les officiers, capitaine de Fromental et sous-lieutenant Marchand. Mais elle fut reçue par un feu nourri. Les défenseurs s'étaient groupés derrière le mur attaqué; d'autres, malgré le tir d'une pièce d'enfilade, étaient restés couchés au pied du mur, plus ou moins protégés par quelques obstacles; d'autres étaient cachés dans des trous de la maçonnerie ou dans les cases restées debout en face de la brèche.

Arrêtés sur la brèche par une dénivellation brusque de deux mètres cinquante de hauteur, nos tirailleurs durent fu-

siller d'abord les ennemis de haut en bas. Bientôt, pris en
flancs par quelques tireurs qui avaient réussi à couronner
les créneaux voisins, les défenseurs de la brèche lâchèrent
pied. Ce fut alors pendant quelque temps la vraie guerre des
rues. Les noirs tinrent vigoureusement dans quelques cases,
notamment dans celle de Boukary, le gouverneur, où l'on
trouva plus tard une dizaine de tués. La plupart s'enfuirent
affolés en se précipitant du haut des tours. Presque tous
furent pris ou tués par les auxiliaires ou les spahis.

A quatre heures tout était terminé.

Des trois cents guerriers que renfermait Koundian, un
bien petit nombre put s'échapper. Nous n'eûmes de notre
côté qu'un tirailleur tué et trois autres blessés grièvement.
Quelques auxiliaires furent tués pendant la poursuite. Le
sous-lieutenant Marchand fut légèrement blessé à la tête par
un coup de feu à bout portant qui traversa son casque.

III.

La prise de Koundian n'eut pas les conséquences sur lesquelles on comptait. Loin d'en être effrayé, Ahmadou en prit
prétexte pour se préparer à la guerre. Il fit alliance avec les
chefs du Fouta sénégalais, et s'entendit avec notre éternel
ennemi Samory, qui malgré ses nombreuses défaites et les
traités que nous lui avions imposés, ne pouvait se résoudre à
vivre en paix avec nous. Bref une coalition formidable se
prépara et menaça de nous enserrer de toutes parts.

Dès la fin de 1889 des mouvements hostiles se dessinè-
rent sur toute la ligne de nos postes ; des villages furent
pillés ; des femmes, des enfants furent enlevés; des indigènes
sans armes qui allaient de Koundou à Kita pour chercher du

travail furent emmenés en captivité ; des razzias eurent lieu sur différents points de notre frontière et dans le voisinage même de Médine et de Kayes.

Sur le Niger, le fils d'Ahmadou, Madani, qui gouvernait pour le compte de son père dans son ancienne capitale, à Ségou, interdisait complètement la navigation en aval de cette ville. En vain nos deux canonnières avaient-elles essayé d'ouvrir au commerce le grand fleuve du Soudan, aucune pirogue ne pouvait circuler devant Ségou, celles qui essayaient de commercer avec les canonnières et de leur porter du riz ou du mil étaient frappées de lourdes amendes ; des peines sévères étaient infligées aux riverains qui consentaient à leur fournir ou même à leur laisser prendre le bois nécessaire au chauffage des machines. Aux représentations et aux menaces qui lui furent faites, Madani répondit insolemment « qu'il se moquait des Français comme des moustiques bourdonnant à ses oreilles. »

Le commandant Archinard prit vite son parti ; il se décida, avec l'autorisation de la métropole, à s'emparer de Ségou.

L'entreprise était hardie. Ségou était considérée comme une des principales citadelles de l'Islam au Soudan. Ahmadou y avait accumulé des ressources qui pouvaient rendre la résistance longue et opiniâtre. En outre, en allant opérer ainsi à mille kilomètres de sa base d'opérations, le commandant Archinard risquait d'être attaqué sur son flanc gauche par Ahmadou installé à Nioro, sur son flanc droit par Samory, et coupé de ses communications avec le Sénégal. Le plus grand secret et la plus grande célérité étaient nécessaires pour mener à bien cette hardie entreprise. Le commandant supérieur n'y faillit point.

Son expédition de Ségou fut menée avec une rare maestria.

Parti de Médine le 15 février 1890, il arriva le 6 avril devant Ségou sans que ni Ahmadou ni Samory n'eussent pu deviner ses projets.

La colonne se composait de 568 tirailleurs sénégalais, 20 hommes d'infanterie de marine, 39 spahis, une section de 95 millimètres de campagne, une section de 80 millimètres de montagne, deux sections de 4 de montagne, un mortier de 15 centimètres, en tout 742 combattants, officiers et soldats, auxquels on peut joindre environ 1500 auxiliaires indigènes.

La ville de Ségou est située sur la rive droite du Niger. Le commandant Archinard comptait la bombarder de la rive gauche, puis passer le fleuve en amont par un gué généralement praticable et donner l'assaut. Malheureusement des pluies, exceptionnelles à cette époque, avaient grossi le fleuve. Le gué sur lequel on comptait fut reconnu trop difficile. En prévision de cet événement une flottille de pirogues avait été préparée à Bammakou et descendait le fleuve sous le commandement de l'enseigne de vaisseau Hourst. Elle rejoignit la colonne le 6 avril à huit heures du matin. Nos troupes étaient déjà campées sur les bords du fleuve qu'elles avaient atteint le même jour après une marche de nuit, à cinq heures et demie du matin.

« De Ségou on nous regarde arriver ; les maisons et les murs se couronnent d'observateurs ; les habitants de la campagne rentrent dans la ville, les pêcheurs regagnent la rive droite. On entend le *tabala* (tambour de guerre) qui appelle les guerriers aux armes. »

De notre côté, la section de 95 et les deux sections de 4

sont mises en batterie sur des dunes de sable d'où l'on découvre très distinctement la ville et ses divers édifices. La section de 80 est placée plus près du fleuve prête à tirer sur les groupes. Les troupes campent derrière les dunes où des emplacements leur sont désignés ; des cartouches sont distribuées pour compléter l'approvisionnement et l'on prend le repas du matin.

A neuf heures commence le passage ; trois compagnies s'embarquent sur les pirogues arrivées de Bammakou. Les pièces de 80 ouvrent le feu sur des groupes très nombreux qui se sont réunis de l'autre côté du fleuve près du point d'atterrissement et dont l'intention évidente est de s'opposer au débarquement de nos troupes. Au second obus qui tombe au milieu d'eux, tous prennent la fuite pour aller se reformer un peu plus loin.

Les compagnies commencent le passage ; elles doivent traverser le premier bras, attendre sur l'île les canons de 80, puis passer le second bras et occuper à 800 mètres des murs de Ségou une colline qui commande les environs. Elles doivent attendre là que toute la colonne ait effectué le passage jusqu'au moment où, le bombardement et la brèche étant assez avancés, le commandant supérieur passera lui-même sur la rive droite pour diriger l'assaut.

Pendant ce temps les pièces de 95 et de 4 tirent sur le mur d'enceinte au pied même de la maison du gouverneur Madani. On cherche à faire brèche à 1.000 mètres dans l'angle du tata ; quelques coups sont dirigés sur la poudrière et sur le trésor. La section de 80 oblige l'ennemi placé sur la rive droite à se cacher derrière les maisons du village de Somonos.

A 11 heures et demie la tête de la colonne arrive sur la

rive droite; aussitôt le chef du village de Somonos vient faire sa soumission.

Ordre est donné partout de ne plus tirer sur ce village. Les pièces de 95 continuent à tirer sur la brèche qui semble devenir bonne. Les pièces de 4 ne peuvent pas grand' chose contre des murs de plus de trois mètres d'épaisseur formés de boulettes de terre pétrie et agglomérée; elles répartissent leurs coups sur toute la ville.

Aucun coup de feu n'a encore été tiré sur nous. Nos pièces tiennent l'ennemi à trop grande distance pour qu'il se serve de ses armes. A midi et demi, les habitants de Somonos arrivent en foule apportant des cadeaux, des moutons. Ils disent que les défenseurs de Ségou ont pris la fuite, Madani tout le premier, en abandonnant sa famille. D'après eux, il n'y aurait plus personne dans la ville.

Le passage des troupes continue rapidement. Le lieutenant Sansarric avec l'infanterie de marine reçoit l'ordre d'aller occuper le trésor. Le feu des pièces doit s'arrêter quand le mouvement de l'infanterie de marine ne permettra plus le tir.

De grands rassemblements sont signalés derrière la ville dans le *Champ des Décapités*. Les pièces allongent le tir et les dispersent.

Les deux compagnies qui ont passé les premières reçoivent l'ordre d'entrer dans Ségou après l'infanterie de marine et d'occuper la ville. Les pièces de 80 installées sur la rive droite tirent encore pour enfiler la face du tata parallèle au fleuve où quelques hommes ont été aperçus.

A 1 heure et demie, le feu des pièces cesse sur les deux rives. La brèche est inutile. Nos troupes entrent par les

portes de la ville laissées ouvertes. Les spahis et les auxiliaires battent la plaine.

Toute la ville est occupée, sauf le tata d'Ahmadou dont
les portes sont fermées ; on n'entend que quelques coups de
feu isolés, de plus en plus rares.

A trois heures et demie le commandant Archinard entre à
Ségou. Il fait immédiatement chasser de la ville les auxiliaires qui ont commencé le pillage, et garder les portes du
tata ou réduit intérieur. Qu'y a-t-il derrière ces grands murs
au pied desquels nos troupes victorieuses ont dù s'arrêter,
impuissantes à les démolir ou à les franchir? La porte est
fermée et résiste à tous les efforts. Elle est en bois de fer de
15 à 20 centimètres d'épaisseur. Elle n'a pu être fermée que
de l'intérieur. Le tata est assez grand pour renfermer des
milliers de défenseurs.

Le commandant craint quelque ruse de guerre, telle
qu'en pratiquent souvent les noirs, afin de tomber sur l'ennemi au moment où débandé il se livre au pillage. C'est
ce qu'avait fait l'année précédente Tiéba dans sa lutte contre
Samory.

« D'un arbre voisin on peut voir par-dessus les murs. Le
commandant fait grimper un homme. Il n'aperçoit que des
femmes effrayées qui, cédant aux menaces, promettent d'ouvrir la porte, puis n'osent plus le faire. On fait approcher
un canon, on décharge deux obus, on les tire à bout portant. La porte cède enfin, les ferrures brisées. La citadelle
ne renferme que les femmes d'Ahmadou. Madani les a toutes
abandonnées au moment du bombardement, pour prendre
plus vite la fuite.

« La prise de cette capitale, qui faisait toute la force des
descendants d'Al-Hadji-Omar, ne nous avait pas coûté un

homme. Nous nous attendions, dit le colonel, à une résistance désespérée, et à peine découvrit-on quelques morts, entre autres le marabout dans sa mosquée.

« Les constructions de Ségou offraient cependant des garanties extraordinaires contre les effets meurtriers de l'artillerie. On ne peut rêver, dit le commandant Archinard, un système de pare-éclats plus complet que celui qui est constitué par tous ces murs de terre épais, rapprochés, enchevêtrés. Sauf les coups dirigés hors de la ville, le rôle utile de l'artillerie s'est trouvé réduit à jeter l'épouvante et le désarroi. Ségou est si grand, les murailles du réduit et des principales maisons si épaisses qu'en dehors de la brèche rien ne faisait voir que la ville eût été bombardée.

« Le feu avait été ordonné aussi rapide que possible au début pour tenter de démoraliser l'ennemi sans lui laisser le temps de s'habituer aux coups de canon et de constater leur peu d'effet meurtrier. C'est ce qui est précisément arrivé. »

« La prise de Ségou, dit encore le commandant dans son rapport, ne coûta que des fatigues pour le corps expéditionnaire et du travail pour l'état-major (1). Mais le résultat fut immense. La chute de cette capitale eut un grand retentissement chez les noirs de St-Louis et jusqu'au centre de l'Afrique ; elle eut pour effet immédiat de renverser la do-

---

(1) A la tête de l'état-major se trouvait le capitaine Bonnier, le frère de l'officier qui devait trouver plus tard une mort si tragique à Tombouctou. Le commandant Archinard fait de lui le plus vif éloge ; il reconnaît que c'est à son travail opiniâtre et à son activité incessante qu'il put faire franchir 250 kilomètres à une colonne de plusieurs milliers d'hommes (y compris les porteurs) dont la plupart n'avaient aucune idée de la discipline, sans que personne ait jamais manqué du nécessaire et que les pays traversés aient eu à souffrir de leur passage.

mination des Toucouleurs et de détruire à tout jamais l'empire musulman qu'Al-Hadji-Omar avait fondé quarante ans auparavant sur les bords du Niger.

Le commandant se hâta de profiter de sa victoire. Il envoya de différents côtés de petites colonnes qui reçurent la soumission de tous les villages environnants. Lui-même resta à Ségou, organisa sa conquête, y installa une garnison et nomma commandant d'armes le capitaine Underberg, capitaine d'artillerie de marine ; il rallia autour de lui les Bambaras, anciens maîtres du pays, que les Toucouleurs tenaient sous leur domination depuis la conquête d'Al-Hadji-Omar, et s'en fit des alliés qui reconnurent franchement notre protectorat.

IV

Le 11 avril, le commandant Archinard quitta Ségou à la tête d'une colonne composée de 292 hommes, et se dirigea vers Ouossébougou, forteresse toucouleure qui servait de liaison entre Nioro, la nouvelle capitale d'Ahmadou, et le Niger. C'était de là que les guerriers musulmans s'élançaient à l'improviste sur les villages bambaras pour les piller, enlever les femmes et les enfants et razzier les troupeaux. Les Bambaras avaient souvent attaqué cette place ; mais réduits à leurs seules ressources, ils n'avaient jamais pu en venir à bout.

Le 25 avril, la colonne arrive devant la place. Partie à 3 heures du matin de sa dernière étape, elle s'arrête un instant derrière la crête d'une dune de sable qui la dérobait encore à la vue de la ville. La colonne serre, la section de

80 prend ses dispositions de combat, et à huit heures et demie on se remet en marche. Au moment où l'on débouche sur la crête, les habitants qui sont dans les champs
rentrent précipitamment, et le tabala se fait entendre appe-
lant les guerriers aux armes.

A 8 heures 45, les deux pièces se mettent en batterie à
400 mètres du village. Les deux compagnies de tirailleurs
sont placées à droite et à gauche des pièces ; les spahis se mettent en bataille en arrière et à droite. Les auxiliaires bambaras se massent à 200 mètres en arrière. Partout sur la crête
du mur d'enceinte apparaissent les défenseurs.

Les compagnies font quelques feux de salve, mais les
défenseurs n'en semblent pas intimidés ; quelques-uns entièrement découverts brandissent leurs fusils et nous mena-
cent à grands cris. Nous sommes trop loin pour qu'ils essayent de tirer.

La section de 80 répartit ses coups sur tout le village.
Après une heure de tir, elle s'avance de cent mètres et commence le tir en brèche sur le mur d'enceinte. Ce mur est peu
épais et fait en terre sablonneuse. Chaque coup de canon fait
son trou, et de chaque trou le sable coule abondamment ; la
brèche se fait rapidement.

Vers midi, le feu des assiégés s'arrête, le tabala cesse ; on
s'attend à une sortie qui donnera à nos hommes l'occasion de
combattre sans trop de désavantage. Mais le tabala reprend
une demi-heure après, lent, régulier, agaçant.

A 1 heure 35, la brèche est terminée. L'artillerie a fait
tout ce qu'elle a pu pour en rendre l'accès facile et débarrasser les abords. Mais l'attitude des défenseurs est tellement
énergique, que le colonel n'ose ordonner l'assaut. Il fait placer
l'artillerie sur une hauteur qui domine le village et d'où l'on

peut prendre en enfilade la face sur laquelle la brèche a été pratiquée.

Cependant les défenseurs tiennent bon et ne quittent pas les abords de la brèche. Nos auxiliaires pressés par la soif vont chercher de l'eau à des puits situés sous le feu même de l'ennemi à moins de cent mètres des murs. Un grand nombre sont blessés.

L'affaire traine. Il est quatre heures. Dans deux heures, la nuit arrivera. Le village est grand et il faudra du temps pour l'occuper, même en supposant que l'ennemi lâche pied après avoir combattu sur la brèche.

L'assaut va être tenté. La compagnie d'anciens tirailleurs, lieutenant Levasseur, marchera en tête, suivie des auxiliaires et de la compagnie des tirailleurs Launay qui doit s'arrêter sur la brèche et empêcher les auxiliaires de sortir une fois qu'ils seront entrés.

Le commandant supérieur exhorte les troupes. Il fait rassembler les auxiliaires, leur rappelle leur vieille haine, annonce l'heure de la vengeance, fait crier les griots.

A 4 heure 35 la colonne d'assaut s'ébranle. Elle s'avance tranquillement en colonne de compagnie, les sections parfaitement alignées. Le réduit est donné comme point de direction. Les pièces de 80 accélèrent leur tir sur la brèche. Lorsque la tête de la colonne arrive à une cinquantaine de mètres de la brèche, les pièces cessent le feu. Le lieutenant Levasseur, seul en avant, enlève sa compagnie au pas gymnastique. Les défenseurs ouvrent des deux côtés de la brèche un feu des plus vifs auquel les assaillants ne répondent pas.

Le lieutenant Levasseur entre le premier, suivi de ses tirailleurs ; le tabala bat plus rapidement et la fusillade se

maintient toujours aussi intense. Les auxiliaires s'engagent
après les tirailleurs. Mais bientôt cette masse s'arrête. Le
lieutenant Levasseur tombe dangereusement blessé. Quatre
hommes le transportent ; deux sont tués, deux autres les
remplacent et amènent le lieutenant à l'ambulance. Le capitaine Mangin qui commande les auxiliaires reçoit l'ordre de
le remplacer à la tête des anciens tirailleurs.

Pendant ce temps les tirailleurs de la compagnie Launay
ont perdu patience. Voyant les auxiliaires s'arrêter devant
eux, fusillés à bout portant par les guerriers ennemis qui,
bien postés, tiraient sur eux sans qu'ils pussent répondre utilement, ils se sont précipités en avant sous les ordres
du lieutenant Lucciardi. Une section seule reste pour garder
la brèche. Bientôt les tirailleurs sont eux-mêmes arrêtés
devant une cour et une rue commandées par les murs d'un
tata particulier d'où les coups de fusil partent sans interruption. Le lieutenant Lucciardi à cheval sur un mur dirige le
tir de ses hommes dont plus du quart est déjà tombé.
La section Sadioka occupe une cour en arrière. Le capitaine
Bonnier, qui est venu de la part du commandant supérieur
prendre la direction du combat, lui donne l'ordre de se porter en avant pour s'emparer des cases d'où l'ennemi fusille la
section Lucciardi. Elle est arrêtée bientôt par un mur trop
haut pour être escaladé.

Pendant qu'elle cherche à le tourner, le capitaine Bonnier
retourne du côté où sont engagés les anciens tirailleurs.
Leur nouveau chef, le capitaine Mangin, vient d'être frappé
à mort ; deux sergents européens tombent bientôt après.
La compagnie n'a plus ni officier ni sous-officiers européens.
Le désordre est à son comble. Les auxiliaires encombrent
les rues, les cours, les cases, cherchant la protection des

murs et déchargeant leurs fusils au hasard. Les uns crient qu'ils n'ont plus de poudre ; d'autres cherchent à sortir du tata ; à chaque coin de rue, c'est le même mouvement d'hésitation qui arrête l'élan des tirailleurs et trouble l'action.

Le capitaine Bonnier, qui se multiplie avec un courage et une ardeur sans pareils, malgré une blessure au bras heureusement assez légère, rallie quelques guerriers choisis parmi les auxiliaires bambaras ; il se met à leur tête, et entraînant les anciens tirailleurs, il commence à regagner du terrain. De tous côtés le sol est jonché de cadavres, de blessés, attestant une égale vigueur chez les défenseurs et chez les assaillants.

Cependant la nuit arrive ; un incendie allumé par les assiégés arrête de nouveau l'élan des tirailleurs. Bientôt ceux-ci sont obligés de reculer devant les progrès des flammes. Les auxiliaires bambaras, voyant les tirailleurs reculer, sont pris de peur et se portent en foule vers la brèche. On réussit à grand peine à arrêter la panique.

En vain le capitaine Bonnier tente un dernier effort pour pénétrer avant la nuit jusqu'au réduit ; il reconnaît l'impossibilité d'y arriver.

Le commandant supérieur prend alors des dispositions pour la nuit : les tirailleurs gardent les positions conquises dans l'intérieur de la place ; les auxiliaires bambaras sortent de l'enceinte ; des vivres sont envoyés aux combattants qui devront manger et se reposer sur place en se gardant le mieux possible. La pièce de 80 doit tirer toute la nuit sur le réduit pour empêcher les défenseurs de se fortifier et préparer la brèche pour le lendemain ; une section de tirailleurs garde les abords de la brèche.

Dès que la nuit est venue, les Toucouleurs redoublent

leurs feux et cherchent à entourer les sections établies dans le village.

Le tabala ne cesse de battre.

La pièce de 80 exécute son tir lentement, un coup environ toutes les dix minutes.

Toute la nuit des coups de fusil partent du réduit, quelques-uns des environs de la brèche, et beaucoup autour de la partie du village occupée par la compagnie Launay qui répond très peu.

Les spahis occupent en dehors de la place le mamelon où sont établis le commandant supérieur, l'état-major et l'ambulance.

Vers deux heures et demie du matin, des cris sauvages s'élèvent tout à coup, le feu de l'ennemi devient plus rapide, des feux de section répondent presque aussitôt. Une attaque furieuse des plus braves guerriers d'Ouossébougou, qui se précipitent sur deux barricades établies et défendues par la compagnie Launay, est repoussée vigoureusement ; mais les barricades ont été démolies par l'ennemi avant qu'il se décide à lâcher pied. En même temps des guerriers sortent en tirant par une porte voisine de la brèche et par la brèche même. La pièce accélère le feu et lance des boîtes à mitraille. La section de soutien et celle qui garde la brèche exécutent des feux rapides ; le tabala bat avec rage ; puis tout se calme et la pièce reprend son tir lent et régulier.

A trois heures et demie l'ennemi fait une nouvelle sortie, mais cette fois par une porte qui se trouve en face de l'ambulance. Une violente fusillade est dirigée sur l'état-major. Les spahis se mettent en ligne à pied, avec tous les hommes valides, officiers, médecins, vétérinaires, conducteurs, etc. Mais l'ennemi n'arrive pas jusque là ; son but, comme on le sut le lendemain, était simplement d'aller chercher de l'eau aux puits situés en dehors de l'enceinte.

Enfin cette affreuse nuit arrive à sa fin. La lutte va recommencer plus vive. Toutefois, l'effectif de nos troupes régulières est trop restreint pour qu'on puisse les lancer à l'assaut du réduit avec la certitude du succès, et nos hommes sont tellement fatigués que le colonel hésite à leur demander un nouvel effort, s'il ne doit pas être le dernier.

Après un nouveau bombardement qui dure toute la matinée, sans grand effet, le commandant supérieur réunit les chefs des auxiliaires bambaras. Il les harangue avec une grande vivacité et leur reproche le manque de courage dont leurs hommes ont fait preuve la veille : « C'est pour « vous, leur dit-il, que je suis venu ici, pour vous seuls, car « Ouossébougou ne gênait pas les Français. Vous m'avez dit « que je n'avais qu'un trou à faire dans la muraille et que « vous y passeriez tous. J'en ai fait cinquante. Les blancs « ont passé la nuit dans le village ; il n'y a presque plus « rien à faire ; le village est à moitié démoli ; presque « tous les guerriers qui y étaient sont morts. Voulez-vous « en finir? Je comptais sur vous, puisque vous me l'aviez « promis. On dit que les Bambaras ne mentent pas et je « le croyais ; autrement j'aurais amené cent tirailleurs de « plus et tout serait fini depuis longtemps. Je n'ai pas besoin « de cavaliers. Il n'y a que les lâches qui restent à cheval « en disant qu'ils poursuivront les fuyards. Vous voyez « bien que les Kagoros d'Ouossébougou ne se sauvent pas. « Sont-ils plus braves que vous ? Etes-vous des femmes « ou des captifs ? Je croyais que les Bambaras étaient « braves, qu'ils aimaient la bataille, qu'ils ne craignaient

« pas plus la mort que les blancs. Les blancs ont marché
« les premiers, les chefs avant les soldats. Etes-vous des
« chefs ? Où est votre place ? Cette fois-ci je vais vous
« laisser aller seuls. Je veux savoir au juste ce que valent
« les Bambaras.

Enflammés par cette rude éloquence, tous s'écrient que les
cavaliers mettront pied à terre et que les chefs seront les premiers à marcher à l'assaut. Le commandant descend avec eux
dans la plaine. Il forme deux colonnes d'assaut.

« Quels sont les plus braves, s'écrie-t-il? Mourdia ou
Damfa ? »

Le frère du chef de Mourdia sort de la foule.

« Mourdia marche toujours en tète pour les assauts et je
« marcherai le premier. »

Le commandant lui serre la main; tous les Bambaras répondent par des cris et des vociférations.

Les deux colonnes se mettent en marche lentement : la
pièce de 80 arrête son tir. Aucun coup de feu ne part des
murs d'enceinte. Tous les défenseurs se sont retirés dans le
réduit. Le tabala bat toujours. Les Bambaras pénètrent par
les brèches du mur d'enceinte. Mais ce n'est qu'à l'intérieur de la ville et près du réduit que le combat commence.
La fusillade éclate alors très vive. Les assaillants grimpent
sur les toits des cases qui entourent le réduit dont ils cherchent à escalader les murs. Ils avancent avec confiance et
gagnent peu à peu du terrain. Au bout de quelque temps
plusieurs d'entre eux quittent le combat et arrivent à l'état-
major, mais c'est pour demander de la poudre :

« C'est un village cassé, disent-ils dans leur pittoresque
langage » et ils retournent en courant.

Des blessés, les mains en lambeaux ou quelque balle dans

les membres, viennent se faire panser et retournent au combat dès qu'ils ont obtenu de la poudre. Le fils d'un chef, le bras cassé en deux endroits, vient à l'ambulance : on lui met une attelle, et le médecin lui indique une place pour se coucher; mais il est déjà reparti, agitant son bras emprisonné comme pour voir quel service il peut encore lui rendre.

Pourtant la résistance continue et la fusillade se maintient aussi intense. Le commandant veut envoyer la pièce de 80 pour vaincre le dernier obstacle, s'il le faut; mais elle n'est pas encore à la brèche que les Bambaras crient qu'ils n'en ont pas besoin. Ceux-ci en effet ont déjà réussi à couronner les murs et tirent dans les cours intérieures. On leur répond d'en bas. La résistance est désespérée. Ceux qui n'ont plus le temps de charger leurs armes jettent des pierres sur les assaillants. Quelques-uns montent sur les toits, et quand leurs fusils sont déchargés, ils restent là debout, injuriant, menaçant encore et narguant leurs vainqueurs jusque dans la mort.

Un parti de Bambaras s'acharne à démolir la porte d'entrée à coups de haches. La porte cède enfin, et les assaillants se précipitent dans le réduit; ceux qui couronnaient les murs sautent alors dans les cours intérieures.

Au même instant une grande flamme s'élève ; le tabala cesse de battre. Le chef Diara qui dirigeait l'héroïque résistance des Toucouleurs vient de se faire sauter avec les siens.

La lutte cependant n'est pas finie; elle se poursuit dans le village; mais ce n'est plus que la résistance de groupes isolés, et le résultat final ne peut plus être douteux. Les coups de

fusil continuent jusqu'au soir. Personne ne veut se rendre ;
un Toucouleur qui vient d'être fait prisonnier se fait sauter
la cervelle avec une espèce de pistolet tromblon. Les femmes mêmes se défendent, les unes combattent, le sabre en
mains, d'autres se renferment dans leurs cases, y mettent le
feu, et périssent avec leurs enfants dans les flammes.

Enfin vers quatre heures, cette horrible scène de carnage
semble à peu près terminée. Les compagnies de tirailleurs
sortent de la place où toute résistance est définitivement terminée. Elles sont en colonne de compagnie, alignées, cor-
rectes, comme la veille, quand elles marchaient à l'assaut.(1)

Le commandant supérieur les félicite, officiers et soldats.

Le même jour à cinq heures, on signale l'approche de
l'armée de secours envoyée par Ahmadou. Mais en apprenant
la chute de la ville, elle n'ose attaquer et se retire sans
combat.

Nos pertes dans ces journées sanglantes avaient été relativement considérables. Nous avions 16 tués, dont trois Européens, le capitaine Mangin et les sergents Daguet et Bé-
renger, 83 blessés dont les capitaines Bonnier et Launay,
les lieutenants Levasseur, Salvat et Lucciardi, sans compter
les pertes des auxiliaires Bambaras.

La prise d'Ouessébougou est un des faits de guerre les
plus sérieux de nos campagnes du Soudan. Nulle part peut-
être nous n'avons rencontré une résistance aussi acharnée,
et notre situation eût été critique, si l'armée de secours des
Toucouleurs fût arrivée à temps.

Le 27 avril, le commandant Archinard remet la ville à ses
anciens possesseurs bambaras. Le 28, il reprend la route de

---

(1) *Rapport officiel du commandant Archinard.*

Kayes, où il arrive le 25 mai. Sa vaillante colonne affaiblie
par tant de combats et de marches (elle avait fait environ
2.000 kilomètres) allait enfin, on l'espérait du moins, pouvoir prendre quelque repos. Elle avait brillamment accompli
sa tâche et pouvait être fière de l'éclat qu'elle avait ajouté
au drapeau français.

V.

Le sultan Ahmadou ne fut nullement abattu, comme on
l'avait espéré, par la chute de Ségou et la prise d'Ouessébougou. La colonne expéditionnaire était à peine rentrée à
Kayes qu'elle était de nouveau attaquée par des partis de
Toucouleurs qu'on signalait sur les bords mêmes du Sénégal
entre Kayes et Médine. Après tant de luttes sanglantes, tant
d'efforts persévérants, on en était arrivé à ce point que, dans
la nouvelle capitale du Soudan français, on dut prendre les
postes de combat pendant plusieurs nuits consécutives!

Le commandant Archinard, dans la pensée généreuse de
soustraire les Toucouleurs de Ségou aux vengeances de leurs
anciens sujets Bambaras, avait organisé un convoi de plusieurs milliers d'entre eux qui désiraient regagner avec leurs
familles leur patrie d'origine, le Fouta sénégalais. Ce convoi
qui comprenait sept mille personnes, hommes, femmes, enfants était accompagné par une escorte de tirailleurs sous les
ordres du capitaine indigène Mahmadou-Racine. Les cavaliers
d'Ahmadou purent entrer en relations avec les émigrants, et
le 30 mai ils attaquèrent de concert avec ceux-ci le village
de Talaari qu'ils mirent au pillage. La plupart des émigrants
passèrent ensuite sur le territoire ennemi.

Le 1er juin, l'armée d'Ahmadou attaqua le poste de Bafoulabé, défendu seulement par 47 hommes auxquels se joignirent
31 habitants des villages voisins armés d'anciens fusils. Le
poste, commandé par le lieutenant Valentin, ne disposait que
de trois canons de montagne. Après toute une journée de
combats et plusieurs assauts infructueux, l'ennemi fut
repoussé laissant sur le terrain un nombre considérable de
morts et de blessés. Mais l'attaque avait été rude, et les cou-
rageux défenseurs n'auraient pu sans doute résister bien
longtemps si le commandant Archinard, prévenu de l'approche des Toucouleurs, n'avait envoyé au secours du poste
une centaine de tirailleurs commandés par le capitaine d'artillerie de marine Ruault.

Celui-ci arriva à Bafoulabé le soir même de l'attaque, et
dès le lendemain il se mit en demeure de poursuivre l'ennemi.

Dans la nuit du 2 au 3 juin, la petite colonne fut attaquée aux environs de Kalé par toute l'armée d'Ahmadou
comprenant plus de 1000 cavaliers et 2 à 3.000 fantassins.

La lutte fut acharnée. Notre position, qui n'avait pu être
choisie au milieu de l'obscurité, se trouvait être assez désa-
vantageuse : notre carré était dominé par un pli de terrain
formant une sorte de banquette derrière laquelle les tireurs
ennemis étaient défilés. Le feu de l'ennemi se ralentissait
par moments, puis reprenait très vif ; il partait de tous les
côtés. Le tabala battait sans interruption et les guerriers
poussaient des cris féroces par lesquels on pouvait juger de
leur nombre considérable.

« Plusieurs d'entre eux viennent se faire tuer à bout
portant. Il y a dans leurs rangs un certain nombre d'an-

ciens tirailleurs qui parfois achèvent eux-mêmes les commandements de nos officiers. A l'avertissement : « Section ! » prononcé dans nos rangs, répond le commandement : « Joue, feu ! » parti des rangs ennemis, commandement que nos tirailleurs exécutent d'ailleurs sans broncher.

« Evitant de se présenter en masses serrées, les Toucouleurs s'abritent derrière les arbres à 40 ou 50 mètres de notre front. Les arbres choisis comme abris sont toujours occupés ; le tireur qui tombe est aussitôt remplacé. Auprès d'un de ces arbres se trouvait planté un fanion qui resta là pendant presque tout le combat. Vainement l'artillerie dirigeait sa mitraille, et l'infanterie, ses feux de section dans cette direction. Après chaque décharge les coups de fusil partaient de nouveau et les cris de guerre redoublaient pour narguer nos efforts.

Au lever du soleil, malgré la grande économie avec laquelle le tir avait été réglé, la réserve de cartouches était fortement entamée, et il était à craindre que l'ennemi, se rendant compte alors de notre petit nombre, ne tentât un suprême effort pour nous écraser.

Dans cette prévision, le capitaine Ruault fit former un carré avec les voitures Lefèvre, derrière lesquelles on pourrait se retrancher en cas de besoin. Heureusement l'ennemi, découragé par ses attaques infructueuses de la nuit, commençait lui-même son mouvement de retraite.

Le capitaine Ruault se porte alors en avant, à 400 mètres de sa première position, fait allonger le tir de son artillerie, et exécuter de nombreuses sonneries de la charge pour faire croire à une poursuite que sa troupe trop peu nombreuse ne pouvait malheureusement entreprendre. Mais l'effet est tel que la retraite des Toucouleurs se transforme alors en une vraie déroute. Engagés dans les défilés de Kalé, les fuyards se précipitent vers le Bafing ; un grand nombre de cavaliers se tuent dans les roches, tombent dans les précipices ; l'armée d'Ahmadou ne réussit à passer sur la rive droite qu'après avoir laissé la plus grande partie de ses guerriers sur le lieu du combat.

C'est avec un effectif de 124 hommes dont 10 Européens que le capitaine Ruault avait ainsi pu mettre en déroute une armée de plusieurs milliers d'hommes, composée de l'élite des guerriers d'Ahmadou, conduite par ses meilleurs généraux. Il est vrai que de notre côté les pertes étaient énormes : 6 tués, 11 blessés grièvement, 26 blessés, soit un total de 43 hommes hors de combat, plus du tiers de l'effectif. Il ne restait à la fin du combat, comme Européens indemnes que le capitaine Launay et le sergent-major Colinet.

Peu de jours après ce violent combat, une bande de 4 à 500 cavaliers et d'un millier de fantassins avait encore l'audace de passer le fleuve auprès de Kayes et de venir piller les villages à toucher la capitale du Soudan français. Elle fut facilement repoussée. Vivement poursuivie à coups de hotchkiss, elle repassa dans le Kaarta après avoir laissé un grand nombre de morts sur le terrain. (6 juin).

Cette bande avait pu se former rapidement grâce au voisinage de la forteresse de Koniakary dans laquelle Ahmadou avait mis une garnison et qui était le rendez-vous de tous nos transfuges, anciens palefreniers, domestiques, employés de différents services, chassés de nos rangs à cause de leur paresse ou de leurs vices. Bien que la saison fût fort avancée, le commandant Archinard résolut de s'en emparer.

Le 13 juin, il se mit en route à la tête d'une colonne de 335 hommes et de 1509 auxiliaires ou porteurs. Le 15 au soir, il rencontra l'ennemi au passage du Krikou. Après un combat assez vif interrompu par la nuit et repris le 16 au matin, les Toucouleurs prirent la fuite en laissant sur le terrain un grand nombre de cadavres.

Le même jour on arriva en vue de Koniakary, qui avait été abondonnée par ses défenseurs. La place fut occupée et remise aux mains d'un de nos alliés. Le 17 juin la colonne reprenait le chemin de Médine où elle arriva le 19 au matin.

La prise de Koniakary fut le dernier incident de cette longue et glorieuse campagne dans laquelle le commandant Archinard avait fait preuve de tant d'énergie, d'audace et d'habileté, et dans laquelle il s'était révélé comme un véritable homme de guerre.

CHAPITRE V.

I

Nous passerons plus rapidement sur les campagnes sui-
vantes, non qu'elles manquent par elles-mêmes d'intérêt ; mais
la place nous est mesurée, et nous craignons que le lecteur
ne finisse par être blasé sur des opérations de guerre qui se
ressemblent toutes plus ou moins.

Le commandant Archinard, nommé lieutenant-colonel, fut
chargé pour la troisième fois de diriger les opérations militaires pendant la saison 1890-1891. Bien décidé cette fois
à en finir avec Ahmadou, il se dirigea à la tête d'une colonne
vers Nioro, la nouvelle capitale du sultan toucouleur.

Celui-ci n'attendit pas l'attaque dont il était menacé, et le
1er janvier 1891, la colonne française entrait dans la capitale
évacuée par ses défenseurs.

Le colonel se lança aussitôt à la poursuite de son ennemi,

et le 3 janvier il surprenait à Youri l'armée d'Ahmadou. Les Toucouleurs désorientés par la vigueur avec laquelle ils étaient attaqués prirent la fuite. Ahmadou, privé de sa dernière armée, fut réduit à aller chercher un refuge dans le Macina, état du Moyen-Niger, où régnait son frère Tidiani.

La puissance toucouleure et l'immense empire fondé par Al-Hadji-Omar étaient cette fois bien définitivement abattus, et ne devaient plus jamais se relever de leur ruine.

Aussitôt après sa victoire de Youri, le lieutenant-colonel Archinard retourna à Ségou en complétant sur sa route la soumission des pays voisins du Niger ; puis marchant brusquement vers le Sud-Ouest, il alla fondre sur les contingents que Samory concentrait dans la vallée de Milo à proximité de notre poste de Siguiri.

Samory battu abandonna la ville de Kankan où un nouveau poste fut fondé, puis il battit en retraite sur sa capitale, Bissandougou. Il livra encore deux combats acharnés à nos troupes à Kokonna et à Diamanko (9 avril 1891). Vaincu encore, il livra sa capitale aux flammes, et s'enfuit vers le Sud.

Nos troupes fatiguées revinrent alors sur leur base d'opération. Leur chef atteint d'une fièvre bilieuse hématurique rentra en France. Il avait bien mérité quelques mois de repos. (1)

---

(1) Revue générale des sciences pures et appliquées, 15 juin 1895.

II.

Cependant Samory vaincu, mais non découragé, reprit
bientôt la campagne. Le Soudan est une pépinière d'hommes
presque inépuisable. Quelques incursions sur les territoires
voisins suffisaient au terrible sultan pour s'approvisionner
de nouveau en guerriers qu'il encadrait dans ses vieilles
bandes. Les Anglais du Sierra-Leone lui fournissaient
abondamment les armes et les munitions dont il avait besoin.
Il put ainsi, pendant l'hivernage de 1891, se créer à nouveau
une armée, munie de fusils à répétition, avec laquelle il
vint reprendre position autour de Kankan. C'était une nouvelle guerre en expectative.

Le lieutenant-colonel Humbert, de l'artillerie de marine,
nommé en remplacement du colonel Archinard comme commandant supérieur au Soudan pour la saison 1891-1892,
prit d'énergiques mesures. Il se porta sur Kankan qu'il dé-
bloqua, réoccupa Bissandougou, et s'empara de Sanakoro et
Kénouaré qu'il conserva comme bases d'opération en vue de
la campagne suivante.

Celle-ci fut menée de deux côtés à la fois, au Nord par
le colonel Archinard revenu pour une quatrième campagne
au Soudan, au Sud par le lieutenant-colonel Combes, de
l'infanterie de marine.

Dans un raid fantastique de 900 kilomètres, la colonne
Combes parcourut tout le pays qui s'étend à l'Ouest du Milo
jusqu'au Baoulé et jusqu'au Cavally qui s'écoule dans l'A-
tlantique. La partie principale des troupes de Samory fut atteinte, bousculée, poursuivie l'épée dans les reins, disloquée
finalement pendant que dans le Haut-Niger les capitaines

Briquelot et Dargelos à la tête de colonnes secondaires trai-
taient de la même manière les bandes avec lesquelles Samory tenait les provinces voisines du Sierra-Leone.

« En quelques semaines toute la région entre le Niger, le
Liberia et le Haut-Cavally était conquise et maintenue sous
notre autorité par les postes de Farannah, de Kissidongou et
de Beïla.

« Samory perdait ainsi toutes les provinces qui étaient le
berceau de sa puissance.

« Pendant ce temps, au Nord, le colonel Archinard traversait le Kaarta, passait à Ségou, écrasait à Djenné les bandes
qui voulaient menacer nos possessions du Moyen-Niger, allait
à Mopti et à Kori-Kori, près de Bandiagara, la capitale du
Macina, et mettait en fuite les contingents qu'Ahmadou avait
pu de nouveau grouper autour de lui (1) ».

III.

Ce fut le dernier effort sérieux que la France fut obligée
de faire sur le Niger, et l'on put considérer alors le Soudan
comme bien et définitivement conquis.

Cette conquête nous avait coûté beaucoup plus cher qu'on
ne l'avait supposé d'abord. Nous nous étions heurtés, à trente
ans de distance, à deux hommes d'un génie relativement
supérieur, qui par leur indomptable ténacité, leur habileté,
leur prestige personnel avaient su grouper autour de nous
la plupart des populations musulmanes de l'Afrique centrale.
Nous avons nommé Al-Hadji-Omar et Samory.

Nous avons vu le premier à l'œuvre, luttant avec un

(1) Revue générale des sciences pures et appliquées, 15 juin 1895.

acharnement incroyable pour s'opposer à notre première extension vers le Haut-Sénégal. Le second a montré dans les guerres qu'il soutient depuis quinze ans contre nous une habileté encore plus grande, et son prestige reste entier sur les populations indigènes qni l'environnent.

« Tout noir qu'il est, cet homme possède l'âme d'un héros, a dit un officier qui l'a connu de près, le commandant Péroz. Ses soldats accomplissent les marches forcées les plus pénibles, sans murmurer, quel que soit leur éreintement, non pas par crainte des châtiments dont on prétend à tort que les menace Samory, mais parce que ce chef remarquable a su les dresser et les fanatiser d'une façon merveilleuse, parce que jamais il ne les a laissés manquer de vivres ou de munitions et que sa sollicitude s'étend à tout.

« D'aucuns affirment que ses sofas ne lui restent fidèles que parce qu'il fait impitoyablement mettre à mort ceux d'entre eux qui deviennent hésitants ou tièdes. Mais alors comment expliquer que tous les prisonniers qui ont pu s'échapper de nos mains soient volontairement revenus à lui ? Comment admettre, dans cette hypothèse, que parmi les centaines de sofas jetés en enfants perdus sur nos flancs ou sur nos derrières, deux seulement soient venus à nous, trahissant la cause de l'Almamy ?

« Aussi bien, faut-il prendre son parti et reconnaître que le génie de Samory est unique dans le Soudan occidental. Comment expliquer autrement la résistance si vigoureuse qu'il nous oppose depuis quinze ans ? Chaque année, ce sont des moyens nouveaux. Ses ressources s'épuisent, le nombre de ses sujets diminue, et cependant, au moment où nous le croyons terrassé, il recommence la lutte avec un acharnement, une organisation, une tactique tels qu'il peut nous disputer pied à pied les lambeaux de son empire. Jamais de découragement, jamais de faiblesse chez lui ou chez les siens. Après les pertes ou les défaites les plus cruelles, jamais il ne s'abandonne.

« Ses qualités de fin manœuvrier sont indéniables. Il nous l'a constamment prouvé ».

Ses talents d'organisateur ne sont pas moins certains. Il a su former à plusieurs reprises une armée d'élite composée de soldats redoutables, bien exercés, sachant admirablement se servir des armes perfectionnées que la jalousie des Anglais leur a mises dans les mains.

Le fait suivant en est la preuve :

« Un jour, raconte le commandant Péroz, j'étais à cheval sur un mur, abîmé dans la contemplation des jeux de lumière qui modifiaient à chaque instant l'aspect du paysage que j'avais sous les yeux ; je ne songeais guère à mes anciens amis les sofas ; ils se chargèrent de se rappeler à mon souvenir. Un coup de feu retentit, et au moment où, curieusement, je regarde un petit nuage de fumée qui s'élève d'un bouquet, une balle vient en sifflant écrêter le tata, à quelques pouces de ma jambe, et tombe à l'intérieur de l'enceinte dans la litière d'un cheval à l'attache, qui tire brusquement sur sa longe, en s'ébrouant. Pendant que je reste confondu de l'adresse de ce coup tiré à sept cents mètres au moins, un deuxième petit nuage blanc monte du même fourré ; une autre balle vient se ficher dans l'épaisseur du tata, au-dessous de moi. Jugeant inutile de servir plus longtemps de cible à de pareils tireurs, je repasse le corps à l'intérieur, et un calme profond renait du côté du Milo ».

Non seulement les sofas savent tirer, mais ils savent — ce qui est autrement remarquable — ne pas tirer.

« A peine suis-je de retour auprès du capitaine Dunoyer, raconte encore le commandant Péroz, qu'une fusillade sèche, celle des fusils Gras, arrête net le compte rendu que je lui faisais. La section Cristofari, qui m'a suivi à quelques centaines de mètres, vient d'être accueillie par un feu nourri sur le bord de cette même rivière que je viens d'explorer de si près. Deux feux de salves en chassent une vingtaine de sofas, qui, aplatis contre la berge, le corps plongé dans l'eau, n'avaient pas donné signe de vie à mon passage. L'allure rapide de mon cheval ne leur avait pas permis sans doute de reconnaître un officier, et, suivant leur tactique habituelle, ils n'avaient pas voulu faire l'honneur de leur décharge à un seul cavalier; pour se démasquer et faire feu, ils avaient posément attendu que la section Cristofari fût sur eux et leur présentât à courte distance un large but.

« Si je cite cet incident peu important en lui-même, c'est pour montrer quel sang-froid parfait nos ennemis savent conserver à l'occasion. J'étais passé à un mètre d'eux à peine ; mais Samory leur a défendu de tirer sur les cavaliers de pointe, afin de ne pas déceler prématurément leur présence et pour réserver leur première décharge à la masse de l'infanterie.

« Cette consigne a toujours été exécutée de point en point. Pour moi qui n'étais pas encore au courant de cette nouvelle particularité de la tactique de Samory, mon ébahissement fut complet en voyant le fourré dont, en quelque sorte, je sortais, se couvrir d'un épais nuage de fumée (1). »

Ces courts exemples montrent à quels ennemis redoutables

---

(1) *Campagne du Soudan*, 1891-1892, par le commandant Péroz.

nous avions affaire et quel mérite nos soldats et nos officiers
ont eu à les vaincre.

IV.

Jusqu'ici nous n'avons eu que des victoires à enregistrer.
La conquête du Soudan devait malheureusement se terminer
par un désastre dont le souvenir est encore présent à tous
les esprits, désastre sans conséquence au point de vue de la
sécurité de nos possessions, mais qui n'en a pas moins affecté
notre prestige, jusqu'alors intact, aux yeux des populations
indigènes de l'Afrique centrale.

A la fin de 1893, le gouvernement jugeant la conquête du
Soudan complètement finie, y nomma un gouverneur civil,
M. Grodet.

Le lieutenant-colonel Bonnier de l'artillerie de marine, fut
nommé commandant supérieur des troupes sous les ordres
de M. Grodet.

La situation au Soudan était alors très rassurante. A la
suite des dernières campagnes, le bassin du moyen Niger
avait été complètement débarrassé des bandes d'Ahmadou et
reconnaissait notre protectorat. Pour ne pas surexciter de
nouveau le fanatisme de nos ennemis, le gouvernement
s'était opposé jusqu'alors à l'entrée de nos troupes à Tombouctou, la ville sainte du Soudan musulman. Le lieutenant
de vaisseau, Caron, commandant la canonnière le *Niger*,
s'en était approché en 1889, et avait débarqué à Kabara situé
à dix kilomètres environ dans le Sud. Mais obéissant aux
instructions qu'il avait reçues, il n'avait pas essayé d'aller
plus loin.

Le 28 décembre 1893, l'enseigne de vaisseau Aube fut
surpris par une bande de Touareg dans les environs de

Kabara et massacré avec quelques hommes. Le lieutenant de vaisseau Boiteux qui commandait la flottille jugea nécessaire d'occuper Tombouctou. Il y pénétra sans coup férir, en prit possession et s'établit avec une petite troupe de matelots dans deux maisons crénelées au nord et au sud de la ville.

Le lieutenant-colonel Bonnier, prévenu de ces incidents, se hâta de se rendre sur les lieux, avec une colonne comprenant trois compagnies de tirailleurs soudanais (capitaines Tassart, Pansier et Philippe) 4 pièces de 80^{mm} et 2 pièces de 4.

Il arriva le 4 janvier au matin à Kabara, par la voie fluviale, et le même jour à quatre heures, il entra à Tombouctou.

Le lieutenant de vaisseau Boiteux évacua la place avec tous ses hommes et alla rejoindre sa flottille.

Le colonel Bonnier laissa à la colonne une journée de repos. Le lendemain à quatre heures, il donna des ordres pour le départ d'une reconnaissance qui devait quitter la ville le jour même entre sept et huit heures. Des renseignements lui avaient fait connaître la présence des campements touareg dans les environs, plus particulièrement dans la direction de l'Ouest vers Goundam. Il voulait en débarrasser le plus vite possible la contrée et venger, s'il le pouvait, le massacre du malheureux enseigne de vaisseau Aube.

Les Touareg (au singulier *Targui*) appartiennent à la race berbère, une des branches de la famille des peuples blancs. Ce sont des hommes de haute taille, bien constitués et d'apparence vigoureuse ; ils ont le type absolument caucasique, face ovale, front large, cheveux lisses et noirs ; plusieurs ont même les yeux bleus ; la plupart sont au moins aussi blancs que les Calabrais ou que les paysans du sud de l'Espagne. (1)

(1) **Vivien de St Martin.** *Dictionnaire de géographie.*

3. — LIEUTENANT-COLONEL BONNIER

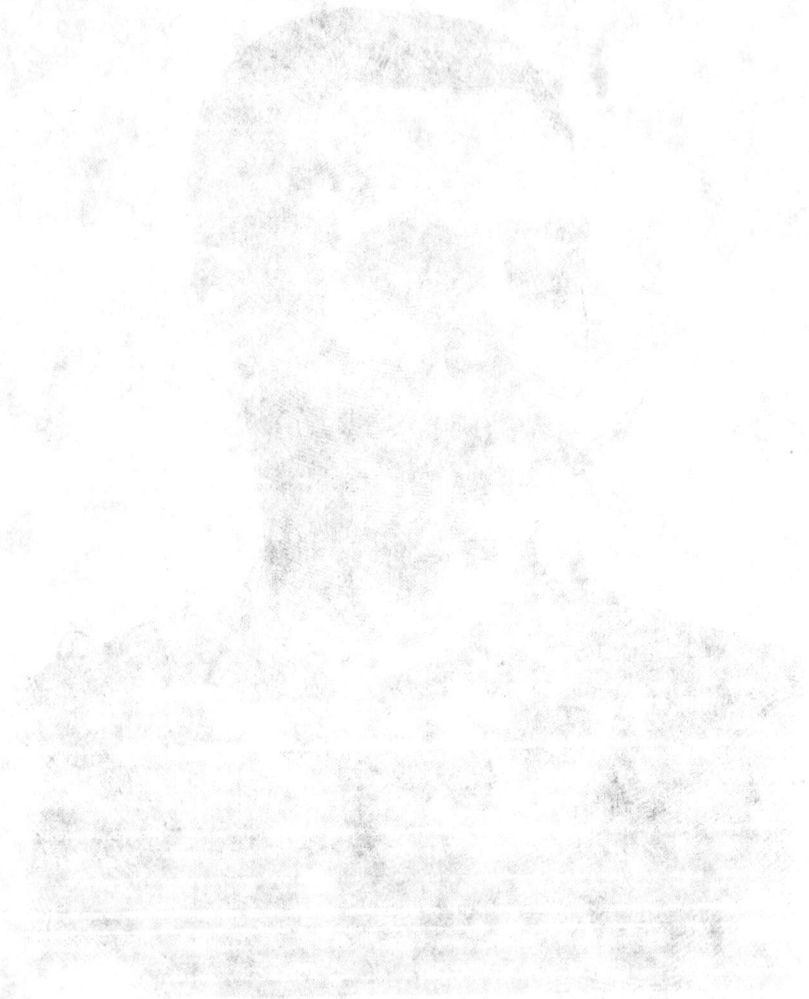

Ils se divisent en plusieurs tribus. Celles qui habitent dans la région du Soudan exerçaient leur autorité depuis plus d'un siècle sur Tombouctou et toute la rive gauche du Moyen-Niger.

Ils sont musulmans ; mais leur religion est purement nominale ; ils prient peu, ne jeûnent pas, ne font pas d'ablutions. Ils sont nomades, vivent sous la tente, dédaignent le travail de la terre, s'occupent uniquement de l'élevage des bestiaux.

Passionnés pour leur indépendance, ils sont braves, mais rusés, souvent de mauvaise foi. Ils vivent surtout de brigandages, de razzias, de pillages, détroussent les caravanes et sont la terreur des voyageurs qui s'aventurent dans le Sahara. Ce sont eux qui, au sud de l'Algérie, ont anéanti la mission Flatters. Ce sont eux qui vont détruire la colonne Bonnier, nous infligeant ainsi, à quelques années de distance, les deux plus douloureux échecs de notre politique coloniale.

V.

Le 12 janvier, à six heures quarante-cinq du matin, la reconnaissance commandée par le lieutenant-colonel Bonnier, se mit en marche.

Elle était composée de la façon suivante :

Etat-major.

M. Bonnier, lieutenant-colonel d'artillerie de marine, commandant supérieur par intérim du Soudan français.

7

M. Regad, capitaine d'infanterie, hors cadre, chef d'état-major.

M. Livrelli, capitaine d'artillerie de marine, hors cadre, sous-chef d'état-major.

M. Garnier, lieutenant d'infauterie de marine, hors cadre, d'état-major.

M. Sensarric, capitaine d'infanterie de marine, hors cadre.

M. Nigotte, capitaine au 2º régiment de la légion étrangère, détaché à l'état-major du commandant supérieur.

M. Grall, médecin de 1ʳᵉ classe de la marine.

M. Lenoir, vétérinaire en second, hors cadre.

M. Aklouch, interprète arabe titulaire de 3º classe.

Infanterie. — Régiment de tirailleurs soudanais.

M. Hugueny, chef de bataillon au régiment de tirailleurs soudanais.

5º compagnie. Capitaine Tassard, lieutenant Bouverot ; 6 sous-officiers européens, 142 indigènes.

11º compagnie, un peloton. Sous-lieutenant Sarda ; 3 sous-officiers européens, 62 indigènes.

Soit en tout 226 hommes. Le capitaine Philippe fut laissé à Tombouctou avec le reste de la colonne comme commandant la place.

Nous allons emprunter au rapport du capitaine Nigotte (1), le seul officier qui devait rentrer vivant de la colonne, le récit de cet épisode, le plus horrible de nos guerres coloniales.

« 12 *Janvier.* — A une heure de l'après-midi, la reconnaissance bivouaque sur les bords de la mare de Tinguilâ,

_____

(1) Journal officiel. 24 mai 1896.

à 21 kilomètres à l'Ouest de Tombouctou. Elle repart à six heures du soir et marche jusqu'à onze heures. Elle s'arrête pendant environ deux heures et repart le 13 à une heure du matin.

« Au bout de quelques minutes de marche, les guides prétendent qu'ils ne reconnaissent plus la route, car la nuit est assez obscure ; le commandant supérieur arrête alors la reconnaissance, qui bivouaque en cet endroit jusqu'au point du jour.

« 13 *Janvier*. — A cinq heures trente minutes du matin, la reconnaissance se met en marche et se dirige toujours vers l'Ouest. A huit heures, elle rencontre le premier campement touareg. Elle s'empare d'un troupeau de 5 à 600 moutons ; quelques captifs armés de javelines et de poignards sont tués. A partir de ce moment, la reconnaissance continue sa marche au milieu de campements assez rapprochés, et à six heures et demie du soir elle s'arrêtait sur la limite des inondations du marigot de Goundam, en un point appelé Tinteïlou. Elle avait à sa suite un troupeau de plus de 3,000 moutons ou chèvres.

« 14 *Janvier*. — La reconnaissance quitte son bivouac à six heures quinze du matin ; le troupeau retarde beaucoup sa marche ; de onze heures à midi et demi, elle fait la grande halte sur les bords d'une mare, et à deux heures elle arrive sur la limite des inondations du marigot de Goundam, à 200 mètres environ du campement touareg de Massakoré. Un troupeau de 5 à 600 moutons est pris ; une section de la 5e compagnie, sous la conduite du capitaine Sensarric, poursuit pendant quelques minutes un groupe d'une trentaine d'hommes armés ; quelques coups de fusils sont alors échangés. Cette section ramène plusieurs prisonniers, parmi

lesquels sont cinq femmes touareg. Ces prisonniers annoncent que les Touareg (Kel-Antassar et Tenguerebb) sont tous
rassemblés avec leurs troupeaux au campement de Djidjin,
près d'un village appelé Dongoï, et qu'il nous faut deux
heures de marche pour atteindre ce campement. Il est alors
trois heures de l'après-midi.

« Le commandant supérieur prend la résolution de marcher
sur le campement de Djidjin et de laisser à Massakoré les
hommes fatigués, déjà fort nombreux, les bagages, le troupeau sous la garde d'un peloton (une section de la 11ᵉ compagnie, une section de la 5ᵉ compagnie), commandé par M.
le sous-lieutenant Sarda. A trois heures quinze, la reconnaissance se remet en marche ; les officiers et sous-officiers européens ont laissé les ânes au convoi pour ne pas retarder
la marche ; quelques porteurs nous suivent portant le repas
du soir.

« A quatre heures quarante-cinq, la reconnaissance débouche dans une plaine ; à sa gauche se trouve un marigot, à
sa droite une ligne de dunes de sable peu élevée, le terrain est assez découvert ; devant elle, c'est-à-dire à l'Ouest,
elle distingue un massif montagneux assez élevé au pied
duquel, disent les guides, est situé le village de Goundam.

A ce moment, deux porteurs chargés de quelques vivres
de l'état-major et qui se trouvaient à 800 mètres en arrière
de la reconnaissance sont massacrés par trois cavaliers qu'on
aperçoit pendant quelques minutes ; en même temps, des
cris se font entendre dans des dunes couvertes de mimosas
et de gommiers situés sur la gauche et légèrement en avant
du chemin que suit la reconnaissance. Le lieutenant-colonel
Bonnier donne alors le signal d'une halte pour permettre aux
tirailleurs de se reposer pendant quelques minutes, car la

marche a été rapide. Tous les indices, les cris qui se font entendre toujours dans la même direction, des traces fraiches du passage d'un fort troupeau de bœufs, font présager la proximité des campements touareg.

« A ce moment, les capitaines Regad et Livrelli escaladent une petite dune. Je les accompagne. A nos pieds s'étend une forêt de mimosas et de gommiers; nous ne pouvons rien distinguer. Les cris d'appel continuent toujours sur notre gauche; il est alors cinq heures quinze.

« La reconnaissance se remet en marche; conduite par les guides, elle tourne à gauche (direction Sud), gravit une légère pente sablonneuse couverte d'épaisses broussailles et se trouve subitement (5 h. 25) à l'entrée d'un campement touareg évacué à peine depuis quelques instants. Le lieutenant-colonel Bonnier dirige alors une section de la 5ᵉ compagnie (lieutenant Bouverot) sur la gauche; les deux autres sections de la même compagnie (capitaine Tassard) se portent sur la droite; l'état-major et la section de la 11ᵉ compagnie marchent sur le point que les guides indiquent comme centre du campement. Quelques captifs armés de lances et de poignards essayent de défendre quatre femmes touareg et des porteurs chargés de bagages; ils se font tuer, les quatre femmes sont prises; les guides les reconnaissent pour appartenir à un chef touareg. En même temps, quelques coups de feu se font entendre du côté des détachements du capitaine Tassard et du lieutenant Bouverot.

« Le groupe du centre continue sa marche pendant une centaine de mètres environ, et à six heures le lieutenant-colonel Bonnier s'arrêtait au centre d'une petite clairière mesurant 200 mètres de long sur 100 mètres de large. Le jour est près de finir; nous sommes entourés de gommiers et de mimosas ; de larges trouées font communiquer la clairière où nous sommes, avec deux autres situées, l'une à l'Est, l'autre à l'Ouest, à 100 et à 150 mètres environ de nous.

« Le colonel fait alors allumer un grand feu au centre de la clairière où il se trouve ; il m'envoie avec son interprète et avec deux tirailleurs en allumer un autre au centre de la clairière située à l'Est, puis il fait sonner « l'assemblée » par un clairon de tirailleurs.

« A sept heures quinze minutes, les groupes du capitaine Tassard et du lieutenant Bouverot nous rallient. Le lieutenant Bouverot ramène environ 800 moutons ; cet officier a vu devant lui des hommes armés qu'il n'a pu rejoindre. Le capitaine Tassard annonce au colonel qu'il a capturé un troupeau de 100 à 120 bœufs et qu'il a tué quelques hommes armés qui se sont défendus jusqu'à la dernière extrémité. Il est alors sept heures quinze minutes. L'ordre est donné de s'installer pour passer la nuit sur les emplacements où l'on se trouve. Le peloton du lieutenant Bouverot est chargé de la garde des moutons et bivouaque dans la clairière n° 3 (celle de l'Ouest). Le groupe du capitaine Tassard conserve la garde des bœufs qu'il vient de capturer et occupe la clairière n° 2 (celle de l'Est). L'état-major, les guides, les prisonniers s'installent dans la clairière n° 1 (celle du centre). Un poste de 1 caporal, 4 tirailleurs, est chargé des prisonniers.

« Le froid est très vif ; nous en souffrons énormément, car nos couvertures sont restées au convoi. A onze heures, nous nous couchons autour des feux.

« A neuf heures, le colonel avait essayé d'interroger les prisonniers, et en particulier les femmes de Touareg. Elles refusèrent de répondre.

« *15 janvier.* — A quatre heures du matin, le lieutenant-
colonel Bonnier se lève et pousse quelques morceaux de bois
dans le feu ; il se recouche au bout de quelques minutes. A
quatre heures quinze, quatre coups de feu éclatent du côté
du bivouac de la compagnie Tassard, une rumeur sourde se
fait entendre tout autour de nous. Tous les officiers de l'état-
major sont debout en un clin d'œil ; étant couché aux pieds
du colonel, je me trouve à sa gauche et tout contre lui. Malgré la rapidité avec laquelle nous nous sommes levés, les
Touareg sont déjà sur nous. A la lueur des feux, nous
apercevons devant nous et venant de la clairière du lieutenant Bouverot une masse d'hommes à cheval et de fantassins qui se rue sur nous en ordre et en silence. Ils sont à
peine à quelques mètres. A ce moment, des javelots arrivent
sur nous ; l'un m'atteint au bras droit, le coup est amorti par
mes vêtements de flanelle.

« Ces gens-là sont sur nous », dis-je alors au lieutenant-
colonel Bonnier.

« Oui », me répondit-il.

« J'entends alors le docteur Grall, placé à la droite du colonel, s'écrier :

« Mais ils nous attaquent ! ».

L'état-major se trouve alors pris à dos par une foule d'hommes et d'animaux. Ce sont les tirailleurs du capitaine Tassard complètement affolés, sans armes, les bœufs que les
Touareg ont fait sortir de leur parc et qu'ils poussent sur
nous à coups de lance.

« La surprise et l'attaque sont si rapides, le désordre prend
une extension si grande en si peu de temps, que toute résistance est impossible. Nous n'avons pas même le temps de
nous retourner pour essayer de nous rendre compte de ce

qui se passe derrière nous et du danger qui nous menace
par là ; les Touareg venant de la clairière occupée par le peloton du lieutenant Bouverot sont sur nous ; je tire un coup
de revolver sur un cavalier qui arrive sur ma droite, entre
le colonel et moi ; au même instant, je reçois sur le côté gauche de la tête un coup de sabre, et le poitrail d'un cheval me
fait rouler à terre, tout contre un buisson de petits roniers à
côté duquel nous avions établi notre bivouac ; pendant quelques minutes, je reste étourdi par la violence du coup, et pendant ce temps, le groupe formé par les quelques officiers encore debout et par tous les tirailleurs affolés et sans armes
qui les entouraient, a été rompu par les bœufs et par les
cavaliers touareg et poussé dans une direction qui me semble
être celle de la clairière du lieutenant Bouverot. La résistance parait avoir complètement cessé ; aucun coup de fusil
ou de revolver ne se fait entendre.

« A ce moment, un noir armé d'un javelot arrive sur moi,
il me reconnaît ; c'est mon garçon, le nommé Bara ; il a la
cuisse traversée par une lance ; trois tirailleurs qui ont pu
échapper aux Touareg passent alors près de moi ; ils sont
affolés et courent droit devant eux. Mon garçon les appelle,
ils me reconnaissent et viennent près de moi. Deux ont leur
fusil avec quelques cartouches ; le troisième n'a qu'une épée-
baïonnette. J'entends alors du bruit du côté de la clairière
du capitaine Tassard ; cinq ou six coups de feu éclatent
aussi dans cette direction. Croyant qu'un Européen, officier
ou sous-officier, y résiste encore avec quelques tirailleurs, je
tente de gagner ce bivouac situé à environ 100 mètres de
l'endroit où je me trouve. Au bout de quelques pas je me
heurte à des gens à pied (captifs) qui me semblent placés de
façon à cerner notre campement. Je suis alors obligé de me

servir de mon revolver à deux reprises, trois cartouches ratent. Je gagne enfin le bivouac de la 5ᵉ compagnie. Mon garçon seul est avec moi, les trois tirailleurs ont disparu. Cette clairière est encore éclairée par des feux. Çà et là des corps étendus à terre.

« Je me mets à l'abri d'un buisson de mimosas et j'aperçois des captifs des Touareg qui commencent à dépouiller les morts et à achever quelques blessés. Je veux alors recharger mon revolver; je constate que je n'ai plus une seule cartouche et que j'ai dû les perdre au moment où j'ai été blessé. J'estime qu'il doit être alors quatre heures trente minutes. De sourdes rumeurs se font toujours entendre du côté de la clairière du lieutenant Bouverot. Je reste environ une vingtaine de minutes à l'abri de ce mimosa, je ne puis faire le moindre mouvement, tellement je perds de sang. A ce moment, des cris d'appel se font entendre; les captifs Touareg évacuent la clairière, ils passent à quelques mètres de moi; mon garçon me dit alors que tous les blancs de la colonne sont tués, que le jour ne va pas tarder à se lever et qu'alors les cavaliers battront la campagne à la poursuite des gens qui auraient pu échapper.

« Tout à coup le galop de plusieurs chevaux se fait entendre. Les cavaliers sont séparés de moi par quelques buissons. Ils s'arrêtent juste en face de moi et j'entends alors ces paroles prononcées à deux reprises, comme une espèce de cri d'appel: « A moi, mon colonel », puis les gémissements d'un homme que les cavaliers sabrent et percent de leurs lances. Les Touareg s'éloignent et retournent du côté de la clairière de l'état-major.

« Je m'entends alors appeler: « Mon capitaine, mon capitaine ! » Et je vois arriver un sergent-major (Beretti, 5ᵉ compagnie), accompagné de huit tirailleurs. Cinq de ses hommes sont blessés et sans armes, trois ont encore leurs fusils avec quelques cartouches. Ces hommes sont affolés : j'essaye en vain de leur faire charger leurs armes ; le sergent-major est obligé de le faire lui-même.

« Le jour est arrivé ; il doit être environ six heures. Je me décide à quitter cette place où nous sommes à la merci des Touareg dont les cris d'appel se font entendre dans toutes les directions. Je me dirige vers le Nord pour essayer de retrouver le chemin de la veille et rejoindre le convoi et son escorte. Je songe encore que les Touareg ont pu aussi le surprendre pour rentrer en possession de leurs trois mille moutons.

« Au bout de quelques minutes de marche, je rencontre la limite des inondations ; devant moi s'étend un marigot mesurant environ 800 mètres de large. Je donne l'ordre de tourner à gauche ; plusieurs tirailleurs m'en dissuadent en me disant que les Touareg occupent la tête du marigot et que nous ne pourrons jamais passer par là. Il faut traverser le marigot ; je le fais sonder par un tirailleur, et cet homme met plus de vingt minutes à effectuer le passage.

« Pendant ce temps, un cheval blanc couvert de sang arrive près de nous ; son maître, un Touareg a probablement été tué. Je donne l'ordre de prendre ce cheval. Pendant cette station sur le bord du marigot, les cris des Touareg se font toujours entendre. Quelques-uns ne sont pas à plus de cent mètres de nous. Mais les mimosas et les gommiers assez épais sur la limite des inondations les empêchent de nous voir.

« Le gué est enfin reconnu praticable. Le passage commence, quand un Européen, accompagné de deux tirailleurs blessés et sans armes apparaît à quelques pas de nous : c'est le sergent Lalire, de la 11ᵐᵉ compagnie. Ce sous-officier me confirme la nouvelle de la mort de tous les officiers et sous-officiers européens.

« La traversée du marigot est longue. Les blessés le passent difficilement ; car à certains endroits, le gué a près de un mètre cinquante de profondeur ; le fond est formé de sable mouvant et de vase.

« A neuf heures, je rejoins le bivouac du convoi après avoir été forcé de traverser un autre marigot d'un passage plus facile que le premier. Le sous-lieutenant Sarda connaissait déjà la nouvelle de cette malheureuse surprise par quelques tirailleurs blessés arrivés avant moi. L'escorte du convoi se composait d'une section de la 11ᵐᵉ compagnie, d'une section de la 5ᵐᵉ et d'une quarantaine de malades et d'éclopés. Tous ces hommes étaient terrifiés par les récits de leurs camarades.

« Je pris le commandement et fis former un convoi comprenant les bagages de toute la colonne, les blessés et les malades, les ânes, les prisonniers des jours précédents. Je donnai l'ordre de lâcher le troupeau, ne pouvant avec soixante-dix tirailleurs escorter plus de 3,000 moutons et espérer amener à Tombouctou un pareil troupeau. Les Touareg m'auraient certainement suivi et un second désastre aurait eu lieu, car il m'était impossible de compter sur les tirailleurs qui formaient l'escorte du convoi.

« A midi, je donne l'ordre du départ. Les blessés et les bagages sont encadrés par les deux sections ; je marche lentement, m'arrêtant tous les 2 kilomètres, pour permettre aux retardataires de me rejoindre. Plusieurs alertes eurent lieu cet après-midi, causées par quelques cavaliers isolés.

« A cinq heures et demie, je m'arrête sur une dune de

sable. Le bivouac est aussitôt entouré d'une haie d'épines ;
la nuit se passe tranquillement.

« Le surlendemain à dix heures du matin, les débris de la
colonne arrivent enfin à Tombouctou.

« Un appel fait immédiatement dans les différentes unités
donne les résultats suivants :

Etat-major. — 8 officiers tués.

Troupes. — 3 officiers, 2 sous-officiers européens, 67 indigènes tués.

Convoi. — 3 guides, 1 interprète, 1 planton indigène,
1 cuisinier, 7 à 8 garçons d'officiers tués.

« Depuis ma rentrée à Tombouctou, j'ai pu interroger les
quelques tirailleurs revenus avec moi du campement de Tacoubâo et recueillir quelques renseignements sur la surprise
du 15 janvier.

« Le détachement du capitaine Tassard avait établi ses faisceaux en avant du parc aux bœufs. Les deux sections étaient
à six pas l'une de l'autre ; une sentinelle avait été placée
devant les faisceaux de la 1re section ; un poste de quatre
hommes avait pris position à quelques mètres en avant. Les
Touareg, qui connaissaient ce campement de longue date,
ont pu venir pendant la nuit étudier l'emplacement de nos
différentes fractions. Profitant probablement de l'engourdis-
sement causé par le froid, peut-être même du sommeil du
petit poste de quatre hommes et de la sentinelle placée devant les armes, les captifs sont arrivés en rampant et ont
renversé en un clin d'œil les faisceaux ; les cavaliers qui se
trouvaient à quelques mètres en arrière se sont aussitôt lancés en avant, et les tirailleurs, réveillés en sursaut, pris d'une
panique folle, se sont précipités sur la clairière de l'état-
major sans même essayer de reprendre leurs armes. Les

Touareg ont ensuite ouvert le parc aux bœufs et poussé les animaux sur nous.

« Du côté de la clairière occupée par le lieutenant Bouverot, les Touareg, paraît-il, sont arrivés sur les faisceaux en traversant le parc aux moutons et en rampant au milieu de ces animaux ; la ligne des faisceaux était placée contre la haie d'épines qui entourait le troupeau. Les faisceaux ont dû être renversés en un clin d'œil ; aucun coup de fusil n'a été entendu de ce côté. Les cavaliers se sont alors lancés sur le groupe de l'état-major ; ils ont été immédiatement sur nous, le terrain, de ce côté, leur permettant de prendre le galop.

« Un tirailleur m'a raconté que le docteur Grall avait dû ramasser un fusil et quelques cartouches. Avec quatre tirailleurs qu'il aurait pu rallier, il se serait ouvert un passage en tuant plusieurs cavaliers. Deux tirailleurs auraient alors été tués, les deux autres l'auraient abandonné. Le docteur Grall, ayant épuisé toutes ses cartouches, aurait alors cherché à rejoindre le convoi. Il serait arrivé tout près de moi, sans que nous pûssions nous voir, la nuit et les buissons nous en empêchant. Quelques cavaliers ont dû alors l'apercevoir et l'ont tué à quelques mètres de moi.

« Le corps du capitaine Regad ayant été retrouvé à 2 kilomètres du lieu du combat et sur une dune, on peut admettre également que cet officier avait dû s'ouvrir un passage au milieu des Touareg. Ayant pris une mauvaise direction, celle de l'Ouest, il serait alors monté sur une élévation du sol, une fois le jour arrivé, pour examiner le pays et essayer de s'orienter. Aperçu alors par les Touareg, il a dû être tué à l'endroit où son corps a été retrouvé.

« J'estime que les Touareg qui ont pris part à cette surprise devaient être assez nombreux : 110 à 130 cavaliers, 200 ou 250 hommes à pied. »

Signé
NIGOTTE.

VI.

Aussitôt qu'il eut reçu la nouvelle du désastre de Dongoï, le capitaine Philippe qui commandait à Tombouctou se hâta de prévenir le chef de bataillon Joffre, du génie, qui dirigeait une colonne sur la rive gauche du Niger entre Ségou et Tombouctou. On pouvait craindre en effet une révolte générale de tout le pays environnant, et les ressources dont disposait le capitaine Philippe étaient des plus précaires : les quelques tirailleurs (300 à peine) qui formaient la garnison avaient le moral très affecté et n'auraient peut-être pas opposé une grande résistance à l'ennemi.

Mais les Touareg se contentèrent de venir rôder par groupes nombreux jusqu'à toucher la ville, formant un cercle, apparaissant puis disparaissant devant nos troupes.

Le commandant Joffre était parti de Ségou le 26 décembre à la tête d'une forte colonne comprenant 400 combattants, 42 conducteurs et 662 auxiliaires (porteurs et domestiques.)

Le but de cette colonne était de se porter sur Tombouctou par la rive gauche du Niger pour achever la soumission du pays au Nord de Ségou.

La marche se poursuivit sans encombre jusqu'à Niafounké, village situé à peu près à mi-chemin entre Ségou et Tombouctou. Les habitants qui venaient d'apprendre le massacre de la colonne Bonnier reçurent les Français avec des

dispositions visiblement hostiles. Le commandant Joffre, qui
ne savait encore rien de notre récent désastre, n'en crut pas
moins nécessaire de leur infliger une sévère leçon. Il marcha sur le village dont les habitants s'apprêtaient en même
temps à nous combattre. Il eut à repousser une vigoureuse
attaque de nos ennemis dont plusieurs vinrent se faire tuer
jusqu'à deux mètres de nos lignes. Quelques feux de salve
déterminèrent ensuite la déroute des assaillants.

Niafounké soumise, on reprit la marche sur Goundam.
Bien qu'il ne sût encore rien de l'affaire désastreuse de Dongoï, le commandant Joffre n'avançait qu'avec la plus grande
prudence. Il savait le pays infesté de Touareg et prenait
les précautions les plus minutieuses pour éviter toute surprise.

« Pour être toujours prêts à combattre pendant la route,
la colonne marche sur trois files d'un homme ou d'un cheval
chacune. Les spahis fournissent les pointes d'avant-garde,
et les flanqueurs sont toujours reliés au gros, à une distance
de 100 à 300 mètres, suivant que le terrain est plus ou
moins couvert.

« Le soir, on campe toujours en carré. La région par-
courue contient en grande quantité des mimosas dont les
bergers coupent les branches épineuses pour former les enceintes de leurs parcs à bestiaux. On trouve partout d'anciens parcs ainsi clôturés. Aussi dès qu'on arrive au campement, peut-on en très peu de temps et sans fatigue entourer
les faces d'une ligne d'abattis d'épines qui donne pendant la
nuit une grande sécurité et inspire confiance aux tirailleurs.

« La garde est assurée par de petits postes placés, suivant
le terrain, à 100 ou 200 mètres en avant des abattis.

« Comme il faut compter avec les défaillances des tirail-

leurs presque tous nouvellement enrôlés qui résistent difficilement au sommeil, des patrouilles vont souvent visiter
les petits postes et les sentinelles. Les officiers et les sous-
officiers européens se relèvent fréquemment pendant la nuit
pour surveiller efficacement ce service de garde.

« Ces précautions minutieuses et assujettissantes ont paru
indispensables. Elles ont permis d'éviter toute surprise.
Deux fois entre Soumpi et Niodougou et à Mékoré les Touareg se sont approchés de notre campement pour tenter une
attaque de nuit. Ils ont dû y renoncer devant la surveillance
exercée par notre service de garde (1). »

Il est bien malheureux que le lieutenant-colonel Bonnier
n'ait pas pris les mêmes précautions. Nous aurions eu un
désastre de moins à déplorer.

Le commandant Joffre nous donne encore dans son rapport de curieux détails sur la manière dont les Touareg
combattent et se gardent.

« Des esclaves, armés de lances, cachés derrière des buissons, montant parfois sur des arbres pour bien voir de loin
sont dispersés dans la brousse. Quelques-uns se font prendre. Malgré tout, les Touareg sont bien renseignés sur
notre marche. Ceux-ci, redoutant la puissance de nos armes,
ne nous attendront pas de jour et n'accepteront pas le combat face à face. Mais ils nous épieront, ils essaieront de nous
prendre quelques soldats isolés ou par petits groupes trop
éloignés de la colonne. Ils tenteront surtout de nous surprendre pendant la nuit, lorsqu'ils devineront des défaillances
dans notre service de garde.

(1) *Opérations de la colonne Joffre avant et après l'occupation de Tombouctou*, par le lieutenant-colonel Joffre.

« Parfois plusieurs d'entre eux, montés sur des chameaux aux allures rapides se tiennent sur les points culminants d'où ils peuvent voir une grande étendue de terrain, nous voient par conséquent de très loin et vont ensuite porter leurs renseignements aux chefs. »

Le 26 janvier, la colonne arrive devant le marigot de Goundam qui a en cet endroit plus de 300 mètres de large. Le courant est rapide, et il est impossible de traverser à gué. Les Touareg sont rassemblés en masse sur la rive opposée et ont détruit toutes les pirogues. Une colonne légère composée de l'escadron de spahis et d'une demi-compagnie est envoyée sur le Niger pour se procurer les pirogues dont on a besoin. Elle revient le 31 et les préparatifs du passage commencent aussitôt.

« La vue de nos pirogues produit une grande émotion sur les Touareg. On entend une grande clameur s'élever de leurs campements. Ils se dirigent en masse sur l'isthme d'une presqu'île située en face de notre campement et qui est indiqué comme point de débarquement. Les deux canons de 80 et un peloton d'infanterie sont disposés sur notre rive et ouvrent le feu sur ces bandes qui perdent quelques hommes et ne tardent pas à se disperser. Pendant toute la nuit, les Touareg s'enfuient vers le Nord. »

Le 1er février au matin, le passage commence et s'effectue sans encombre. La grande ville de Goundam se soumet aussitôt après.

C'est à Goundam que le commandant Joffre reçut la lettre du capitaine Philippe, l'informant de la mort du colonel Bonnier.

Le commandant se hâta vers Tombouctou.

« Le 8 février au soir, la colonne arrive près de Tacoubào, au lieu du combat du 15 janvier. La matinée du 9 est consacrée à la reconnaissance des corps que nous trouvons sur place ; 11 officiers et 2 sous-officiers européens avaient disparu. Leurs corps sont tous retrouvés. Nous trouvons aussi les corps de 64 indigènes qui sont enterrés sur place.

« Les restes des Européens sont recueillis et transportés à Tombouctou pour y être inhumés » (1).

Enfin le 12 février à 1 heure, la colonne Joffre arrive à Tombouctou, n'ayant perdu que deux tirailleurs, morts de maladie, après une marche de 813 kilomètres en pays ennemi ou inconnu.

VII.

En arrivant à Tombouctou le commandant Joffre trouva des instructions du gouvernement le rappelant à Kayes pour y diriger la construction du chemin de fer. Mais ces instructions étaient antérieures à la nouvelle de la mort du colonel Bonnier, et le commandant Joffre crut, avec raison, devoir rester à Tombouctou, malgré les ordres reçus. Il prit le commandement supérieur de la région, commandement qui lui fut confirmé quelques jours après par le gouverneur du Soudan français.

Le commandant Joffre résolut d'abord de donner un peu de repos à ses troupes fatiguées par une si longue marche. Puis il fit construire, dans la partie sud de Tombouctou, un fort pouvant loger toutes les troupes, et auquel il donna le nom de fort Bonnier.

---

(1) Rapport du lieutenant-colonel Joffre.

Un blockhaus fut construit également à Kabara, ce qui assurait nos communications entre Tombouctou et le Niger.

Le 8 mai, quand ces constructions furent suffisamment avancées, le commandant Joffre se crut en mesure de prendre l'offensive. Il envoya d'abord le capitaine Philippe occuper l'importante ville de Goundam où il éleva un fort.

De l'autre côté du fleuve, une colonne commandée par le capitaine Gautheron détruisit à Takayegourou un campement important de Touareg. Ceux-ci n'attendirent pas l'arrivée de nos troupes et prirent la fuite sous des feux de salve qui en abattirent un certain nombre. On trouva dans leurs tentes des objets ayant appartenu à des Européens, tels que lanterne, cafetière, etc. ce qui prouvait qu'ils avaient pris part à l'attaque dans laquelle avait péri le colonel Bonnier.

Mais il restait à châtier la tribu qui avait pris la plus grande part à cette attaque, celle des Tengueriguif, la plus redoutable de toutes les tribus Touareg des environs de Tombouctou.

Ce fut l'objet d'une colonne que le lieutenant-colonel Joffre, qui venait d'être promu au grade supérieur, dirigea lui-même dans la région de Goundam.

Le 22 et le 23 mars 1894, on rencontra les Touareg près de Dahouré. Ils ouvrirent le feu avec des fusils pris sur nous à Tacoubâo ; puis après s'être avancés lentement jusqu'à 150 mètres de nos tirailleurs, ils s'élancèrent sur eux avec une grande vigueur. Tel était leur acharnement que quelques-uns d'entre eux vinrent tomber à moins de quinze mètres des nôtres. Des feux de salve bien dirigés finirent par les arrêter et les mettre en fuite. Ils laissèrent sur le terrain plus de 60 morts, sur lesquels on trouva un grand nombre d'armes et d'objets provenant du pillage de la colone Bonnier, entre autres des galons de lieutenant-colonel, une jumelle, une trousse de médecin.

Une seconde bande de Touareg fut surprise et mise en complète déroute à Sansam ; on lui tua environ 120 hommes.

Dans ces deux combats presque tous les chefs avaient été au nombre des tués, et la tribu des Tengueriguif pouvait être considérée comme anéantie.

La colonne Bonnier était vengée, et l'honneur du drapeau français lavé dans le sang de ses ennemis.

DAHOMEY

DAHOMEY

CHAPITRE PREMIER.

I.

Le Dahomey occupe une portion de la côte du golfe de Bénin, entre les méridiens de 0° 30' Ouest et 0° 20' Est et s'étend vers l'intérieur de l'Afrique jusqu'à une distance indéterminée, au moins jusqu'à la ligne de partage du bassin du Niger et du bassin du golfe de Guinée.

La côte est basse et est bordée à l'intérieur de lagunes marécageuses qu'une bande de terre plus ou moins large sépare de la mer.

Cette côte est complètement dénuée de ports ; les quelques rivières qui y débouchent dans la mer ne sont pas accessibles aux grands navires, leur embouchure étant obstruée par des bancs de sable et défendue par la terrible

barre qui s'étend presque sans interruption sur toute la côte
ouest d'Afrique. Cette barre est due au ressaut brusque du
fond de la mer, qui s'élève subitement de plusieurs centaines
de mètres, et forme comme une muraille sur laquelle la
grande houle du large vient se briser avec furie. Il en ré-
sulte une série de brisants s'étendant jusqu'à cinq cents
mètres environ du rivage et au travers desquels les embarcations ordinaires ne peuvent s'aventurer sans être chavirées
et roulées. Les indigènes seuls osent s'y risquer avec leurs
pirogues qu'ils manœuvrent avec une adresse et une audace
incroyables, et leur dextérité est telle qu'il est relativement
rare de les voir chavirer. C'est par ce moyen rudimentaire,
mais le seul possible, que l'on a trafiqué avec les naturels de
cette partie de l'Afrique jusqu'au jour où le gouvernement
français fit établir sur la plage de Kotonou un wharf en fer
avec des pieux à vis enfoncés dans le sable et s'avançant au
large jusqu'au delà de la zone des brisants. Ce wharf inau-
guré, il y a seulement quelques années, permet d'accoster,
sinon très commodément du moins plus sûrement qu'avec
les anciennes pirogues et a constitué un progrès réel sur
l'ancien état de choses.

L'intérieur du Dahomey est généralement plat, et même
marécageux le long des lagunes et des rivières. Ce n'est qu'à
partir de Cana, à plus de 100 kilomètres de la côte, que
le sol se relève un peu; au delà d'Abomey on trouve quelques collines, derniers contreforts de la ligne du partage des
eaux entre le golfe de Guinée et le bassin du Niger supérieur.

Un seul grand fleuve arrose le Dahomey, c'est l'Ouémé
qui constitue une voie de pénétration sérieuse vers l'intérieur; on verra plus loin le rôle important qu'a joué cette
voie fluviale dans la campagne que nous nous proposons de

raconter. Sa largeur varie entre 60 et 100 mètres, et on y trouve des profondeurs de 5 à 12 mètres. Elle ne débouche pas directement dans la mer, mais dans le canal Toché qui fait communiquer la lagune de Porto-Novo avec le lac Nokoué. Ce lac est constitué par une vaste dépression, de 2 mètres de profondeur environ, mesurant 16 kilomètres de long de l'Est à l'Ouest sur 10 de large du Nord au Sud; il est entouré d'une vaste bordure d'herbes noyées aux hautes eaux en arrière de laquelle s'étend une ligne de bois élevés. Il communique avec la mer par un canal long de quatre kilomètres, nommé le canal de Kotonou; mais le débouché de ce canal dans la mer est fréquemment obstrué par les sables et ne peut guère servir à la navigation.

La lagune de Porto-Novo qui communique, avons-nous dit, avec le lac Nokoué par le canal Toché, est un vaste bassin, qui s'étend parallèlement au rivage jusqu'à la grande rivière de Lagos. C'est par cette dernière que les navires un peu importants peuvent remonter dans la lagune de Porto-Novo et de là dans l'Ouémé. Malheureusement elle ne nous appartient pas; la rivière de Lagos et toute la lagune jusqu'à Porto-Novo appartiennent aux Anglais!

Les villes principales du Dahomey sont, en allant de l'Ouest à l'Est sur la côte : Widah, Godomey, Kotonou, Porto-Novo (1).

Widah, autrefois le port principal du Dahomey, doit son existence à la traite des esclaves. C'était en effet le point où les navires négriers venaient charger leur sinistre cargaison, et où les rois du Dahomey conduisaient, pour les troquer, les

(1) Nous ne comprenons pas dans cette énumération Aghwey et Grand-Popo, où la France entretenait des postes longtemps avant la guerre du Dahomey.

victimes des razzias qu'ils avaient faites parmi les peuplades voisines. Les négociants européens appartenant aux différentes nations y avaient construit trois forts, un français, un anglais, un portugais; les deux premiers étaient abandonnés et presque ruinés. Seuls les Portugais avaient jusqu'à ces dernières années conservé un petit détachement dans leur fort.

La ville, peuplée de 15,000 habitants environ, se divise en deux parties: l'une située sur le rivage, c'est Widah-plage, où se trouvent les principaux comptoirs européens, l'autre à 3,500 mètres dans l'intérieur, c'est Widah-ville. Celle-ci n'est qu'un amas de cases malpropres, au milieu desquelles s'élèvent quelques factoreries et l'ancien fort portugais.

Godomey se divise comme Widah en deux parties, Godomey-plage, où se trouve les comptoirs de quelques négociants français et Godomey-ville, située à 7 ou 8 kilomètres au Nord non loin du lac Nokoué.

Kotonou est maintenant le point de transit principal pour les marchandises à destination de l'intérieur. C'est une ville moderne qui s'est groupée autour des factoreries européennes; elle s'élève à l'angle de la plage et de la lagune qui fait communiquer le lac Nokoué avec la mer, dans l'Ouest de la lagune. Les environs de Kotonou sont très boisés, sauf dans le Nord-Ouest où s'étendent de vastes plantations de manioc. Au débouché du canal dans le lac, se trouve un important village indigène, bâti entièrement sur pilotis à 800 mètres de la terre ferme: c'est le village d'Awansouri.

La ville de Porto-Novo est une ville de 40,000 habitants bâtie sur la rive Nord de la lagune de ce nom. Elle est la capitale du royaume de Porto-Novo qui compte environ 300,000 habitants, et qui était autrefois plus ou moins vassal du Dahomey; il s'est mis depuis 1863 sous le protectorat de la France. Porto-Novo est un centre commercial important par lequel passent tous les produits à destination ou en provenance de l'intérieur. Les cases des noirs sont agglomérées sans ordre, les rues sont tortueuses et sales. On n'y remarque, en fait de monuments, que les factoreries européennes, en briques, la mission catholique avec l'église et le palais du roi de Porto-Novo ou *Bécon*.

A l'intérieur du Dahomey, les deux villes principales sont Cana et Abomey.

Cana est la ville sainte du Dahomey; elle renferme les tombeaux des rois. Sa population est de 10,000 âmes. Elle s'élève au milieu d'un plateau légèrement incliné vers le Nord, et une route magnifique de trente mètres de large bordée d'arbres gigantesques la relie à la capitale.

Abomey, capitale du Dahomey, est une ville de 15,000 âmes qu'entourait autrefois une enceinte en terre d'une valeur défensive des plus médiocres. Le palais du roi, seul monument digne d'attention, était un amalgame de cases et de cours jetées au milieu d'une enceinte de murs de trois kilomètres de contour. Cette enceinte était autrefois couronnée de crânes humains, hideuse parure dont on voit les restes dans les tiges de fer qui servaient à les accrocher.

Le Dahomey est habité par des populations appartenant à la race nègre la plus pure. Le nègre du Bénin, dit M. Nicolas, surtout celui de l'intérieur, représente l'un des plus beaux types de la race noire. Il a la taille assez élevée, les muscles saillants, le nez épaté, les lèvres fortes et les cheveux crépus. Sa figure indique la ruse et l'intelligence. Son caractère est doux; il est facile à conduire et est naturellement obéissant; mais il se change en mouton lorsqu'il est fanatisé par les sacrifices humains et les pratiques des féticheurs (1).

On évalue la population du Dahomey à 300 ou 400000 habitants, non compris le royaume de Porto-Novo.

La religion des Dahoméens est, comme celle de tous les peuples d'Afrique qui n'ont pas été convertis à l'islamisme ou au christianisme, un fétichisme grossier aux pratiques grotesques et sanguinaires. Ils ont cependant la notion d'un esprit supérieur, véritable génie du bien qu'ils appellent le Seigneur des Esprits. Ils croient en outre à l'immortalité de l'âme et cette croyance est si bien ancrée chez eux que la mort ne leur inspire aucune frayeur, car elle est pour eux simplement le passage d'une vie transitoire de rêves à la vie réelle et permanente (2). C'est dans cette croyance si ferme qu'était le secret de la vaillance avec laquelle ils combattaient et de la supériorité qu'ils s'étaient ainsi acquise sur toutes les peuplades voisines.

Outre le Seigneur des Esprits, les Dahoméens reconnaissent un génie du mal, et c'est ce dernier surtout qu'ils adorent, car c'est le seul qu'ils craignent. Aussi peut-on dire que leur culte est réellement le culte du démon. Il n'y a pas longtemps que les sacrifices humains étaient encore en honneur parmi eux. Toutes les fêtes, toutes les cérémonies publiques étaient accompagnées du massacre de milliers de captifs ou d'esclaves. Les rires et les cris de joie de la multitude accompagnaient le râle des victimes : leur sang recueilli dans des calebasses servait à arroser quelque tombe de grand et leur corps était ensuite jeté en pâture aux vautours (3).

(1) *L'expédition du Dahomey*, par Nicolas.
(2) E. Reclus.
(3) Nicolas.

Les féticheurs sont les prêtres de cette religion atroce. Ce sont de véritables sorciers qui se prétendent en relation — et qui le sont peut-être — avec les esprits infernaux. La puissance occulte, simulée ou réelle, dont ils sont en possession, leur permet d'exercer une influence considérable non seulement sur le peuple, mais sur les grands et, autrefois, sur le roi lui-même.

Le roi du Dahomey exerçait un pouvoir absolu et tyrannique. « Le souverain est un dieu, dit Elisée Reclus, la vie et la fortune de ses sujets lui appartiennent sans restriction. Il est le maître de tous les vivants, l'héritier de tous les morts. » Ce pouvoir sans limites n'avait d'autre contrepoids que l'influence, toute morale et religieuse, exercée par les féticheurs. Redouté de leurs sujets, les rois du Dahomey ne l'étaient pas moins de leurs voisins ; leur armée, fortement organisée, munie en partie d'armes de précision, était entre leurs mains un instrument redoutable, instrument de despotisme à l'intérieur, de conquêtes à l'extérieur. Les razzias de bétail et d'esclaves qu'ils faisaient au-delà de leurs frontières les avaient rendus la terreur des peuples voisins.

On remarquait particulièrement dans cette armée un corps d'amazones qui se distinguaient par leur courage. Devenues les compagnes de guerre des hommes, elles avaient l'amour-propre de les dépasser par leur acharnement et le mépris de la mort ; souvent aussi elles les dépassaient en froide cruauté (1). Les amazones étaient recrutées soit parmi les petites filles faites prisonnières à la guerre et dont les parents avaient été massacrés ou vendus comme esclaves, soit parmi les propres sujets du roi ; chaque Dahoméen était en effet

(1) Reclus.

tenu de présenter ses filles devant un espèce de conseil de
révision ; celles qui étaient déclarées « bonnes pour le service » étaient incorporées dans l'armée (1).

Les amazones étaient vouées au célibat sous les peines
les plus sévères ; par exception, cependant, le roi en donnait
quelques-unes en mariage à ses soldats les plus méritants.
Elles étaient divisées en trois brigades, dont une formait la
garde du roi. Un missionnaire, au milieu de ce siècle, évaluait
leur nombre à 6.000 ; mais il était tombé à environ 3.000
dans ces dernières années. En y ajoutant 7.000 ou 8.000
guerriers, on aura l'effectif normal de l'armée dahoméenne.
Dans les derniers temps, Béhanzin dut porter cet effectif à
un chiffre beaucoup plus considérable pour essayer d'arrêter
la marche du corps expéditionnaire que la France envoyait
contre lui. En tout cas, le courage indomptable de ces
guerriers, leur fanatisme, leur mépris de la mort en faisaient
des adversaires redoutables dont la ténacité héroïque de
nos soldats pouvait seule venir à bout.

II.

Nos premières relations avec le Dahomey remontent à
une époque très reculée : dès le dix-septième siècle, nos
nationaux créèrent des comptoirs à Widah et y construi-
sirent un fort où nous entretînmes des troupes jusqu'à la fin
du siècle dernier.

A cette époque, la garnison en fut retirée par suite des événements qui bouleversaient l'Europe, mais notre pavillon
n'en continua pas moins à flotter sur le fort de Widah,

(1) P. Chautan.

et sa garde fut confiée aux commerçants établis dans la ville. Pour mieux consacrer ses droits, le gouvernement français eut toujours soin, depuis 1841, de revêtir des fonctions consulaires l'un des commerçants qui résidaient à Widah.

Le 1er juillet 1851, le gouvernement français signa avec le roi du Dahomey un traité qui assurait aux Français la liberté commerciale et la protection des autorités dahoméennes et qui consacrait en outre notre droit de propriété sur le fort de Widah.

Les choses en restèrent là jusqu'en 1861. A cette époque les Anglais s'établirent à Lagos et ils cherchèrent ensuite à étendre leur domination sur le royaume de Porto-Novo. Le roi Soudji régnait alors sur ce territoire ; à la suite d'un bombardement violent que les Anglais firent subir à sa capitale, il réclama l'intervention de la France et se plaça sous sa protection (1863).

Peu après (1864) le roi du Dahomey, craignant sans doute les entreprises un peu brutales, comme nous venons de le voir, de la marine britannique, et voulant recourir lui aussi, le cas échéant, à notre protection, nous céda en toute propriété la plage de Kotonou. Cette cession fit l'objet d'un traité en due forme qui fut signé, le 19 mai 1868, par les représentants de la France et du roi.

En 1878, à la suite d'un différend survenu entre le Dahomey et l'Angleterre, différend qui se termina à l'amiable grâce à l'intervention des négociants français et des sacrifices qu'ils s'imposèrent, un nouveau traité fut signé entre le capitaine de frégate Serval, chef d'état-major de l'amiral Allemand, représentant la France d'une part, et les représentants de Gléglé, roi du Dahomey, d'autre part, traité qui confirmait et précisait nos droits sur Kotonou, et imposait

quelques autres obligations au Dahomey telle que celle de
ne forcer dorénavant aucun sujet français à assister aux fêtes
dahoméennes où seraient faits des sacrifices humains.

En vertu de ces traités, le gouvernement français établit
des agents à Kotonou et Porto-Novo, et installa une petite
garnison dans le premier de ces deux postes (1885).

Jusque vers la fin de 1887 aucun incident notable ne vint
troubler notre présence sur les bords du golfe de Bénin. A
cette époque le roi Gléglé fit écrire à notre résident à Porto-
Novo qu'il refusait de reconnaître la validité du traité de 1878,
qui cependant avait été fait en son propre nom, et il nous
sommait d'avoir à renoncer non seulement à l'occupation de
Kotonou, mais encore à notre protectorat sur le royaume de
Porto-Novo.

Ces prétentions étaient tellement étranges que le gouvernement français jugea inutile d'y répondre. Notre silence
fut pris sans doute pour un acquiescement ou pour de la
faiblesse, et ne fit qu'augmenter l'arrogance de Gléglé. En
1889 celui-ci, ayant à se plaindre de son cousin Toffa, roi de
Porto-Novo qui, prétendait-il, avait molesté quelques-uns de
ses sujets, envahit son territoire, pillant et incendiant les
villages et opérant une razzia d'un millier d'hommes, de
femmes et d'enfants dont les uns furent vendus à des étrangers et les autres massacrés. Epouvanté de cette attaque et
voyant que la France ne faisait rien pour le soutenir, le
roi Toffa s'enfuit sur le territoire anglais de Lagos avec la
plus grande partie de la population et tous les commerçants
européens. L'armée dahoméenne pénétra alors sans trouver
la moindre résistance dans la ville de Porto-Novo qu'elle
incendia en partie et mit au pillage. Nous avions alors à
Porto-Novo un petit poste composé de 27 tirailleurs sénéga-

lais sous les ordres du capitaine Bertin. Cette garnison était trop faible pour arrêter l'ennemi. Elle ne put que défendre sa caserne et assista impuissante au pillage de la ville (28 mars 1889).

L'amiral Brown de Colstoun, qui commandait la division navale de l'Atlantique Sud, prévenu de ces graves incidents, arriva peu après avec le croiseur *Aréthuse*, et, sur la demande pressante du capitaine Bertin et des commerçants de Porto-Novo, il mit à terre sa compagnie de débarquement sous le commandement du capitaine de frégate Thomas. On eut beaucoup de peine à rétablir le calme, et ce ne fut que très lentement que les fugitifs rentrèrent sur le territoire du protectorat.

Le gouvernement français, saisi de la gravité de la situation, hésitait à entreprendre une expédition en règle à laquelle il savait que le parlement était hostile. Il pensa qu'une entente directe avec le roi du Dahomey était encore possible, et chargea M. Bayol, ancien médecin de la marine, lieutenant-gouverneur des Rivières du Sud, de demander au roi Glèglè des explications sur sa conduite. Pour mieux marquer le caractère tout pacifique de sa mission, M. Bayol était même chargé de lui porter des présents, ce qui était un excès de longanimité vraiment peu fait pour rehausser notre prestige.

Le docteur Bayol se rendit à Abomey au mois de novembre 1889, accompagné d'un secrétaire et d'un agent consulaire. Il fut reçu en grande pompe par Glèglè et il lui présenta ses cadeaux. Le farouche monarque les accepta, naturellement, mais ne rabattit rien de ses prétentions. Pendant plusieurs semaines, il retint les membres de la mission en

quelque sorte captifs à Abomey, ne voulant pas les laisser
partir avant que le lieutenant-gouverneur eût signé la renon-
ciation de la France à la possession de Kotonou et au protectorat de Porto-Novo. Le docteur Bayol refusa tout d'abord.
Son séjour à Abomey devint alors un véritable supplice.
Sans le forcer précisément à assister aux sacrifices humains,
on avait soin, chaque fois qu'il entrait au palais, de le faire
passer au milieu des cadavres décapités et des têtes frai-
chement coupées. Un jour une large plaque de sang humain
barrait l'entrée de la demeure royale. Notre représentant
eut beaucoup de peine à l'éviter ; une autre fois on le faisait
passer au milieu de quatre potences où étaient suspendus, la
tête en bas, des malheureux horriblement mutilés.

Ecœuré, malade, M. Bayol consentit enfin à signer tout
ce qu'on lui demandait et se hâta de s'échapper d'un pareil
enfer.

Peu de temps après, le roi Gléglé mourut (28 décembre
1889) et son fils Béhanzin monta sur le trône.

Naturellement le gouvernement français ne pouvait reconnaître aucune valeur à l'acte de rétrocession arraché
par la menace à notre représentant. Sans se décider
encore à porter la guerre sur le territoire dahoméen, il résolut d'envoyer le plus vite possible des renforts dans nos
possessions menacées. Les intentions du nouveau roi n'é-
taient un secret pour personne. Fier de son armée, sûr de
lui-même et confiant en ses forces, il n'avait pas caché à
M. Bayol que dès qu'il arriverait au pouvoir, il nous chasse-
rait du Dahomey et nous forcerait à évacuer Kotonou.

Béhanzin était un homme féroce, mais intelligent, d'un
caractère énergique. Elevé en France, il n'avait retiré de

l'éducation libérale que nous lui avions donnée que la haine de notre patrie et de notre civilisation.

Il commença la guerre par un guet-apens odieux. Il y avait dans la ville de Widah plusieurs Français, entre autres un missionnaire, le Père Dorgère, un agent consulaire, M. Bontemps et quelques représentants des maisons qui font le commerce avec la côte d'Afrique. On les attira au dehors de la maison où ils résidaient, sous prétexte de leur donner communication d'une lettre du roi, on se jeta sur eux, on les enchaîna et on les entraîna à Abomey où ils furent emprisonnés et gardés comme otage (25 février 1890).

Des renforts furent dirigés en toute hâte vers nos possessions du golfe du Bénin. Le croiseur le *Sané*, commandant Léopold Fournier, alors en station à Libreville (Gabon) reçut l'ordre de se rendre immédiatement à Kotonou, en emportant tous les tirailleurs gabonais qui seraient disponibles. En même temps le transport l'*Ariège* embarquait à Dakar deux compagnies de tirailleurs sénégalais formant un total de 300 hommes environ, et deux batteries de montagne. Ces différentes troupes arrivèrent dans le courant de février à Kotonou, et portèrent l'effectif de nos forces présentes au Dahomey à un total de 400 hommes de troupes régulières, auxquels on pouvait adjoindre environ 500 hommes d'auxiliaires de Porto-Novo. L'ensemble de ces forces fut mis sous le commandement du chef de bataillon Terrillon, de l'infanterie de marine.

III.

Le commandant Terrillon débarqua le 10 février 1890 à Kotonou. Il s'entendit immédiatement avec le commandant

Fournier pour mettre en état de défense la place de Kotonou directement menacée par l'armée dahoméenne et pour en déblayer les abords.

Le 21 février, une reconnaissance comprenant presque toutes les troupes disponibles se dirige vers le village indigène de Kotonou, situé au bord de la lagune et à une petite distance au Nord de la plage. L'avant-garde (lieutenant Compérat) pénètre dans le village pour le traverser dans sa plus grande longueur pendant que le reste de la colonne s'échelonne au Nord-Ouest et à l'Ouest pour en garder toutes les issues.

L'avant-garde est accueillie par des coups de fusil et répond. Une fusillade assez vive s'engage ; puis le calme se rétablit. La marche en avant est reprise et la fusillade recommence aussitôt. Mais l'ennemi vivement poursuivi s'enfuit en traversant la lagune où les hautes herbes qui entourent le village le dérobent à la vue des troupes en réserve.

Cet engagement nous coûte 4 blessés. Les Dahoméens laissent 15 cadavres sur le terrain de la lutte.

Le lendemain, on commence l'édification d'un fort destiné à protéger la place du côté du Nord.

Le 23 février, les Dahoméens tentent un retour offensif du côté de Godomey. A midi l'ennemi est signalé à 1200 mètres de nos avant-postes sur la lisière du bois. Le commandant Terrillon forme aussitôt deux colonnes qui s'avancent rapidement, protégées par le tir de l'artillerie. Un bois sépare les deux colonnes ; il est fouillé et les éclaireurs Dahoméens l'évacuent aussitôt. L'ennemi essaie de résister dans la plaine et les broussailles très épaisses de ce côté de Kotonou. Il est vigoureusement attaqué par des feux de salve exécutés avec calme entre 200 et 400 mètres et par quelques boites à mitraille. Il est accompagné dans sa retraite par le tir de l'infanterie et de l'artillerie et il disparaît dans les bois, laissant sur le terrain dix-sept cadavres, de nombreuses armes, des munitions et des vivres.

Cette affaire nous coûte trois blessés.

Le 1er mars, le commandant Terrillon prit à son tour l'offensive et dirigea une colonne vers Zobbo, village situé au Nord de Kotonou, sur le bord du lac Nokoué. Les troupes s'embarquèrent à 4 heures 30 du matin et descendirent en pirogues la lagune qui relie Kotonou au lac.

Arrivés là, nos hommes durent traîner leurs pirogues sur la vase pendant une distance de plus de 1500 mètres, de sorte que le débarquement ne put commencer qu'à huit heures du matin.

Le village paraissait abandonné, mais à peine les premières troupes eurent-elles mis le pied sur la terre ferme qu'elles furent accueillies par une vive fusillade, partant des fourrés qui entourent Zobbo. Au bruit du combat, les tirailleurs sénégalais de la 2e compagnie se jettent dans la vase, leurs officiers en tête, et viennent soutenir les auxiliaires qui paraissaient faiblir.

Ce fut alors une mêlée indescriptible ; on se bat un peu partout à la fois, car de tous côtés l'ennemi se montre acharné. Le commandant Terrillon et son état-major sont entourés d'un groupe d'ennemis qui se rapprochent d'eux jusqu'à dix pas ; ils sont obligés de mettre le revolver au poing et de faire le coup de feu pour se défendre.

Enfin, après quelques feux de salve, le commandant fait sonner la charge. Les tirailleurs sénégalais, enlevés par le capitaine Lemoine, s'élancent avec un entrain irrésistible, emportent le village et poursuivent l'ennemi jusqu'à 600 mètres dans le Sud. Un marigot vaseux derrière lequel les Dahoméens se sont ralliés peut seul arrêter leur élan. Le combat recommence avec une nouvelle vivacité. Une pièce de canon est débarquée au prix d'efforts inouïs et balaie la droite du village. En même temps la compagnie Septans va occuper les broussailles qui se trouvent à l'Ouest sur la route de Godomey. Les trois pièces de 4 rayées de montagne, sous les ordres du sous-lieutenant Szymanski peuvent enfin être mises à terre.

« Alors commence un feu terrible de mousqueterie et d'artillerie. A chaque instant des éclaircies se produisent dans les rangs des ennemis qui tombent en poussant des cris sauvages. La résistance ne tarde pas à être ébranlée. Peu à peu le feu diminue et l'on voit l'ennemi en fuite dans toutes les directions.

« A 10 heures, tout paraissait terminé. Nos soldats se préparaient à manger le repas froid qu'ils avaient apporté, et le commandant Terrillon, dont l'activité était incessante, rectifiait la position des troupes, afin de faire face partout à la fois. L'ennemi crut le moment opportun pour faire un retour offensif sur les quatre côtés du carré formé par nos hommes.

« A peine les premiers coups de fusil étaient-ils tirés sur les avant-postes que nos soldats avaient déjà rompu les faisceaux et s'étaient rendus à leurs postes de combat. Les trois pièces d'artillerie qui, par mesure de précaution, avaient été reportées au sud du village, face à l'Ouest, couvrirent la position ennemie de projectiles, pendant que de tous côtés l'infanterie exécutait des feux de salve.

« Il était difficile, en raison de la nature du sol, d'évaluer les forces dahoméennes, mais l'intensité de leurs feux et la violence de leur attaque prouvaient qu'ils avaient dû recevoir des renforts assez considérables que l'on pouvait évaluer de 1000 à 1200 hommes dont la majeure partie était venue par la route de Godomey (1). »

Au bout d'une demi-heure d'une lutte très vive, nos troupes restèrent enfin maitresses du terrain. Elles purent alors se reposer, terminer leur repas. A midi on commença le réembarquement de la colonne. Cette opération fut très pénible en raison de la difficulté d'accès créée par les marécages, mais elle s'effectua sans incident grave, sous la protection de la compagnie Septans qui incendia le village en se retirant.

Les troupes étaient de retour à Kotonou à 5 heures du soir.

Cette journée où les Dahoméens avaient montré tant de ténacité nous coûtait seulement deux auxiliaires tués ou blessés. L'ennemi laissait sur le terrain quinze à vingt cadavres, de nombreuses armes, des fétiches et effets de toutes sortes. Mais comme le combat avait eu lieu dans un pays très difficile, couvert de fourrés très épais où les Dahoméens avaient attaqué en masses, il était certain que leurs pertes devaient être considérables. On sut plus tard par le rapport des espions qu'elles dépassaient trois cents morts (2).

IV.

Malgré ces échecs répétés, les Dahoméens n'avaient pas renoncé à l'espoir d'emporter de vive force nos établissements

(1) NICOLAS. *L'expédition du Dahomey en* 1890.
(2) Rapport du Commandant Terrillon.

de Kotonou. Les reconnaissances précédentes avaient montré que nos adversaires occupaient en grandes masses les abords de nos postes. Ils recevaient tous les jours des renforts qui leur permettaient de resserrer de plus en plus leur blocus. Ils se tenaient dans les environs, cachés dans les villages, dans les broussailles, n'attendant qu'une occasion favorable pour se jeter sur nous.

Le 3 mars au soir, le commandant Terrillon, prévenu par ses espions qu'une attaque était imminente, prit ses dispositions de combat. Les auxiliaires de la compagnie mixte chez lesquels le capitaine Septans avait cru remarquer des symptômes de découragement et de lâcheté furent désarmés, car dans un combat de nuit ces auxiliaires ne pouvaient que nuire en jetant la panique parmi leurs camarades. Les avant-postes reçurent l'ordre d'exercer une surveillance toute particulière. En raison de la nature du terrain très boisé et de la manière de combattre de nos ennemis qui s'avançaient en rampant et en se dissimulant avec beaucoup d'adresse, on avait renoncé à l'emploi des sentinelles qui pouvaient être enlevées trop facilement ; tous les hommes veillaient ensemble par *bordées* de la façon suivante : de 7 heures du soir à 10 heures, un tiers de l'effectif était debout ; de 10 heures à une heure du matin, un autre tiers ; de 1 heure à 4 heures, le troisième tiers. A 4 heures tout le monde devait être à son poste, prêt à faire feu.

« Cette nuit du 3 au 4 mars fut marquée par un orage épouvantable. Les coups de tonnerre succédaient aux éclairs et répercutaient leurs grondements sinistres dans les bois. De tous côtés les cimes des arbres ployaient sous l'effort de la tempête, avec des craquements plaintifs auxquels venait se mêler de temps à autre le bruit sourd de lourdes branches se déchirant pour s'abattre sur le sol. Toute la nuit, l'horizon fut en feu, et ce n'est que vers 4 heures du matin que le vent s'apaisa et que le ciel fut moins chargé. La lune se montra alors au milieu de gros nuages qui filaient avec rapidité, la couvrant et la découvrant tour à tour (1). »

Les Dahoméens avaient profité du bruit de l'orage et des ténèbres de la nuit pour se rapprocher de nos lignes. Cachés dans les broussailles, ils attendaient le coucher de la lune pour s'élancer à l'attaque.

A 4 heures 45, la tornade s'était apaisée, et la lune disparaissait à l'horizon au milieu des nuages, lorsque le lieutenant Compérat, qui était de garde avec une section de la compagnie gabonaise dans le fort de la lagune, entendit un bruit étrange qui paraissait se rapprocher de lui.

Il prévient ses hommes à voix basse, prête l'oreille et essaie de voir. Mais l'obscurité était trop profonde.

Tout à coup les grelots des féticheurs se font entendre et l'ennemi se dresse en masse à dix pas des remparts.

Le premier feu de salve qui commençait cette lutte héroïque est aussitôt commandé d'une voix vibrante et exécuté avec calme par nos braves Gabonais. Le canon de 4 rayé envoie en même temps sa première volée de mitraille.

Le commandant Terrillon sortait alors pour aller visiter ses avant-postes. Il fait aussitôt au *Sané* le signal du combat, et la grosse artillerie du croiseur mêle bientôt sa voix puissante aux décharges de mousqueterie de la plage ; ses boulets et ses hotchkiss fouillent les bois qui sont à l'Ouest dans lesquels les Dahoméens paraissaient s'être concentrés.

En même temps, la 4° compagnie de tirailleurs sénéga-

---

(1) NICOLAS. *L'expédition du Dahomey en 1890.*

lais, capitaine **Pansier**, part au pas de course pour soutenir notre droite, tandis que la 2ᵉ (capitaine Lemoine), se dirige sur la *gore* (1) où la fusillade venait également d'éclater.

Les Dahoméens avaient formé deux colonnes ; celle de gauche comprenant un régiment d'amazones et huit cents à mille guerriers avait commencé l'attaque ; celle de droite (mille à douze cents hommes) s'était vue retarder dans sa traversée du bois épais du télégraphe et n'avait pu attaquer que quelques instants après.

Au centre le terrain était découvert, et il n'y avait pas un seul ennemi. Le capitaine Oudard, qui était posté en cet endroit avec ses hommes, entendait à sa droite et à sa gauche une lutte acharnée, mais tout en frémissant d'impatience, il dut rester l'arme au pied jusqu'au lever du jour. Ses ordres étaient formels : il ne devait, pour aucune raison, abandonner son poste par où l'ennemi aurait pu faire irruption et couper en deux notre ligne de combat.

A droite, l'attaque est terrible. L'ennemi tourne le bastion, et l'entoure de tous côtés ; les guerriers dahoméens et les amazones s'engagent sur les remparts, écartent les palanques et, à travers les interstices, engagent les canons de leurs fusils pour tirer plus sûrement.

Quelques-uns se hissent sur le sommet des palanques. Il faut les tuer à coups de baïonnettes, et leurs corps sanglants retombent aux pieds de nos hommes.

Le lieutenant Compérat, blessé dès le début par trois balles, dont une lui a brisé l'omoplate, est sublime de courage et d'énergie. Il excite ses soldats à la résistance, les

---

(1) On appelle ainsi, sur la côte d'Afrique, l'endroit où se rend la justice.

encourage par son exemple et ses paroles. Un sergent, atteint de deux balles, vient lui dire qu'il est blessé.

« Restez à votre place, lui dit-il, moi aussi je suis blessé et je ne dis rien. »

Animée par l'exemple de son chef, cette poignée de braves non seulement repousse les assauts furieux des Dahoméens, mais encore elle trouve le moyen de faire une sortie à la baïonnette pour tâcher de dégager la gorge de l'ouvrage.

Mais déjà trois de nos hommes sont tués, huit sont blessés, et le petit poste accablé sous le nombre allait succomber, quand, dans la demi-obscurité du jour naissant, on aperçoit enfin les chéchias des tirailleurs sénégalais arrivant au pas gymnastique.

La 1º section de la 4º compagnie (lieutenant Lagaspie) se précipite baïonnette au canon. L'ennemi cède un moment, mais c'est pour revenir ensuite à l'assaut avec une nouvelle furie. Pendant trois heures la lutte continue ainsi avec un acharnement inouï. Mais enfin le jour paraît, la section Oudard prenant de flanc les assaillants les couvre de feux de mousqueterie et de mitraille ; en même temps le capitaine Pansier accourt à la tête de la 4º compagnie et met définitivement un terme aux attaques des Dahoméens.

A notre gauche les affaires avaient été un instant compromises. Le sergent Albert, commandant le poste de la gore, se voyant tourné, oublie les ordres formels qu'on lui avait donnés et au lieu de se défendre à outrance, il cherche à se replier sur les réserves. Heureusement, au moment où se dessinait ce mouvement de retraite, la 2º compagnie (capitaine Lemoine) est en ligne et reçoit à dix pas par un feu nourri les masses dahoméennes qui avaient déjà pénétré dans la place et s'élançaient de tous côtés.

Malgré l'obscurité, les deux troupes sont tellement raprochées qu'il est facile de voir l'ennemi hésiter un instant sous la décharge qui l'accueille. Nos officiers profitent de ce moment d'hésitation et précipitent leurs hommes sur l'ennemi, baïonnette au canon. Une mêlée furieuse s'engage. Les Dahoméens reculent. Mais quelques-uns d'entre eux se couchent par terre pour laisser passer la charge.

La 2ᵉ compagnie, entraînée par son élan, s'avance toujours, poussant tout devant elle. Elle dépasse la gore et s'établit face au Nord-Ouest, lorsqu'aux premières clartés du jour naissant, elle reçoit une vive fusillade par derrière. Ce sont les Dahoméens bousculés tout à l'heure qui se sont relevés après le passage de la compagnie pour la prendre à revers. Une section fait demi-tour, répond par un feu violent et s'élance à la baïonnette sur ses agresseurs qui sont tous tués, à l'exception de quelques-uns d'entre eux qui se cachent dans les maisons du village où ils sont pris après l'action.

A 6 heures 15 un retour offensif vigoureux est prononcé contre la 2ᵉ compagnie qui attend les masses ennemies l'arme au pied et les couvre de projectiles à 200 mètres.

A partir de 6 heures 40 les Dahoméens, furieux de n'avoir pu jeter à la mer cette poignée d'hommes, se reforment de tous côtés et essaient à différentes reprises de se rapprocher de nos lignes; mais les obus du *Sané* et une batterie de trois pièces de 4 établie par le capitaine Septans au centre de nos positions en ont facilement raison.

A 9 heures 30, l'ennemi disparait, laissant cent vingt-sept morts dont sept amazones dans l'intérieur des lignes et des centaines de tués et de blessés dans la plaine et les bois.

D'après les rapports des espions, ses pertes étaient de deux cent cinquante morts dont la colonelle des amazones, et trois ou quatre cents blessés.

Nos pertes s'élevaient à huit tués dont deux blancs, le maréchal des logis Moreau, de l'artillerie de marine, et l'artificier Gallois ; nous avions une vingtaine de blessés (1).

Pendant la lutte, une amazone fut tuée sur le corps du caporal indigène Ahmadou-Samba à qui elle venait de trancher la tête. Les abords du fort au pied duquel étaient amoncelés des tas de cadavres témoignaient de la rage avec laquelle on avait combattu des deux côtés.

« Il faut avoir assisté à ce combat soutenu au milieu des ténèbres contre des ennemis nombreux et vigoureux, dit le commandant Terrillon dans son rapport, pour apprécier l'énergie déployée par ce petit noyau d'hommes dont le moral fut à la hauteur de la situation critique qu'il a traversée depuis le commencement de la lutte jusqu'aux premières lueurs du jour. »

« Dans la soirée, les compagnies complétèrent leurs munitions à 120 cartouches par homme, les fortifications des postes furent renforcées et on rendit les derniers honneurs aux braves tombés en combattant.

« Le lendemain, on réunit les cadavres que l'on trouva dans les environs, et après les avoir déposés dans de grandes fosses, on les arrosa de goudron pour les incinérer, puis les restes furent recouverts de terre.

« Ces mesures de précaution étaient excellentes au point de vue sanitaire, car la plaine et les bois voisins étaient jonchés

(1) Rapport du commandant Terrillon.

de morts qui répandaient une odeur infecte quand soufflait la brise de terre.

« Dès que les premiers coups de feu s'étaient fait entendre, les auxiliaires, qui avaient été désarmés dans la journée du 3 et que l'on conservait comme porteurs, s'enfuirent dans toutes les directions affolés par la peur. Il fallut par la suite réquisitionner les noirs des factoreries pour les travaux de débroussaillement et de défense. Le désarmement de ces hommes avait donc été une mesure de prudence des plus heureuses (1). »

V.

Aussitôt après l'attaque du 4 mars, le commandant Terrillon fit hâter les travaux de défense de Kotonou. Jugeant qu'avec les effectifs réduits dont il disposait, le front qu'il avait à défendre était trop étendu, il fit incendier une partie du village. On établit une batterie de trois pièces sur les bords de la lagune et on assigna à chaque fraction de troupes un poste de combat qui devait être occupé dès 6 heures du soir.

Jusqu'à l'arrivée des premiers renforts, les 220 hommes qui composaient la garnison de Kotonou eurent une vie des plus dures : travaux de 5 à 10 heures du matin et de 2 heures à 5 heures du soir ; la nuit, le tiers de l'effectif était toujours prêt à faire feu. Plusieurs lignes d'abatis et de réseaux de fils de fer furent organisées en avant du front. Des débris de verre furent accumulés au point dangereux et des fougasses installées en plusieurs endroits. Bref, toutes les

(1) Nicolas.

mesures furent prises pour assurer le plus de sécurité possible aux défenseurs.

Dans la soirée du 6, le commandant Terrillon apprit par
ses espions qu'il serait sans doute attaqué la nuit même. Il
en avertit le commandant du *Sané* qui, vers trois heures du
matin, ouvrit un feu violent et jeta une pluie d'obus sur les
bois situés à l'ouest de Kotonou. Cette canonnade suffit pour
arrêter le mouvement en avant que les Dahoméens avaient
déjà commencé (1).

Le 16, une forte reconnaissance est dirigée sur Godomey
située à 11 kilomètres à l'ouest de Kotonou. Elle est interrompue par un orage formidable et rentre à Kotonou sans
avoir rencontré l'ennemi.

Le 25, une nouvelle expédition est organisée par le commandant Terrillon. Elle est appuyée sur mer par le croiseur
le *Kerguelen* (commandant de la Jonchère) qui longe la côte
jusqu'à Godomey.

« Vers deux heures, au moment où le gros du détachement
après avoir traversé une clairière s'engage sous bois, une
vive fusillade part d'un fourré épais situé sur la droite. Se
conformant aux instructions données, nos hommes tombent
aussitôt à genoux et ripostent. Après quelques minutes de
tir rapide, la colonne entière se replie dans la clairière où
l'arrière-garde a déjà pris position, couvrant de feux de salve
le point occupé par l'ennemi.

« L'avant-garde, qui était passée sans être attaquée, se
forme dès les premiers coups de fusil en arrière d'une légère
éminence de terrain découvert et tient tête à un fort parti
ennemi qui s'était porté contre elle. Après l'avoir repoussé,

(1) Nicolas.

elle fut renforcée par une section de la 2° compagnie, et toutes deux couvrirent de projectiles lè gros de l'armée dahoméenne embusquée dans les bois voisins. Le corps principal en profita pour former le carré et échelonner ses feux sur la partie de la forêt que l'ennemi en fuite devait traverser.

« Après une demi-heure d'attente, l'adversaire n'ayant fait aucun retour offensif, les troupes se replièrent vers la plage et à 4 heures du soir reprenaient la route de Kotonou. »

Ce court engagement nous coûtait 2 officiers blessés, cinq hommes tués et sept autres blessés. Le commandant Terrillon et le lieutenant Colombier avaient eu leurs chevaux blessés sous eux.

Les pertes ennemies s'élevaient à 72 hommes.

Le retour à Kotonou s'effectua dans des conditions excessivement pénibles, particulièrement pour l'artillerie qu'il fallait traîner sur un sable mouvant. Les troupes n'arrivèrent dans leurs cantonnements qu'à dix heures du soir. Heureusement que cette marche de nuit fut favorisée par la clarté de la lune qui permit d'éviter toute surprise (1).

Les environs de Kotonou étant bien dégagés, le commandant Terrillon résolut de nettoyer de même les environs de Porto-Novo.

Le 27 mars, il se met en route par la rive gauche de l'Ouémé, accompagné de la chaloupe canonnière l'*Emeraude*. L'expédition comprenait deux compagnies et demie de tirailleurs sénégalais, 40 tirailleurs gabonais, une section de 4 rayé de montagne.

« Le chemin à suivre est des plus difficiles : c'est une

(1) Nicolas.

succession de clairières et de fourrés marécageux à travers lesquels l'artillerie passe avec une peine inouïe.

« La marche s'exécute lentement et avec la plus grande prudence, d'autant plus que le sentier que l'on suit, et qui n'a guère que 1ᵐ 30 ou 2 mètres de largeur, coupe une forêt impénétrable. Impossible de flanquer la colonne; on ne peut que fouiller par des feux de salve les endroits douteux.

« Cependant, l'avant-garde est parvenue dans un défilé étroit, à pente si escarpée que l'on a dû entamer des gradins pour le gravir. Le sol est argileux et ce raidillon doit être des plus difficiles pendant la saison des pluies. De chaque côté du sentier, des végétaux agrestes croissent tellement entrelacés qu'ils semblent tenir plus entre eux qu'à la terre. Dès qu'on se trouve sur la hauteur, on aperçoit çà et là, à flanc de coteau, des groupes de cases abritées par de magnifiques palmiers qui s'élèvent au milieu de fourrés épais, entrecoupés seulement par de petits sentiers.

« La 10ᵉ compagnie (capitaine Arnoux), qui marche en avant-garde, descend avec précaution, en sondant chaque broussaille. Elle est accueillie par quelques coups de feu qui, heureusement, ne lui font aucun mal. Redoublant de vigilance, elle traverse successivement tous les villages, puis elle s'arrête. Le gros de la colonne l'a suivie à la distance règlementaire.

« Le commandant Terrillon prend alors le parti de mettre le feu à toutes les cases, afin de débusquer l'ennemi, qui doit s'y tenir caché. Les troupes se replieront ensuite à mesure que l'ordre sera exécuté.

« L'incendie est à peine allumé qu'une vive fusillade part de tous côtés; l'ennemi est partout : sur les arbres, dans les broussailles et dans les maisons où il a pu se dérober aux recherches des flanqueurs.

« Le capitaine Oudard, qui marche à la tête de sa compagnie de Gabonais, s'aperçoit, en traversant Mitro, que l'une des cases offre de la résistance ; il y pénètre bravement, mais à peine est-il entré qu'une balle vient le frapper dans le ventre ; il meurt presque aussitôt. »

Au même moment le sous-lieutenant Mousset de la 4° compagnie succombait à un coup de chaleur.

Cette double perte si cruelle pour le corps expéditionnaire n'abat point le courage de nos hommes. Au contraire, la rage au cœur, ils s'élancent à la baïonnette, débusquent leurs adversaires, pendant que l'artillerie jette la panique dans le camp ennemi. Dès lors, c'est une fuite désordonnée que rien ne peut arrêter. On met le feu aux villages et le soir nos hommes s'installent au bivouac, où ils peuvent prendre enfin un peu de repos.

« Dans cette journée pénible, nos soldats avaient montré une fois de plus leurs brillantes qualités militaires, marchant et combattant pendant neuf heures dans un pays des plus difficiles, au milieu de forêts inextricables et dans des marécages où ils enfonçaient jusqu'à la ceinture. » (1)

Le lendemain, après avoir bombardé et incendié encore quelques villages rebelles, la colonne reprenait ses cantonnements à Porto-Novo.

A la suite de ces brillants combats, on pouvait espérer que les Dahoméens se tiendraient pour battus et n'essaieraient plus d'inquiéter nos postes. Mais nous avions affaire à des adversaires tenaces qui avaient juré de nous combattre jusqu'à

_____

(1) NICOLAS. *L'expédition du Dahomey en 1890.*

l'extermination. Non seulement Béhanzin ne renonça pas
à la lutte, mais encore il vint prendre lui-même le commandement de ses troupes pour diriger une nouvelle attaque sur
Porto-Novo.

Le 19 avril à minuit, le résident de Porto-Novo, M. Ballot,
prévient, par un courrier urgent, le commandant des troupes
à Kotonou que la ville va être attaquée par toute l'armée
dahoméenne.

Le lieutenant-colonel Terrillon, (il venait d'être promu au
grade supérieur), quitte aussitôt Kotonou avec toutes ses forces disponibles. En arrivant à Porto-Novo, il trouve la ville
en émoi. Des éclaireurs ennemis étaient venus jusqu'à 4 kilomètres brûler et razzier les fermes.

La ville de Porto-Novo est une grande agglomération de
cases indigènes sans enceinte fortifiée. Il était impossible d'y
attendre l'attaque de l'ennemi sans se risquer à voir l'entrée forcée sur plusieurs points à la fois. Le colonel Terrillon
prit une énergique résolution. Il était sûr de ses soldats qui
avaient déjà donné de nombreuses preuves de courage ;
malgré leur petit nombre, 400 hommes seulement, il se décida
à se porter lui-même au-devant de Béhanzin et à lui livrer
bataille. L'annonce de cette expédition, si périlleuse cependant, fut accueillie avec enthousiasme par les nôtres.

Le 20 avril on se met en route.

L'expédition comprenait deux compagnies et un peloton
de Sénégalais, un peloton de la compagnie disciplinaire du
Sénégal récemment arrivé à Kotonou, 3 pièces de 4 rayées de
montagne, quelques auxiliaires, en tout 350 hommes. Cinquante hommes, malades pour la plupart, étaient laissés à la
garde de Porto-Novo. Le résident M. Ballot, accompagnait la
colonne. Telle était la frayeur qu'inspirait l'armée dahomé-

enne que l'on eut toutes les peines du monde à recruter des porteurs pour la colonne ; il fallut réquisitionner les noirs des maisons de commerce.

Au moment de se mettre en route, on apprend que le roi du Dahomey, poussé par l'un de ses officiers les plus énergiques, le chef du Décamey (on appelle ainsi la province située au Nord-Ouest de Porto-Novo) quittait de son côté le camp qu'il occupait et se portait sur Porto-Novo à la tête de 6.000 guerriers et de 2.000 amazones.

A 7 heures 1/2, les auxiliaires indigènes entrent dans le village d'Atchoupa où ils sont reçus par une vive fusillade. Ils s'enfuient, laissant huit cadavres sur le terrain et emportant une vingtaine de blessés.

« Aux premiers coups de feu, la 10ᵉ compagnie s'est déployée et s'avance prête à faire feu ; arrivée à bonne distance, elle envoie quelques feux de salve sur l'ennemi qui s'arrête un instant. Pendant ce temps le reste de la colonne manœuvre pour former le carré. Mais l'ennemi s'est aperçu de notre mouvement. Il se glisse au milieu des broussailles et ouvre sur les nôtres un feu terrible. Le colonel Terrillon et le lieutenant Roos ont leurs chevaux atteints de plusieurs projectiles. La petite colonne achève cependant son mouvement. Le carré est formé. Pendant deux heures, les Dahoméens reviennent à la charge avec des cris furieux pour briser la citadelle mouvante qui leur est opposée. Chaque fois nos soldats les attendent avec calme, l'arme au pied, jusqu'à une distance variant de 300 à 150 mètres, et alors les écrasent par des feux parfaitement ajustés qui font de larges éclaircies dans leurs rangs. La scène de carnage était complétée par l'artillerie qui tirait à mitraille et à obus.

« Malgré l'attention que les officiers apportaient dans la

consommation des munitions, en se promenant devant leur troupe jusqu'au moment favorable pour tirer, le nombre des cartouches diminuait. D'autre part, les montres marquaient déjà 9 h. 1/4 ; la chaleur était très forte et l'ennemi essayait de couper cette poignée de braves de sa ligne de retraite, Porto-Novo, dont elle était séparée par une distance de 7 kilomètres.

« Etant donné l'acharnement des Dahoméens qui, fanatisés par leurs féticheurs, avaient promis au roi de lui rapporter toutes les têtes de nos soldats, on ne pouvait compter voir leurs assauts cesser. Notre faible détachement leur semblait une proie assurée et ils ne pouvaient croire qu'ils n'arriveraient point à triompher de son opiniâtreté. Il fallut penser à se retirer sur Porto-Novo qui, d'après les renseignements que l'on venait de recevoir, était menacé par un corps de 2,000 hommes.

« L'ordre de faire demi-tour fut donné et la marche s'exécuta lentement, mais avec fierté.

« De temps à autre, le carré s'arrêtait pour fusiller les nombreux groupes qui venaient l'assaillir. Le corps des amazones se fit particulièrement remarquer par sa furie ; plusieurs d'entre elles vinrent se faire tuer à la baïonnette en se ruant sur les tirailleurs.

« La colonne arriva ainsi en vue du marché d'Adjagan, point dangereux, entre des broussailles épaisses, qui pouvait être occupé par une partie du corps opérant sur Porto-Novo. Avant de l'aborder, le carré s'arrêta ; les pièces furent mises en batterie et, pendant un quart d'heure, une pluie de projectiles s'abattit sur l'adversaire.

« Cette riposte vigoureuse brisa net toute résistance. Une panique de l'ennemi la suivit et s'étendit jusqu'au corps de diversion. Adjagan fut traversé sans encombre, et, à 10 heures, les derniers coups de feu étaient tirés. Une heure plus tard, les divers détachements reprenaient leurs postes de combat à Porto-Novo.

« Grâce à la valeur des chefs de notre petite armée, à la discipline, à l'énergie indomptable de nos soldats, et aussi à la supériorité de leur armement, 8,000 guerriers ou amazones n'avaient pu entamer un corps de 350 hommes.

« *Nos pertes étaient sérieuses : nous comptions 8 auxiliaires tués et 37 blessés, dont 20 guerriers de Toffa* ; le capitaine Arnoux et le sous-lieutenant Szymanski avaient été légèrement atteints, et M. le résident Ballot avait eu son casque traversé par une balle. Les Dahoméens ne comptaient pas moins de 1,500 hommes hors de combat ; le corps des amazones avait particulièrement souffert (1). »

Le combat d'Atchoupa qui fut le dernier de cette courte mais pénible campagne, dit avec raison le capitaine Nicolas, en restera un des plus glorieux épisodes.

VI.

Le bruit de ces événements avait ému le gouvernement français, et d'importants renforts avaient été dirigés vers nos établissements du golfe de Bénin. En raison des difficultés survenues entre le colonel Terrillon et le lieutenant-gouverneur Bayol, celui-ci fut rappelé en France. Le capitaine de vaisseau Fournier, commandant le *Sané*, fut chargé de la direction des opérations en attendant l'arrivée du contre-amiral Cavelier de Cuverville, alors aux Antilles, qui avait

(1) Nicolas. *L'expédition du Dahomey en 1890.*

reçu l'ordre de se rendre avec le croiseur la *Naïade* à Kotonou.

Toutes les forces navales disponibles de la division de l'Atlantique Sud avaient alors rallié le golfe de Bénin. Elles comprenaient les croiseurs *Sané, Kerguelen, Roland*, les avisos *Ardent, Brandon, Goéland, Mésange*, la chaloupe canonnière *Emeraude*.

Le *Roland* qui arriva le 8 mai apportait une nouvelle compagnie de tirailleurs sénégalais, ce qui porta l'effectif du corps expéditionnaire à un millier d'hommes se décomposant ainsi : 220 soldats d'infanterie de marine, 128 disciplinaires du Sénégal, 510 tirailleurs sénégalais, 57 tirailleurs gabonais, 45 artilleurs. Il faut y ajouter 250 auxiliaires et *gardes civils* fournis par le roi Toffa et les factoreries de la côte.

Il était impossible avec ces effectifs restreints de songer à autre chose qu'à garder les établissements de la côte contre une nouvelle tentative de Béhanzin. Du reste le gouvernement français redoutait par-dessus tout une expédition dans l'intérieur, expédition à laquelle l'opinion publique dans la presse et dans le Parlement paraissait fort mal disposée. Il espérait en outre que le roi du Dahomey, intimidé par nos préparatifs militaires, se soumettrait facilement. En conséquence, le commandant Fournier reçut l'ordre d'entamer des négociations. Il fallait tout d'abord obtenir la mise en liberté des huit Français faits prisonniers à Widah et retenus depuis lors comme otages à Abomey. Voyant que le roi cherchait à trainer les choses en longueur, le commandant Fournier fit bombarder Widah le 29 et le 30 avril. Cet acte de vigueur produisit l'effet voulu, et le 8 mai nos compatriotes étaient remis en liberté.

Le 8 juin, la *Naïade* arriva en rade de Kotonou. Le pays était alors relativement calme. Conformément aux ordres qu'il avait reçus du gouvernement, l'amiral de Cuverville reprit aussitôt les pourparlers commencés par le commandant Fournier.

Il serait trop long et tout à fait en dehors de notre cadre d'exposer le récit de ces négociations qui prirent tout l'été de 1890. L'amiral se rendait parfaitement compte que Béhanzin ne cherchait qu'à gagner du temps et ne se déciderait jamais à exécuter les clauses qu'on lui imposerait. Cependant, pour répondre aux vues du gouvernement, l'amiral s'appliqua de toutes ses forces à obtenir un traité de paix qui assurât au moins la sécurité de la côte. Il y réussit, grâce surtout au dévouement d'un missionnaire, le Père Dorgère, un des otages pris à Widah, et qui pendant sa captivité à Abomey avait su acquérir une grande influence sur l'esprit de Béhanzin (1).

Le 3 octobre 1890, on signa un traité par lequel le roi du Dahomey s'engageait à respecter le protectorat français de Porto-Novo et à s'abstenir de toute incursion sur les territoires dépendant de ce protectorat ; il reconnaissait en outre à la France le droit d'occuper indéfiniment Kotonou, et devait recevoir en échange une somme annuelle de 20,000 francs.

---

(1) Le P. Dorgère fut décoré le 10 octobre 1890 en reconnaissance des services qu'il avait rendus au cours des négociations.

CHAPITRE II.

I.

Le traité de paix du 3 octobre ne devait pas durer long-temps. Moins de dix-huit mois après, en mars 1892, Béhanzin, au mépris de ses engagements, envahissait de nouveau le territoire de Porto-Novo et détruisait les villages de Ahanta, Bunko et Bito sur l'Ouémé, à vingt-cinq kilomètres de Porto-Novo.

Le lieutenant gouverneur Ballot envoya la canonnière *Topaze* avec quelques tirailleurs, espérant que la vue du pavillon tricolore suffirait pour intimider Béhanzin et l'arrêter dans ses incursions. Loin de là, la *Topaze* fut attaquée sans aucune provocation par une bande de 400 Dahoméens; après s'être vaillamment défendue, la petite canonnière dut se retirer ayant cinq hommes grièvement blessés par des balles provenant de fusils à tir rapide.

Le gouvernement reconnut enfin qu'il était impossible de venir à bout de Béhanzin sans une expédition sérieuse organisée avec des forces suffisantes. Le colonel Dodds de l'infanterie de marine fut nommé au commandement en chef des forces de terre et de mer de nos établissements du golfe du Bénin et investi en outre des pouvoirs civils les plus étendus.

Les forces qu'on devait mettre à sa disposition montaient à 3,500 hommes se décomposant ainsi :

1 compagnie de marche d'infanterie de marine 154 hom.

7 compagnies de tirailleurs sénégalais....... 921 —

3 compagnies de volontaires sénégalais...... 439 —

2 compagnies de tirailleurs haoussas........ 380 —

Artillerie (y compris les conducteurs indigènes) 413 —

1 bataillon de la légion étrangère à 4 comp.. 824 —

1 escadron de spahis sénégalais............ 216 —

Génie................................... 62 —

Train................................... 12 —

Divers.................................. 30 —

Total (officiers et soldats).............. 3451 hommes.

En même temps une réserve d'infanterie de marine et de tirailleurs sénégalais devait être constituée au Sénégal pour être prête à s'embarquer au premier ordre.

La préparation de l'expédition dura presque tout l'été de 1892. Le 28 mai, le colonel Dodds arriva à Kotonou ; il s'établit avec son état-major à Porto-Novo qui était plus rapproché que Kotonou du terrain des opérations.

Le 18 juin, on proclama le blocus de toute la côte ; mais on s'aperçut bientôt que la campagne s'éterniserait, si l'on ne se décidait à porter la guerre dans l'intérieur du Dahomey et à chasser le roi Béhanzin de sa capitale.

Le gouvernement, après avoir longtemps hésité, se décida

enfin à approuver le plan de campagne que lui proposait le colonel.

Le 23 août, le transport de guerre, le *Mytho*, et le paquebot affrété, le *San-Nicolas* arrivèrent à Kotonou avec la plus grande partie du matériel, la légion et les spahis sénégalais. Le transport le *Mytho* resta mouillé devant Kotonou pour servir de ponton-hôpital.

Nous ne nous étendrons pas sur la préparation très minutieuse de l'expédition. Le colonel Dodds y déploya des qualités très remarquables d'organisateur. Il appliqua tous ses soins à diminuer autant que possible les fatigues et les privations qu'allait avoir à supporter le soldat. Dans la marche qu'il projetait vers la capitale du Dahomey, on ne devait trouver aucun centre de ravitaillement ; il fallait donc assurer le service des convois d'approvisionnements et de munitions ; il fallait organiser également les convois d'évacuation des blessés et des malades. Les chaloupes canonnières pouvaient bien escorter la colonne par la voie de l'Ouémé, mais sur une partie seulement de son parcours ; en quittant les bords de l'Ouémé, on devait entrer dans un pays absolument inconnu, où pendant 50 kilomètres on ne trouverait que la forêt et la brousse.

On ne saurait trop admirer les soins hygiéniques que prit le colonel Dodds pour prémunir ses hommes contre la dyssenterie, la fièvre et les insolations. Leur habillement, leur tenue, leur nourriture furent l'objet d'ordres précis, minutieux et parfaitement compris pour le but qu'on se proposait. Ainsi dans les cantonnements, les lits des hommes devaient être élevés de 0^m,50 au-dessus du sol, tous les objets de literie devaient être sortis une fois par semaine par beau temps pour être aérés et ventilés. Les casernements et la literie devaient être désinfectés une fois par mois par un lavage à l'eau phéniquée et bichlorurée. Les hommes de troupes européennes ne devaient jamais marcher nu-pieds dans leurs casernements ; des appareils à doucher étaient installés partout où le permettaient les locaux et les hommes y étaient conduits deux fois par semaine. La nuit, les hommes devaient conserver toujours sur eux la chemise ou le tricot et une ceinture de laine ; on devait porter également le paletot de molleton et le pantalon de flanelle à partir du coucher du soleil ; dans la journée, les hommes devaient être munis de leurs casques de liège. Les cantonnements étaient consignés tous les jours de huit heures et demie du matin à trois heures et demie du soir.

En marche, les prescriptions hygiéniques étaient analogues. Il était formellement interdit de boire de l'eau des puits ou des sources rencontrés en route ; on ne devait faire usage pour la boisson que d'eau filtrée ou bouillie ; les eaux terreuses devaient être alunées avant d'être filtrées.

II.

Les hostilités commencèrent le 9 août au matin. Pendant que les avisos *Ardent* et *Héron* mouillés au large balayaient les environs de Kotonou par le feu de leur artillerie et de leurs hotchkiss, les canonnières *Topaze* et *Emeraude* se portaient vers l'extrémité occidentale du lac Nokoué et bombardaient la ville d'Abomey-Calavi. En même temps le commandant Stephani sortait de Kotonou à la tête d'une forte reconnaissance et se dirigeait vers Zobbo. Attaqué à plusieurs reprises dans la brousse par des bandes dahoméennes qu'il repoussa avec pertes, égaré par ses guides au mi-

lieu de la brousse, il n'arriva qu'à quatre heures du soir à
Zobbo qu'il trouva évacué. Il y mit le feu. Au moment où il
commençait son mouvement de retour, il fut attaqué de nouveau. Après avoir réussi à se dégager, la nuit étant venue,
il dut faire halte dans une clairière, et rentra à Kotonou à
neuf heures du matin après avoir perdu deux tués et treize
blessés.

Le 16 août, la colonne expéditionnaire était concentrée à
Porto-Novo. Le colonel Dodds passa une grande revue de ses
troupes et les installa au bivouac à une petite distance de la
ville.

Le 17 août, la colonne se mit en marche pour occuper et
pacifier le Décamey. Cette région qui s'étend à l'Ouest de
Porto-Novo entre le fleuve Ouémé et le lac Nokoué avait une
importance stratégique considérable. Elle menaçait nos communications entre Porto-Novo et Kotonou, commandait le
cours inférieur de l'Ouémé, et il était impossible de s'enfoncer dans l'intérieur sans en avoir au préalable chassé les
bandes dahoméennes qui l'occupaient.

Le 20 au matin, après une marche des plus pénibles à
travers la brousse, on arriva en vue du village de Takou qui
nous était hostile. Après quelques pourparlers sans résultats,
on ouvrit le feu, et, après une heures de combat, nos troupes
faisaient leur entrée dans le village. Quelques heures après
on arrivait à Saketé, dont le chef faisait aussitôt sa soumission.

Le 21, un parti ennemi se présenta à nouveau devant Takou;
les commandants Rion et Lassure furent blessés. Le colonel
revint en toute hâte vers le village. A onze heures et demie,
la colonne n'était plus qu'à un kilomètre de Takou quand
elle fut attaquée. Le capitaine Bellamy fut blessé ainsi qu'un

sergent. L'attaque redoublant d'intensité, la section d'artillerie ouvrit à son tour le feu et déblaya le terrain par des salves de mitraille. Six tirailleurs furent blessés, parmi eux, un sergent très grièvement (1).

Le 24, deux compagnies sont dirigées vers le village de Katagon, désigné comme un des plus hostiles à notre cause. A l'approche de nos troupes, les chefs s'enfuient et les laissent entrer sans coup férir dans la place.

Le 25 août, toutes nos troupes se concentrent à Katagon; le Décamey est définitivement pacifié. Rien ne s'oppose plus à notre pénétration dans l'intérieur.

Avant de suivre la colonne expéditionnaire dans sa marche sur Abomey, il n'est pas inutile de jeter sur le pays un coup d'œil d'ensemble qui aidera à l'intelligence de la campagne et qui permettra de se rendre un compte plus exact des efforts qu'il a fallu demander à nos héroïques soldats.

« Le pays où l'on va opérer était complètement inconnu, dit M. Aublet, et c'est à peine si le service des renseignements, organisé par le colonel, a pu fournir quelques indications nécessaires pour la direction de la colonne.

« La région que l'on avait à traverser pour arriver à Abomey, généralement marécageuse, est couverte dans sa plus grande étendue d'une immense forêt dont les dessous sont garnis d'arbustes et d'une herbe épaisse et géante de plus de deux mètres de hauteur, formant une brousse impénétrable.

« Il faudra donc, en marche ou en station, débroussailler constamment, soit pour élargir le sentier à suivre de façon à permettre à un mulet ou à une voiture légère de passer,

(1) *Campagne du Dahomey.* Poirier.

soit pour établir le bivouac et créer un champ de tir, et on devra s'attendre à trouver l'ennemi embusqué à bout portant dans cette brousse où un fusil à pierre est aussi dangereux à dix mètres qu'une arme de précision.

« Il est aisé de prévoir qu'on aura à faire face à des attaques inattendues, à des surprises, que les coups d'un ennemi spécialement dressé dans ce but se porteront de préférence sur les chefs, qu'il faudra enfin s'avancer le coupe-coupe d'une main, le fusil de l'autre, et qu'on devra être toujours prêt à tenir tête à l'assaillant de tous les côtés à la fois.

« On sait que dans tout le pays l'eau est rare, la plupart du temps mauvaise, qu'il n'en faudra user qu'avec les plus extrêmes précautions et que si on parvient à résister un certain temps aux influences du sol et du climat, grâce à une hygiène sévère, la moindre imprudence, en revanche, ne pardonne pas (1) ».

Le corps expéditionnaire destiné à marcher sur Abomey était composé de la façon suivante :

Etat-major.

Colonel Dodds, commandant en chef.

Lieutenant-colonel Grégoire, commandant les troupes d'infanterie.

Commandant Gonard, chef d'état-major.

Capitaines Marmet, Shillemans, Roget, Lombard, lieutenants Vuillemot, Ferradini, officiers d'ordonnance.

Aumônier, abbé Vathelet.

Les troupes comprenant le corps expéditionnaire étaient divisées en trois groupes.

(1) Aublet. *La guerre au Dahomey.*

Premier groupe.

Commandant Riou. Adjudant-major : lieutenant Toulouze.
1re compagnie de la légion étrangère, capitaine Battreau.
3e compagnie de tirailleurs sénégalais, capitaine Rilba.
1re compagnie de Haoussas, capitaine Sauvage.
1re section d'artillerie, capitaine Delestre.

Deuxiéme groupe.

Commandant Faurax. Adjudant-major : capitaine Demar-
tinécourt.
3e compagnie de la légion étrangère, capitaine Drude.
2e compagnie de la légion étrangère, capitaine Jouvelet.
5e compagnie de tirailleurs sénégalais, capitaine Gale-
non.
2e section d'artillerie, capitaine Montané.

Troisième groupe.

Commandant Lasserre. Adjudant-major : capitaine Marmet.
4e compagnie de la légion étrangère, capitaine Poivre.
3e compagnie de tirailleurs sénégalais, capitaine Bellamy.
1re compagnie de volontaires sénégalais, capitaine Robard.
3e section d'artillerie, lieutenant Jacquin.

Troupes hors groupes.

Génie, capitaine Roques.
Infanterie de marine, capitaine Roulland.
Spahis sénégalais, capitaine de Fitz-James.
Services administratifs, sous-commissaire Noguiès.
Service de santé : Médecins-majors Rouch, Carrière, Bar-
thélemy, Vallois, Thomas.

4. — GÉNÉRAL DODDS

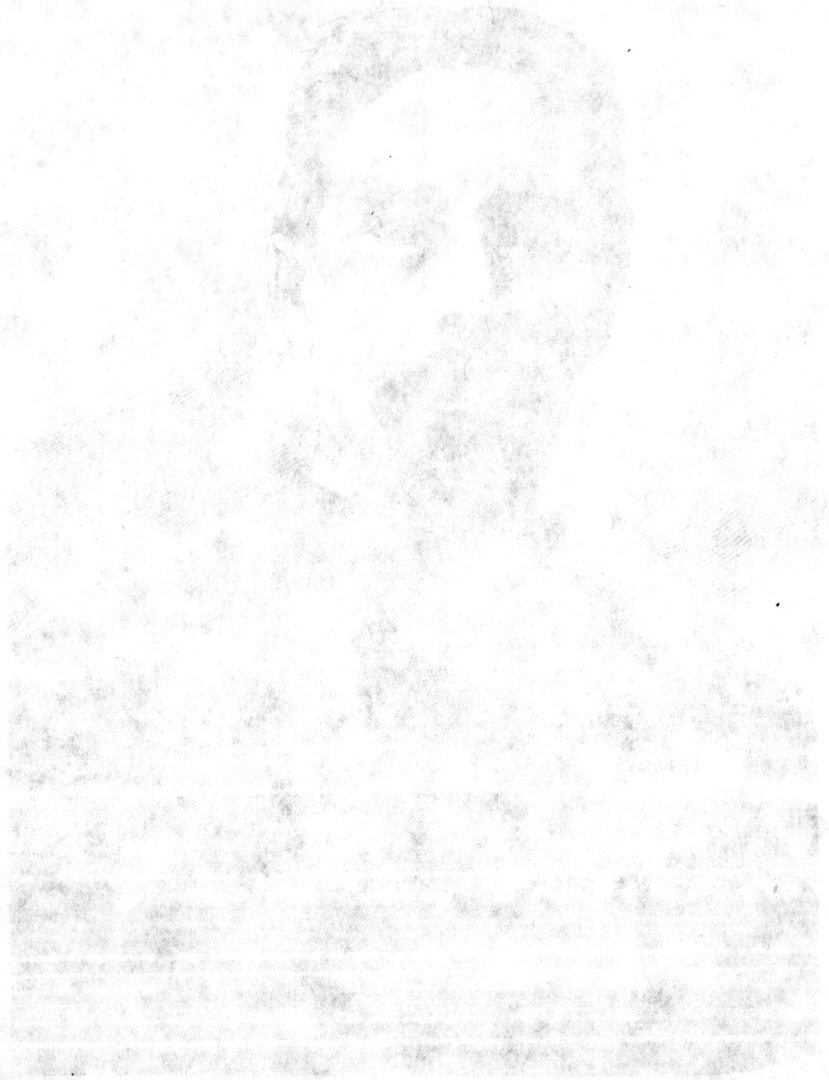

III.

Dans les premiers jours de septembre, le colonel Dodds fait passer ses troupes sur la rive droite de l'Ouémé et franchit le Badao, considéré comme frontière du Dahomey. Nos troupes sont donc entrées sur le territoire ennemi, mais elles ne rencontrent d'abord aucune résistance. Béhanzin, ne sachant de quel côté doit porter notre effort, s'est établi dans l'intérieur, à Allada, point situé à égale distance de Widah et de Porto-Novo, prêt à lancer ses troupes sur le point où allait se dessiner notre attaque.

Le colonel Dodds établit son bivouac à Dogba sur un plateau dominant le confluent du Badao et de l'Ouémé. Il se propose d'établir en ce point un poste fortifié destiné à servir de point d'appui pour la marche ultérieure en avant.

Le 18 septembre les travaux du poste sont à peu près terminés, et les ordres sont donnés pour que les troupes quittent le bivouac le lendemain 19.

Le 19, à cinq heures du matin, la sentinelle du petit poste d'infanterie de marine placé en grand' garde aperçoit malgré l'obscurité un grand nombre de noirs qui s'avancent de notre côté ; après avoir crié « halte là ! » elle fait feu.

« Le petit poste ouvre également le feu ; mais, presque entièrement enveloppé, il est obligé de se replier vers le camp, poursuivi par les Dahoméens dont l'attaque, dès le début, révèle un caractère d'extrême violence.

« Au bruit de la fusillade, les hommes d'infanterie de marine sortent de leurs cases, se forment rapidement en tirailleurs sur une ligne parallèle aux abris à 4 mètres en

avant, et commencent le feu sur l'ennemi qui s'est avancé
jusqu'à une cinquantaine de mètres de nos lignes.

« Le sous-lieutenant Badaire est tué un des premiers d'une
balle dans la tête, avant qu'il ait eu le temps de sortir de sa
case.

« En même temps que l'infanterie de marine, par la
promptitude et l'énergie de son action, maîtrise l'ennemi, la
canonnière l'*Opale* ouvre le feu avec ses canons-revolvers et
cherche à couvrir de ses projectiles la ligne de retraite de
l'ennemi.

« La 2° compagnie de la légion se porte au secours de
l'infanterie de marine. Le feu s'exécute par salves de section ;
quelques tireurs de position sont placés de façon à chasser
les Dahoméens, qui, embusqués sur des arbres, visent particulièrement les officiers.

« Le commandant Faurax, de la légion, amène en ce moment un peloton de renfort ; il tombe mortellement blessé
d'une balle à l'abdomen, et le capitaine Drude prend le commandement à sa place.

« Devant la rapidité avec laquelle s'exécutent ces mouvements, l'attaque de l'ennemi se ralentit sensiblement. On
entend distinctement crier à haute voix, d'après les inter-
prètes :

« Est-ce donc cela que vous avez promis à Béhanzin ? Com-
« ment oserez-vous vous représenter devant lui ? En avant ! »

« Cependant c'est en vain que l'ennemi tente encore quelques retours offensifs. Nos salves bien dirigées et les boîtes
à mitraille débusquent les Dahoméens des positions qu'ils
occupent. Puis nos troupes prennent à leur tour l'offensive
qui s'exécute par bonds de trente mètres. L'ennemi recule
peu à peu devant la ligne française dont la marche ininter-

rompue est cependant rendue très pénible et très lente par la brousse intense qui recouvre le plateau.

« Bientôt le combat dégénère en feux isolés dont l'intensité diminue de plus en plus. Quelques obus sont encore tirés sur les Dahoméens qu'on aperçoit battre en retraite au loin à 3000 mètres, et toutes les troupes rentrent au bivouac. Il est 10 heures du matin.

« Cette journée, la première sérieuse de la campagne, coûte à la colonne quelques pertes cruelles, le commandant Faurax, le sous-lieutenant Badaire, trois Européens tués et 27 blessés dont 20 Européens.

L'ennemi, dont le nombre a été estimé à 4.000 hommes, a laissé 130 morts sur le terrain, mais il a dû en emporter plus du double sans compter ses blessés (1). »

Pour assurer les communications avec Porto-Novo on construit un fort à Dogba. On lui donne le nom de fort Faurax en mémoire du commandant mort au champ d'honneur, et on y laisse une petite garnison.

Le 27 septembre le colonel Dodds se met en route après avoir fait reconnaître tout le pays à parcourir dans le Nord et choisir un emplacement de bivouac.

Le premier groupe est à l'avant-garde précédé d'un escadron de cavalerie.

Chaque groupe est flanqué de deux sections de tirailleurs marchant à cinquante mètres dans la brousse. Le convoi est également flanqué par des tirailleurs. Un parc flottant et une ambulance flottante, escortés par les canonnières *Opale* et *Corail*, accompagnent la colonne par la voie de l'Ouémé.

« Le 28, les deux canonnières poussent en avant pour

(1) AUBLET. *La guerre au Dahomey.*

reconnaitre un gué qui a été signalé à Tohoué. Arrivées à
environ deux mille mètres en aval de ce point, elles sont
assaillies par des coups de canon et des feux de salve venant
de la rive droite où les Dahoméens sont fortement retranchés. Ne pouvant virer de bord sous un feu aussi intense,
elles ripostent en défilant l'une derrière l'autre pendant 1500
mètres environ sous le feu de l'ennemi.

« Elles parviennent ainsi à 500 mètres environ de Tohoué.
Là, mises à l'abri par un coude du fleuve, elles virent de
bord, redescendent le courant en défilant une deuxième fois
sous le feu de l'ennemi qui maintenant occupe les deux rives,
et rallient la colonne ayant un homme de tué et treize
blessés ».

Cette attaque prouvait que l'ennemi nous attendait au
passage de l'Ouémé. Tenter de traverser le fleuve sous son
feu eût entraîné des efforts et des pertes considérables.
Aussi le colonel Dodds décida-t-il qu'on effectuerait le passage en aval, près du bivouac de Gbédé, où la berge
du fleuve, à pic sur la rive gauche et en pente douce sur la
rive droite, présentait des conditions exceptionnellement
favorables pour l'établissement d'un va-et-vient.

« En même temps, pour donner le change à l'ennemi sur
ses intentions, le colonel fait, comme les jours précédents, préparer la continuation de la marche sur la rive gauche. Des
reconnaissances sont poussées en avant avec ordre de refou-
ler les avant-postes ennemis et de reconnaître les points de
passage au-delà de Gbédé. Le chemin est amélioré comme
d'habitude, et tout doit porter l'ennemi à croire que nous
allons essayer de traverser le fleuve à Tohoué.

« Le 2 octobre, à la faveur d'un brouillard intense, on
commence le passage de l'Ouémé dès le matin.

« Le *Corail*, qui a mouillé un peu en amont du lieu de passage, établit un va-et-vient au moyen d'une aussière allant d'une rive à l'autre.

« Le courant est violent. Une première cinquenelle installée par le génie se rompt, elle est aussitôt rétablie et sert au passage des plates-formes. »

La 1re compagnie de la légion commence le mouvement et se déploie aussitôt dans la brousse pour protéger le passage de la colonne ; elle est presque aussitôt renforcée de deux autres compagnies et de trois cents porteurs chargés de débrousser.

Le reste de la colonne passe sans incident. Les Dahoméens ne se sont pas aperçus de notre mouvement ; le soir seulement une reconnaissance envoyée à 1000 mètres environ du bivouac échange avec eux quelques coups de feu.

« Le 4 octobre, à 5 heures 1/2 du matin, le corps expéditionnaire se met en route sur deux colonnes se dirigeant vers Poguessa, à 4 kilomètres au Nord-Ouest du bivouac, en longeant la rive droite de l'Ouémé.

« La brousse épaisse et dure rend la marche lente et pénible.

« Tout à coup en pleine brousse et à bout portant éclate un feu nourri et meurtrier, surtout vers la gauche.

« Dès les premiers coups tombent le capitaine Bellamy, tué raide, le commandant Lasserre et le lieutenant Bosano grièvement blessés.

« Les tirailleurs sénégalais qui marchent en tête, en ligne déployée, s'arrêtent et répondent avec vivacité ; la 4° compagnie de la légion accourt les encadrer de ses deux pelotons ; le lieutenant Amelot tombe presque aussitôt frappé au cœur ; peu après, le lieutenant Ferradini de l'état-major du colonel est grièvement blessé en revenant de transmettre un ordre.

« Cependant l'artillerie rentre en ligne, en même temps que les deux canonnières ouvrent le feu de leur hotchkiss sur les réserves de l'ennemi qu'elles aperçoivent très bien dans une clairière.

« Tout le terrain en avant est balayé par la mitraille et les feux de salve, l'élan impétueux de l'ennemi est arrêté net et le combat se continue avec un ralentissement marqué du côté des Dahoméens.

« La fusillade de l'ennemi diminuant de plus en plus d'intensité, l'artillerie n'exécute plus que des feux de poursuite et le combat cesse complètement vers 11 h. 30.

« L'ennemi a laissé sur le terrain cent cinquante cadavres dont dix-sept d'amazones et plus de cent-trente fusils se chargeant par la culasse. Nos pertes sont de huit tués dont deux officiers et de trente-cinq blessés dont trois officiers.

« A trois heures, le colonel ayant fait préalablement battre le terrain en avant par quelques feux de salve et des coups de mitraille, la marche en avant est reprise. Bien que le terrain soit couvert de hautes herbes qui empêchent toute vue à quelques mètres et rendent la marche difficile, la colonne cependant n'est pas inquiétée et se forme au bivouac à 5 heures du soir auprès d'un petit bras de l'Ouémé.

« Les journées des 5 et 6 octobre sont employées à faire des reconnaissances et à ouvrir un passage à travers la brousse. (1) »

(1) Aublet L guerre au Dahomey.

IV.

La marche est reprise le 6. A partir de ce moment, chaque pas en avant de la colonne est marqué par un combat. Nous venons de raconter le combat de Poguessa le 4; nouveau combat au pont d'Adégon le 6, à Oumbouémédi le 11, à Akpa le 13, au Koto le 14. L'armée dahoméenne comptant six ou huit mille hommes nous dispute le terrain pied à pied avec une ténacité inouïe. Embusqués dans la brousse, les guerriers de Béhanzin nous attaquent chaque fois à l'improviste, visant surtout les officiers auxquels ils infligent des pertes hors de proportion avec l'effectif de la colonne, — dix tués et vingt-cinq blessés. Ils ont une artillerie redoutable, dont ils savent fort bien régler le tir, mais dont heureusement les obus éclatent mal.

Nos troupes ne s'avancent qu'en ordre de bataille, en trois groupes, prêtes à résister à une attaque de quelque côté qu'elle se présente.

D'une manière générale, voici quelle est la marche du combat. Quand le tir de nos fusils et de notre artillerie a suffisamment déblayé le terrain, le colonel fait sonner les clairons, battre les tambours, et porte toutes ses troupes en avant. On a remarqué en effet que les Dahoméens cèdent toujours à une attaque énergique à la baïonnette. L'artillerie suit pas à pas l'infanterie qui, la baïonnette haute, marche au pas presque cadencé. D'un seul effort et sans se briser, la ligne s'ébranle, marche lentement deux cents mètres, s'arrête, exécute quelques feux de salve et reprend la marche. La colonne s'avance ainsi faisant alterner la marche avec le feu, jusqu'à ce que les Dahoméens débusqués de leurs positions renoncent à la lutte et nous laissent maîtres du terrain. Le colonel fait alors cesser le feu et établir le bivouac.

On arrive ainsi avec des peines inouïes à un marigot vaseux appelé le Koto, le long duquel l'armée dahoméenne a établi des défenses formidables à cheval sur le chemin qui traverse à gué le cours d'eau.

L'attaque directe coûterait de grosses pertes ; aussi le colonel décide que l'on tournera les défenses en empruntant un passage dont les guides signalent l'existence à 3 kilomètres vers le Nord, pendant que l'artillerie engagera du bivouac même un combat à grande distance qui trompera l'ennemi sur nos intentions.

Le combat s'engage le 14 octobre au matin : six pièces ouvrent le feu sur les retranchements de l'ennemi qui nous répond coup pour coup. Nous ne tardons pas à cesser le feu qui est trop difficile à régler ; le terrain en avant est en effet tellement fourré qu'on ne voit pas le point d'éclatement de nos projectiles.

La colonne se met en marche pendant que deux pièces doivent continuer le tir pour tromper l'ennemi sur notre mouvement.

« La marche est dure ; les fractions de tête avancent péniblement, tantôt coupant, tantôt brisant la broussaille, tantôt refoulant et couchant les hautes herbes.

« Vers 9 heures, on débouche sur un plateau assez découvert où la marche n'est plus aussi bien cachée. L'ennemi aperçoit la colonne, comprend son mouvement et dirige sur elle une partie de ses pièces pendant qu'il envoie des troupes occuper le fourré qui borde la rivière.

« Si la marche est devenue relativement facile sur le plateau, le soleil dont rien ne garantit plus est lourd et fatigue beaucoup. On a chaud, on a soif ; mais on marche quand même, car le point de direction est la ligne de Koto, c'est-à-dire l'eau.

« Le colonel envoie quelques spahis sénégalais reconnaître les abords de la rivière. Mais ils reçoivent à 100 mètres du fond de la vallée un feu de mousqueterie qui les rabat sur la colonne, et le colonel fait aussitôt former le carré pour être prêt à répondre. »

On fait alors quelques pas en avant. Bientôt la colonne arrêtée par un fourré impénétrable ne peut plus avancer. Elle s'arrête en halte gardée. Si elle n'a pas atteint le ruisseau même, au moins a-t-elle trouvé dans des trous un peu d'eau qui lui permet de déjeuner et de faire le café. On ne peut rester là cependant exposé au feu de l'ennemi. Le colonel envoie les guides explorer le pays et chercher un point de passage. Tous reviennent, après avoir erré dans la brousse et s'être enlisés dans les marécages, et déclarent que le pays est impraticable pour la colonne, surtout pour l'artillerie.

« Le Koto coule en effet au milieu d'une masse impénétrable de verdure formée par les lianes et la brousse qui s'entrelacent avec les palmiers et les fromagers ; le terrain est détrempé par les tornades et les pièces éprouveraient les plus grandes difficultés à avancer, surtout sous le feu de l'artillerie ennemie qui est incessant. (1) »

Les Dahoméens nous voyant hésiter se lancent en avant ; ils se ruent sur notre artillerie qui les reçoit à bout portant par quelques coups de mitraille. Les Dahoméens tourbillonnent et se retirent un moment ; mais ils ne perdent pas courage et reviennent bientôt à l'attaque avec une intrépidité rare. Ils se glissent sous la brousse et nous fusillent à petite

(1) *Rapport du colonel Doods.*

distance. Le feu devient très violent, et s'étend sur les quatre faces de la colonne. Contrairement aux règles des pays
civilisés, les Dahoméens se servent de balles explosibles
qui ne font pas de blessés et tuent tout ce qu'elles touchent.
A ce moment, l'ennemi amène à portée de la colonne deux
pièces de canon qui, avec celles qu'il a installées à Kotopa,
exécutent sur nos troupes un tir concentrique.

« La place n'est plus tenable et le colonel décide que pour
la nuit la colonne qui se trouve dans une sorte de cuvette
sera portée à 600 mètres en arrière sur le plateau.

« Le carré tout entier se met en marche, mais aussitôt les
Dahoméens occupent la lisière du bois. Embusqués derrière
d'énormes termitières, ils criblent la colonne de feux.

« Dans cette marche en arrière, le capitaine Battreau est
grièvement blessé.

« L'ennemi cependant, maintenu dans les bois par les feux
de notre artillerie, n'ose avancer et cesse de tirer aussitôt
que nous avons atteint la crête du plateau.

« La nuit se passe sans incident.

« Au matin, la colonne n'ayant pas eu d'eau depuis la
veille, le colonel fait préparer une corvée générale qui ten-
tera d'aller en chercher au Koto. Tous les porteurs des
groupes sont réunis. Ils seront protégés par la compagnie
des Haoussas (capitaine Sauvage) qui accompagnera la corvée pendant que la 1re compagnie de la légion sous les armes
sera prête à appuyer au premier signal la compagnie d'escorte.

« Le capitaine Sauvage forme en avant de lui une chaîne
de tirailleurs, couvre ses flancs et marche lui-même au centre
et en arrière avec une section. Derrière lui est la corvée.

« Les éclaireurs signalent presque aussitôt l'ennemi em-

busqué derrière les termitières et cherchent à le déloger.
Comme ils n'y parviennent pas, le capitaine renforce sa
chaîne en la prolongeant et attaque l'ennemi qui riposte
vigoureusement.

« Presque tous les porteurs se sauvent et rentrent au
camp.

« Au même moment, les Dahoméens menaçant les bivouacs,
le colonel fait sonner en retraite et envoie une section de la
légion (sergent Gaillard) renforcer la compagnie Sauvage.

« Le carré tout entier est attaqué et l'artillerie ennemie
donne comme la veille de Kotopa et du plateau. Le commandant Stéphani tombe mortellement blessé.

« Aussitôt qu'il a entendu la sonnerie « en retraite », le
capitaine Sauvage a commencé son mouvement par échelons.
Mais à peine l'échelon de droite s'est-il mis en mouvement
qu'il est accueilli par trois ou quatre cents Dahoméens embusqués à moins de 50 mètres. La situation est critique. Le
capitaine Sauvage a des blessés qu'il veut ramasser avant de
battre en retraite et les brancardiers indigènes se couchent re-
fusant d'aller plus loin. Les docteurs, le revolver au poing, les
infirmiers, à coups de bâton, les poussent comme ils peuvent.

« Heureusement la légion arrive ; le sergent Gaillard charge
si vigoureusement que toute la ligne se porte en avant et
engage un véritable combat à la baïonnette. »

Les Dahoméens voient en même temps leur attaque sur le
camp définitivement repoussée et battent en retraite.

« Il est alors 11 heures 30. Pendant tout le combat, les
balles et les obus ont sillonné le camp et le capitaine Marmet de l'état-major a été mortellement blessé au centre du
bivouac. Nous avons eu en outre cinq tués et trente-cinq
blessés.

« Cependant depuis le 9 au soir, c'est-à-dire depuis six jours, la colonne n'a eu que très peu d'eau, pas même de quoi faire le café une fois par jour et depuis le 14 à midi, elle n'en a pas eu une seule goutte, pas même pour les blessés. Les hommes souffrent. La situation est critique. Le capitaine de Fitz-James s'offre pour sauver la colonne. Revenant à peine d'une course à Adigon, il propose au colonel de repartir immédiatement avec un peloton de cavalerie, ses hommes emporteront le plus grand nombre possible de bidons, et il ira chercher de l'eau à Oumbouémédi. Le colonel accepte. A 9 heures et demie du soir, la cavalerie quitte le bivouac sans bruit et rentre au camp à 4 heures du matin sans avoir heureusement rencontré un seul Dahoméen ; elle rapporte 1100 bidons d'eau.

« Par une ironie du sort, la cavalerie est à peine de retour depuis une demi-heure, qu'une violente tornade qui dure une heure éclate sur le bivouac et permet à la colonne de s'approvisionner largement.

« Malgré tout, les souffrances avaient été telles que les soldats qui ont fait partie du corps expéditionnaire en ont conservé un souvenir inoubliable. Pour eux, ce campement s'appelle *le Camp de la soif*. (1) »

V

Le colonel Dodds, jugeant qu'avec les forces dont il disposait, il ne pouvait enlever les positions du Koto, revint prendre son bivouac un peu en arrière, à Akpa. Il voulait en

___
(1) Aublet. *La guerre au Dahomey.*

même temps donner à ses hommes, épuisés par la fatigue de
la marche et par les combats incessants qu'ils venaient de
livrer, quelques jours de repos, qui lui permettraient aussi
de se réapprovisionner, de procéder à l'évacuation de ses
blessés et de ses malades, et d'appeler à lui tous les renforts
dont il pouvait disposer. La maladie et le feu de l'ennemi
avaient en effet réduit le corps expéditionnaire à 63 officiers
et 1700 hommes. Il devenait indispensable de compléter nos
effectifs au moins au chiffre primitif si nous voulions venir
à bout de la résistance désespérée que nous présentaient les
Dahoméens.

Le commandant Audéoud, de l'infanterie de marine, qui
opérait dans la région du Grand-Popo, où il faisait une
diversion à la marche de la colonne principale, reçut l'ordre
de rallier celle-ci avec les deux compagnies qu'il avait sous
ses ordres. Les 11e et 12e compagnies de tirailleurs sénégalais qui avaient été laissées à la garde de Kotonou furent
également rappelées, et la défense de Kotonou confiée aux
compagnies de débarquement des navires présents sur rade.

Le 20 octobre, la colonne change de nouveau de bivouac.
Conformément à l'avis exprimé en conseil de guerre par le
capitaine Roques, commandant le génie, le corps expéditionnaire se déplace par une marche parallèle au Koto et
vient s'établir sur un terrain plus sec, en arrière d'une crête
qui doit rendre plus difficile le réglage du tir à l'artillerie
ennemie.

Le mouvement s'exécute sans encombre.

Cependant les Dahoméens, intrigués de ne plus se sentir
comme auparavant poussés l'épée dans les reins, s'aventurent à quitter leurs lignes de Koto et à venir tâter le terrain.
Ils arrivent au premier bivouac d'Akpa au moment où nos

troupes viennent de l'abandonner, et, se glissant dans la brousse, ils arrivent en bande sans être aperçus jusqu'à moins de vingt mètres de notre nouveau bivouac. La 3ᵉ compagnie de la légion qui les aperçoit la première leur envoie une décharge qui les arrête et les refoule.

L'artillerie ennemie à laquelle répond la 1ʳᵉ section d'artillerie ouvre alors un feu violent contre le camp. Le tir dahoméen est admirablement réglé, presque tous les obus arrivent en plein bivouac, mais heureusement ils éclatent mal. En même temps une autre bande de Dahoméens vient s'établir à l'emplacement de l'ancien bivouac d'où ils envoient sur nos troupes une grêle de projectiles.

Cinq soldats indigènes et trois légionnaires qui s'étaient attardés dans l'ancien campement n'ont que le temps de s'échapper en rampant dans la brousse; l'ennemi les poursuit à coups de fusil, mais ils arrivent sans être atteints au milieu de leurs camarades. Grâce à cet incident, les Dahoméens ont pu s'approcher de nouveau jusqu'à moins de cinquante mètres de nos lignes et ils ne quittent la place que lorsque le lieutenant Courtois, de la légion, après avoir exécuté quelques feux de salve, sort de sa tranchée à la tête de sa section et les charge à la baïonnette.

Pendant ce temps, des feux de salve se font entendre à 300 mètres en avant. C'est le convoi qu'on attend qui est attaqué par l'ennemi. Le colonel donne l'ordre au capitaine Drude de la légion d'aller le dégager. Celui-ci, se portant vigoureusement en avant, trouve au débouché de la route d'Abomey le peloton Gay qui, parti au devant du convoi avant l'attaque, avait rebroussé chemin et marchait aux coups de fusil. Presque entouré, le lieutenant Gay avait formé son peloton en demi-cercle et tout en ripostant vigoureusement aux Dahoméens, il attendait qu'on vînt le dégager. Le capitaine Drude le ramène au camp.

Cependant l'attaque principale continuait avec la même vigueur. Malgré le feu de notre artillerie et de notre infanterie, les Dahoméens s'étaient établis dans un village à moins de deux cents mètres de notre ligne, et s'appuyant sur deux pièces et une mitrailleuse, ils étendaient peu à peu leur attaque sur leur gauche.

En ce moment, le lieutenant Toulouze, adjudant-major du premier groupe, tombe blessé mortellement.

Cependant le feu ennemi paraissant se ralentir, le colonel envoie une patrouille de tirailleurs Haoussas reconnaître la situation de l'ennemi. Elle est ramenée et le feu recommence avec une nouvelle vigueur. Le lieutenant d'artillerie Michel s'établit alors avec une pièce de canon en avant des tranchées et réussit à balayer la brousse à coups de mitraille. Il tombe lui-même frappé à mort.

L'artillerie et l'infanterie ennemies redoublent leurs feux, mais notre pièce a produit son effet et les Dahoméens ne cherchent plus qu'à couvrir une retraite qu'annoncent les cris et les rumeurs qu'on entend de leur côté.

A six heures du soir, le combat cesse complètement. Deux pelotons d'infanterie sortent au-devant du convoi qui arrive enfin au bivouac à 11 heures 30 du soir.

Nos pertes étaient encore sensibles : 11 tués dont deux officiers, et 34 blessés.

Le lendemain 21 octobre, les Dahoméens viennent s'établir à nouveau dans l'ancien camp et commencent à y élever des retranchements. Aussitôt le colonel envoie vers eux une section de la légion qui doit les attaquer de front, pendant qu'un peloton commandé par le lieutenant Odry doit les prendre en flanc.

Ces deux groupes ouvrent le feu et s'avancent lentement vers l'ennemi qui riposte avec violence par son artillerie. Cependant le peloton Odry s'étant un peu trop avancé est menacé d'être pris en écharpe et bat en retraite lentement. Dès qu'il a repris sa place au camp, la section d'artillerie démasquée commence un tir qui par sa violence et sa précision décide enfin l'ennemi à la retraite.

Nous n'avions dans cet engagement que 6 blessés.

Le 25 octobre, tous les renforts attendus étaient arrivés, ce qui reporte la colonne expéditionnaire au chiffre de 69 officiers et 2000 hommes, soit à peu près l'effectif du départ. Le colonel décide que l'on reprendra le lendemain la marche en avant.

Les dispositions adoptées jusqu'alors pour les formations de marche et de combat sont quelque peu modifiées. La colonne, divisée jusqu'alors en trois groupes, en compte désormais quatre sous les ordres du commandant Riou (1er groupe), du capitaine Drude (2e groupe), du capitaine Poivre (3e groupe), du commandant Audéoud (4e groupe). Chacun de ces groupes doit former une face du carré au bivouac.

« De plus l'expérience acquise depuis le commencement des opérations a montré qu'il est indispensable d'abandonner les sentiers et de cheminer à travers la brousse ; la marche en sera peut-être plus pénible et plus lente, surtout à cause de la chaleur, les étapes devront être plus courtes, mais en revanche la colonne avancera toute formée en carré, prête à recevoir l'ennemi sur ses quatre faces.

« Le carré pourra manœuvrer et tourner les défenses accumulées par les Dahoméens en travers des routes sur lesquelles ils nous attendent et évitera ainsi de recevoir à chaque pas les décharges des bandes embusquées et abritées dans des tranchées ; la cohésion demeurera plus grande ; les ordres seront transmis plus facilement et les éléments non combattants, train de combat et blessés, massés au centre, seront plus à l'abri.

« Ordre est renouvelé de faire agenouiller à la première décharge ennemie ; puis on exécutera trois ou quatre feux au commandement, et on lancera en avant au pas de charge une ou deux compagnies, tambour battant.

« Les Dahoméens n'ont jamais pu tenir devant les charges poussées avec vigueur et ils évacuent rapidement leurs défenses à l'approche des baïonnettes ; le combat dure moins longtemps, les pertes sont moindres et l'effet moral produit est bien plus grand (1). »

Le 26 octobre à cinq heures du matin les troupes prennent la formation de rassemblement. Un brouillard épais dissimule leurs mouvements à l'ennemi. Quand le brouillard se lève, vers sept heures, notre artillerie postée en avant du bivouac ouvre un feu violent sur les positions dahoméennes de Kotopa. L'artillerie ennemie répond avec vigueur.

A la sonnerie de « En avant ! » nos batteries cessent de tirer, le quatrième groupe, suivi des deuxième et troisième, se porte en avant de 75 mètres environ, exécute des feux rapides et s'élance à la baïonnette sur les Dahoméens qui fuient en désordre.

Un groupe ennemi essaie une diversion sur notre droite ;

_____

(1) *La guerre au Dahomey.* Aublet.

mais la section Jacquin de l'artillerie, et le premier groupe lui font face et l'arrêtent.

Le colonel donne alors l'ordre de marcher à l'Ouest, laissant la route d'Abomey sur la droite pour éviter les ouvrages accumulés sur cette route.

Pendant la marche, le capitaine Delestre continue à tirer sur Kotopa, mais l'artillerie ennemie ne répond que peu.

La chaleur est très forte, la brousse très dure et la colonne fatigue beaucoup. Pour éviter le passage du Koto sous le feu de l'ennemi qui y a accumulé de puissants moyens de défense, le colonel fait obliquer encore à gauche. On traverse ainsi une brousse composée de hautes herbes et d'arbustes épineux où l'on n'avance que difficilement, et après avoir repoussé plusieurs mouvements de retours offensifs de l'ennemi on arrive à un ruisseau bordé d'un rideau d'arbres et de broussailles, que l'on s'imagine être le Koto. Une partie de la colonne le franchit aussitôt et va s'établir sur un plateau très élevé qui domine la rive droite, pendant que le reste s'installe au bivouac sur la rive gauche.

Le génie commence alors une passerelle et des rampes d'accès, pendant que les troupes débroussaillent les environs. Ce n'est qu'à dix heures du soir que nos soldats peuvent prendre un peu de repos.

Le lendemain toute la colonne se groupe au-delà de la rivière. Les guides prétendent alors qu'ils ne reconnaissent plus le pays et finalement ils affirment que ce n'est pas le Koto que l'on vient de franchir, mais le Han, son affluent.

Le manque complet de renseignements, dit avec raison le capitaine Aublet, a été la plus grosse difficulté qu'on ait rencontrée pendant cette guerre. Les prisonniers n'ont jamais pu ou voulu parler. Les guides qu'on a pu employer ont quitté le Dahomey depuis de longues années et n'ont jamais dépassé Poguessa. Enfin les cartes n'existent pas ou sont fausses, et les renseignements recueillis à Porto-Novo sont inexacts ou insuffisants.

Quoi qu'il en soit, l'erreur commise nous a placés, il est vrai, sur le flanc de la position de Kotopa, mais il reste encore à traverser le Koto sous le feu de l'ennemi qui nous observe.

Sur ces entrefaites des parlementaires, se présentent de la part de Béhanzin. Celui-ci, inquiet de voir que depuis le commencement de la campagne il n'avait pu arrêter le mouvement en avant de nos troupes, avait déjà essayé d'entrer en négociations. Pendant le séjour de la colonne à Akpa, il avait demandé au colonel une suspension d'hostilités. Le colonel lui avait répondu qu'il ne lui accorderait rien tant qu'il n'aurait pas évacué ses positions du Koto. Le but de Béhanzin était tout simplement de gagner du temps ; il refusa.

Cette fois, voyant que nos troupes s'apprêtaient sérieusement à attaquer ses lignes, il faisait dire au colonel qu'il ne voulait plus se battre, qu'il évacuait la position du Koto et qu'à trois heures un de ses ministres viendrait pour traiter à Avlamé.

Le colonel lui fit répondre qu'il y serait à l'heure dite.

A onze heures et demie, on repasse le Han sur la passerelle confectionnée la veille et la colonne formée en carré reprend la direction du Nord. Après deux heures d'une marche assez rapide, on retrouve la route d'Adégon à Abomey, on change de direction vers l'Ouest et l'on descend les pentes assez découvertes du Koto, avec toutes les précautions que commandent la prudence et le manque de confiance dans la promesse de Béhanzin.

Ces précautions n'étaient pas inutiles.

Le commandant Audéoud, arrivé le premier en vue du Koto, arrête ses trois compagnies et envoie des reconnaissances pour tâter les abords de la rivière. Ces reconnaissances n'avaient pas fait cent mètres qu'elles sont arrêtées par une vive fusillade qui les oblige à se rabattre sur leurs groupes.

Béhanzin nous avait trompés et n'avait eu qu'un but en essayant de parlementer : nous faire tomber dans un odieux guet-apens.

Heureusement nos troupes étaient prêtes. Le quatrième groupe (commandant Audéoud) concentre le feu de ses trois compagnies sur le point du passage de la rivière qu'on aperçoit très bien, pendant que l'artillerie couvre le Koto de mitraille. Le groupe fait alors un bond de cent mètres, prend à peine le temps de tirer quelques cartouches, puis, d'une seule poussée, se jette en avant et aborde la rivière. La 2⁵ section de la 2⁶ compagnie de la légion, suivie d'une pièce de canon, franchit la rivière, poursuit les Dahoméens qui lâchent pied et gagne du terrain pour permettre à la colonne de déboucher.

A mesure que les troupes arrivent, le carré se reforme pendant que le quatrième groupe tout entier poursuit l'ennemi de ses feux.

Enfin le feu s'éteint et la colonne s'installe au bivouac.

Nos pertes sont : deux tués et douze blessés.

VII.

Le pas le plus difficile était franchi et le colonel Dodds pouvait dès lors se considérer comme sûr du succès final.

Le corps expéditionnaire avait pénétré au cœur du Dahomey. Quelques kilomètres à peine nous séparaient de Kana,
la ville sainte, devant laquelle Béhanzin va maintenant tenter
un dernier effort. Mais avant de continuer sa marche en
avant, la colonne doit encore s'arrêter quelques jours sur la
rive droite du Koto. Les approvisionnements ne sont assu-
rés que jusqu'au 28 octobre ; il faut attendre l'arrivée d'un
nouveau convoi.

Les journées du 28 octobre au 1er novembre sont em-
ployées au ravitaillement des troupes, à l'évacuation des
blessés, à la construction d'un pont sur le Koto. Enfin on
établit à Kotopa un poste qui remplacera celui d'Akpa, trop
voisin du poste précédent de Kossoupa, et qui aura l'avantage de tenir un point de passage important.

La journée du 1er novembre est consacrée à la reprise de
la marche pour le lendemain. Le capitaine de Fitz-James,
envoyé en reconnaissance sur le village d'Avlamé avec un
peloton de spahis et un peloton d'infanterie, se heurte à une
ligne de retranchements d'où s'élève aussitôt une fusillade
très nourrie. Avec l'aide d'une compagnie de renfort qui
lui est envoyée du camp, le capitaine de Fitz-James enlève brillamment les tranchées et en chasse les Dahoméens
qui s'enfuient en désordre.

La colonne se met en marche le 2 novembre à six
heures du matin. La brousse est moins épaisse que les jours
précédents et la marche plus facile. L'ennemi tente de nouveau de nous arrêter près du village de Ouakon, où il a installé quelques pièces d'artillerie. Mais son tir est sensiblement
moins bien réglé qu'auparavant, ce qui est un indice des
pertes considérables qu'il a dû faire dans les combats précédents. Nos pièces parviennent à mettre le feu au village, et

les Dahoméens battent en retraite précipitamment, poursuivis par nos salves.

Un peu plus loin, nos troupes sont encore arrêtées devant deux tatas garnis d'artillerie, que les Dahoméens défendent avec acharnement. Il faut le feu de nos six pièces et de cinq compagnies pour en venir à bout. Nous perdons un officier tué, le lieutenant Mercier, trois soldats tués et 22 blessés.

Le 3 novembre, dès cinq heures et demie du matin, au moment où on lève le bivouac, le carré est assailli par toute l'armée dahoméenne. On se précipite aux tranchées et on répond vigoureusement à l'ennemi.

Trois heures durant, le carré résiste à cette attaque générale sur toutes ses faces qui sont enfilées et prises à revers. L'intérieur du camp est couvert de projectiles. Le capitaine Roget et le lieutenant Jacquot tombent blessés.

Le colonel fait porter en avant de chaque face un peloton d'Européens et un peloton d'indigènes pour donner de l'air au carré et éloigner les tireurs ennemis dont les coups atteignent à dos les hommes de la face opposée.

Le commandant Audéoud enlève brillamment à la baïonnette le palais de Ouakon où l'ennemi était revenu en nombre pendant la nuit.

Après quatre heures d'un combat acharné, les Dahoméens battent en retraite, mais ouvrent aussitôt un feu violent d'artillerie. Quelques obus tombent dans le carré, mais le tir de nos propres pièces fait vite taire celles de l'ennemi.

Vers onze heures le feu cesse complètement, l'ennemi a été chassé sur tous les points.

Nous avions 4 hommes tués et 54 blessés, parmi lesquels 4 officiers : le capitaine Roget, les lieutenants Jacquot et

Cany et le docteur Rouch qui devait mourir à Porto-Novo des suites de sa blessure.

« L'acharnement mis par les soldats de Béhanzin dans cette attaque, dit le colonel dans son rapport, a été des plus grands. Son armée, composée de quelques centaines de réguliers, débris des luttes précédentes ou rappelés de Widah et d'Allada, comprenait en outre un grand nombre d'hommes sortis la veille des prisons royales. Presque tous avaient reçu du genièvre en abondance. Le désespoir et l'ivresse peuvent seuls faire comprendre l'audace qu'ils ont déployée dans l'attaque.

« Ainsi à la veille du dernier combat, Béhanzin a encore assez de prestige et d'autorité pour lancer ses troupes à l'assaut des blancs, et, de la défensive opiniâtre, repasser à l'offensive la plus audacieuse. »

Le 4 novembre à 7 heures et demie, après avoir reçu un convoi de vivres et de munitions, la colonne se met de nouveau en route. On n'était plus qu'à une petite journée de Kana dont on allait apercevoir bientôt les maisons.

En arrivant sur la crête du plateau de Ouakon, on surprend les Dahoméens en préparation d'attaque dans le village de Yokoué, le dernier village en avant de Kana. Six compagnies se déploient face au village et tirent au commandement sur les Dahoméens que l'on voit marcher par bandes à mille ou douze cents mètres.

Les feux de salve portent admirablement. En même temps notre artillerie entre en ligne et prend pour objectif le tata de Yokoué, d'où l'ennemi tire avec acharnement. Un mouvement tournant sur le flanc nord du tata a raison de la résistance des Dahoméens, et le feu cesse bientôt complètement.

À neuf heures, le colonel trouvant un endroit favorable,

ordonne la halte. La chaleur est très forte ; les hommes sont fatigués et ils ont besoin de prendre de nouvelles forces pour enlever les derniers obstacles qui séparent encore de Kana.

A deux heures seulement la marche est reprise.

Vers trois heures, les éclaireurs de la deuxième face sont reçus par un feu nourri et l'action devient bientôt générale. On se fusille à moins de cinquante mètres et nos pertes sont nombreuses.

Le colonel donne alors le signal de la charge.

Les premier et deuxième groupes se précipitent en avant et bousculent leurs adversaires qu'ils se rejettent l'un vers l'autre ; les Dahoméens pris ainsi entre des feux croisés font des pertes énormes et prennent la fuite.

On reprend alors la marche vers Kana.

Une nouvelle attaque des Dahoméens nous arrête encore au moment où l'on arrive à la hauteur de Yokoué. Nos troupes emportent le village d'assaut et en chassent les dé-fenseurs.

Au moment où la colonne ayant traversé le village se remet en marche, un groupe de chasseurs d'éléphants, qui couvre la retraite de l'armée dahoméenne et s'est embusqué à 300 mètres sur notre droite, ouvre un feu nourri qui bat la deuxième face et enfile la première.

C'est en vain que le capitaine Delestre forme une batterie de quatre pièces dont le tir à mitraille se combine avec les feux de la légion et des tirailleurs.

Les Dahoméens tiennent bon et ne veulent pas céder.

Pour en finir, le colonel fait charger le deuxième groupe.

Deux pelotons d'infanterie sous les ordres du capitaine Drude s'élancent au pas de course et délogent les Dahoméens.

Nous avions eu dans cette journée huit tués dont un officier, le lieutenant d'artillerie Menou, et quarante-neuf blessés dont trois officiers, les lieutenants Maron, Gay et Mérienne-Lucas.

L'acharnement montré par les Dahoméens dans ces diverses affaires, dit le colonel, avait été encore plus grand s'il est possible que les jours précédents. En particulier une bande de 300 soldats a tenu tête à toutes les attaques et a laissé la plus grande partie de son effectif sur le champ de bataille. D'après les renseignements recueillis, cette bande était composée de soldats d'élite qui avaient fait le serment de ne pas reculer devant nous.

Béhanzin en personne commandait ses troupes.

VIII.

Ce devait être le dernier combat de la campagne. Dès le lendemain, des envoyés de Béhanzin venaient demander la paix. Le colonel Dodds lui répond en lui rappelant le guet-apens du 27 octobre et déclare que cette fois il exigera des conditions qui assurent une paix définitive et durable; du reste il ne traitera que dans Kana définitivement évacué par les troupes de Béhanzin.

Le 6 novembre à cinq heures du matin, la colonne lève le bivouac et prend ses formations de marche.

Les premier et deuxième groupes sont formés en colonne de compagnie à intervalle de déploiement; derrière viennent l'infanterie de marine et le génie; puis le troisième et le quatrième groupe escortent en carré le convoi.

La colonne entre dans cet ordre dans Kana qu'elle trouve

complètement évacuée ; on établit le bivouac sur la grande place en face même du palais du roi.

Cependant le colonel avait télégraphié au gouvernement français la nouvelle de ses derniers succès. Le ministre de la marine lui transmit aussitôt ses félicitations et celles du ministre de la guerre, et un décret rendu le 9 novembre l'éleva au grade de général de brigade.

Le corps expéditionnaire séjourna à Kana du 6 au 15 novembre. Ces neuf jours furent consacrés à reposer les troupes, à organiser les cantonnements et les ravitaillements. En même temps les négociations continuaient avec Béhanzin qui cette fois paraissait désirer sincèrement la paix.

Le roi vaincu offrait de céder à la France toute la zone littorale du Dahomey, y compris Abomey, Calavi, patrimoine et berceau de sa famille ; il se faisait fort également de ravitailler la colonne et de la faire reconduire à Widah par la route directe d'Allada. Il insistait beaucoup sur cette dernière proposition, « dernière embuscade qu'il essayait peut-être de nous tendre, dit le colonel Dodds, espérant que la colonne déjà fatiguée ne sortira pas du passage, difficile en cette saison, des marais du Lama et de la forêt d'Allada. »

Le général Dodds lui répond qu'il exige non-seulement la cession du littoral, mais l'établissement du protectorat français sur tout le Dahomey, une indemnité de guerre de quinze millions de francs, l'abolition des sacrifices humains, la remise de huit canons se chargeant par la culasse et de deux mille fusils à tir rapide, la remise de trois otages pris parmi les conseillers du roi et que le général désignait nominativement, enfin l'entrée du corps expéditionnaire à Abomey.

Béhanzin accepte toutes ces conditions et promet d'envoyer

dans les vingt-quatre heures toutes les armes exigées et la moitié de l'indemnité de guerre.

Le 15 novembre au soir, limite du délai fixé, Béhanzin envoie au quartier-général, au lieu des huit canons et des deux mille fusils, deux canons et cent fusils, au lieu des sept millions, cinq mille francs, au lieu des trois otages pris parmi les ministres, deux nègres inconnus.

Béhanzin s'était encore une fois moqué de nous ; toutes ces négociations n'avaient eu pour but que de préparer l'évacuation de son palais, de ses trésors, de ses femmes et de ses esclaves, et d'organiser sa retraite vers le Nord.

Les dix jours que la colonne avait passés à Kana ou aux environs n'avaient certes pas été complètement perdus pour le repos et le ravitaillement des troupes. Il est cependant permis de trouver — et c'est la seule critique que nous nous permettrons contre le vaillant chef du corps expéditionnaire — qu'il eût mieux valu pousser tout de suite en avant aussitôt après la prise de Kana et ne pas laisser à Béhanzin vaincu, démoralisé, le temps de se remettre et de réorganiser ses forces. Nous étions payés pour nous défier de ses propositions de paix. Puisqu'on était décidé — avec raison — à entrer coûte que coûte à Abomey, autant valait le faire le plus tôt possible. On aurait peut-être pu mettre immédiatement la main sur Béhanzin, ce qui aurait été encore le meilleur moyen de faire aboutir les négociations ; tandis qu'en le laissant s'échapper vers le Nord on rendait nécessaire une seconde campagne pour l'année suivante. Les dix jours passés à Kana nous ont valu un an de retard dans la soumission et la pacification définitive du Dahomey.

Le 16 novembre au réveil, la colonne lève le bivouac et se

met en marche pour Abomey. Elle comprenait encore 57 officiers, 1562 soldats, 2000 porteurs, 117 chevaux et 39 mulets.

Vers dix heures du matin, on fait halte près du village d'Avanzon. L'horizon est assez dégagé vers le Nord-Ouest et on aperçoit à quatre kilomètres les premières constructions de Bécon, faubourg d'Abomey.

Tout à coup une colonne de fumée s'élève à l'horizon, et en moins d'un quart d'heure il se forme vers Abomey trois immenses foyers d'incendie.

Le lieutenant Legrand part en reconnaissance avec douze spahis et un guide. Il rend compte au retour qu'Abomey est en flammes sur une étendue de trois kilomètres et que les faubourgs abandonnés brûlent également.

On ne peut dans ces conditions songer à pénétrer dans la ville. Le bivouac est établi sur place et fortement retranché.

L'incendie dure toute la nuit.

Le 17 au matin la colonne se remet de nouveau en marche, couverte par les spahis qui marchent à trois cents mètres en avant.

Pas un coup de feu; pas un ennemi en vue.

Arrivée à onze heures près du palais de Bécon, brûlé comme le reste, la colonne s'arrête, pendant que le capitaine Lombard va reconnaître le palais du roi.

A trois heures la marche est reprise; à quatre heures le corps expéditionnaire entre dans le palais même d'Abomey et forme son bivouac dans la grande cour en face des murs calcinés du palais Simbadjé.

Des reconnaissances sont poussées à assez grande distance vers le Nord sans rencontrer l'ennemi. Béhanzin a disparu, et la plupart des chefs font leur soumission.

IX.

La campagne du Dahomey était finie, et glorieusement finie. Nous n'entrerons pas dans le détail de l'organisation administrative et militaire qui sera désormais l'occupation principale du général Dodds. Il adresse aux chefs et aux habitants du Dahomey une proclamation pour leur annoncer la fuite et la déchéance de Béhanzin, et pour les inviter à se remettre au travail sous la protection de la France. Il quitte Abomey pour Porto-Novo le 27 novembre.

Le 1ᵉʳ décembre la colonne expéditionnaire est dissoute, des garnisons sont établies dans les principales villes du Dahomey.

Le général Dodds, nommé grand-officier de la légion d'honneur le 14 décembre 1892, est rappelé momentanément en France le 22 avril 1893, le gouvernement désirant s'entendre avec lui sur l'organisation définitive à donner au Dahomey.

Le colonel Lambinet, de l'infanterie de marine, qui lui succède provisoirement, organise quelques colonnes volantes pour hâter la pacification du pays. Une seule de ces colonnes se heurte à une résistance sérieuse. Le 2 mai, un détachement du bataillon d'Afrique est arrêté près de Houanzouko par une violente décharge partie des fourrés. Nos troupes se forment en carré, et malgré l'écrasante supériorité numérique de leurs adversaires, elles résistent victorieusement de huit heures du matin à deux heures de l'après-midi.

Le capitaine Mangin reçut huit balles et le lieutenant Aigret eut la cuisse traversée. En raison du nombre de blessés, la retraite fut des plus pénibles ; on n'avait ni brancards ni moyens de transport. Le capitaine Mangin ramené à Widah y mourut le 25 mai (1).

Ce fut le dernier fait de guerre sérieux de la campagne.

Le colonel Lambinet malade fut remplacé le 30 juin par le colonel Dumas.

Le général Dodds revint le 30 août 1893 à Kotonou. Le corps expéditionnaire était renforcé de près de deux mille hommes, ce qui portait à 3,500 hommes environ les effectifs présents au Dahomey. On reprit aussitôt la campagne. Le général était bien décidé à ne la terminer cette fois qu'après la prise ou la soumission définitive de Béhanzin.

Ayant appris que le roi fugitif s'était réfugié dans un camp à Zounvei-Hono, non loin d'Atchérigui, à environ 60 kilomètres au nord d'Abomey, le général se lança le 25 octobre à sa poursuite ; le 6 novembre il atteignait le camp que Béhanzin venait d'abandonner. En même temps un mouvement tournant faisait tomber en notre pouvoir la ville de Paouignant, ce qui coupait la fuite au roi vers l'Est.

Dès lors commence pour le roi déchu une véritable chasse à l'homme. Le 12 novembre il est à Bedavo, le 15 entre la Louto et l'Agbado. Une colonne volante sous les ordres du colonel Dumas lui coupe la route vers le Nord et le force à se rabattre vers l'Ouest. Repoussé de chez les Mahis, peuplade noire qui occupe la région située entre le Dahomey et le bassin du Niger, il est forcé de se rabattre vers le Sud-Ouest.

Dès lors sa capture n'est plus qu'une question de jours.

Le général Dodds, ayant reçu la soumission de tous les

_____

(1) *Campagne du Dahomey.* Poivre.

villages du Dahomey, assemble les princes et les chefs et les invite à proclamer un nouveau roi.

Le 15 janvier 1894 on choisit comme roi le prince Gout-chlli, un des fils du défunt roi Gléglé.

Le drapeau français salué par vingt-et-un coups de canon est arboré sur le palais, et le prince est proclamé roi par le général Dodds.

Aussitôt qu'il eût appris cette nomination, Béhanzin abandonné de tous les siens, obligé de vivre misérablement en se cachant et en fuyant continuellement, fit savoir au général *qu'il ne voulait pas se rendre, mais qu'on pouvait venir le prendre à Ombégamé.*

Un détachement envoyé sous les ordres du chef d'état-major Privé le trouva en effet à l'endroit indiqué.

Béhanzin se rendit sans opposer la moindre résistance, le 25 janvier. Il fut amené sans armes, en compagnie de quelques esclaves, au général. Il fut reçu par celui-ci, à qui il déclara « s'être rendu à la condition de ne pas être livré au nouveau roi, ajoutant qu'il préférait la mort à une humiliation, après sa déchéance, vis-à-vis de celui qu'il avait naguère dépossédé (1). »

Conformément aux instructions du gouvernement, Béhanzin fut conduit sous bonne escorte à Kotonou, et embarqué sur le croiseur le *Ségond,* qui le débarqua le 30 mars à la. Martinique.

Il y est encore.

----

(1) *Campagne du Dahomey.* Poivre.

MADAGASCAR

MADAGASCAR

AVANT-PROPOS.

I. Description physique. La côte. Les villes. — II. Ressources et climat. — III. Les habitants. — IV. Les Hovas. Leur origine, leur organisation sociale, leur armée. — V. Langue, mœurs, costumes, habitation. — VI. La religion. Les missions protestantes et catholiques. Le rôle de la France à Madagascar.

I.

Madagascar est une des plus grandes îles du monde. Située dans l'Océan Indien méridional, entre 12° et 26° de latitude Sud, entre 41° et 48° de longitude Est, elle mesure environ 1500 kilomètres du Nord au Sud, du cap d'Ambre au cap Sainte-Marie, et environ 500 kilomètres de l'Est à l'Ouest. Sa superficie, évaluée à 600,000 kilomètres carrés, équivaut à celle de la France et de la Belgique réunies.

Une longue chaine de montagnes part de l'extrémité Nord et sépare Madagascar en deux versants, l'un très abrupt du côté de l'Océan Indien, l'autre formé de plateaux et de grandes plaines vers le canal de Mozambique. La partie la plus haute de cette chaine est située dans la partie centrale de l'île, dans l'Imerne et le Betsiléo ; elle y atteint des hauteurs de 2000 mètres environ (un seul sommet atteint 2728 mètres). Ces montagnes vont en s'abaissant vers le Sud et font place à de grands plateaux vers le cap Sainte-Marie.

Les grandes rivières ne se rencontrent que sur le versant occidental. La plus importante est la Betsiboka, grossie de l'Ikopa ; elle prend naissance dans le plateau central et se jette dans la baie de Bombétoke ; sa vallée fournit la route la plus commode, sinon la plus courte, pour monter de la mer à Tananarive.

La côte Nord est découpée par d'immenses baies, principalement du côté du canal de Mozambique. Là, nous trouvons, en allant du Nord au Sud, les baies du Courrier, de Passandava, de Radama, de Narindina, de Majambo, de Bombétoke, à l'entrée de laquelle est l'excellent port de Majunga, et la baie de Baly.

Dans la partie Nord de l'île est la magnifique baie de Diégo-Suarez avec ses nombreux mouillages et le port de la Nièvre.

La côte Est est moins favorisée que la côte Ouest. En dehors de la baie d'Antongil qui n'offre guère de mouillages, on ne trouve que peu de ports facilement accessibles. Tamatave est le seul qui offre toutes les garanties à la navigation, et encore est-il visité presque tous les ans par des cyclones. Le reste de la côte est barré par une ceinture de récifs où d'étroites coupures permettent parfois le passage à des navires de faible tirant d'eau. Dans la partie méridionale s'ouvrent les baies de Sainte-Luce et de Fort-Dauphin d'un côté, de Saint-Augustin et de Tuléar de l'autre.

Les principales villes de Madagascar, sont :

Tananarive, grande ville d'environ 100,000 habitants, bâtie sur le plateau central de l'Imerne, autrefois capitale des

Hovas, et devenue plus tard la véritable capitale politique de l'île.

Tamatave, le port le plus commerçant, qu'une route très abrupte et très difficile relie à Tananarive (15 à 20,000 h.)

Majunga, sur la côte Nord-Ouest, appelée à un grand avenir par l'excellence de son port (15,000 h.)

Fianarantsoa, la capitale du pays betsiléo, et la seconde ville de l'intérieur par sa population (16,000 h.)

Vohemar, Fénérive, Foulpointe, Andevorante, Vatoumandre, Mananjare, Fort-Dauphin, sont, après Tamatave, les ports principaux de la côte Est. Tuléar et Noss-Vé sont les centres les plus importants du Sud-Ouest. Sainte-Marie, Nossi-bé, Diégo-Suarez sont d'anciennes colonies qui ont été détachées politiquement pendant plus ou moins longtemps du reste de Madagascar. Antsirane, chef-lieu du territoire de Diégo-Suarez est une ville de 5 à 6,000 habitants appelée sans doute à acquérir une grande importance comme centre maritime et point de relâche des paquebots.

II

Madagascar n'est peut-être pas un pays aussi riche qu'on l'avait prétendu d'abord. Un des savants qui ont le mieux exploré Madagascar, M. Grandidier, affirme qu'en dehors des vallées bien arrosées, le sol n'est pas d'une fertilité exceptionnelle. Il faut reconnaître du reste que les ressources de la grande île n'ont pas encore été l'objet d'une enquête sérieuse et approfondie.

Sur les côtes, la végétation est luxuriante. Parmi les principales essences forestières citons le filao ou casuarina, le baobab, le bambou, le bois d'ébène, les palmiers et cocotiers, etc. Le riz est la principale culture de l'intérieur ; il forme en effet la base de la nourriture des indigènes. Mais sur le plateau central, le blé réussit également très bien. Toutes les cultures coloniales s'y rencontrent avec les cultures d'Europe. La banane, la canne à sucre, l'orange, la noix de coco sont très répandues ; la vigne donne deux récoltes par an. Le caféier, le tabac, l'indigo, la vanille, prospèrent également. Le caoutchouc, qui pousse surtout dans la partie méridionale, est très exploité et donne lieu à un commerce des plus actifs.

Une des principales richesses de Madagascar consiste dans les innombrables troupeaux de bœufs qui paissent sur les plateaux et dans les savanes de l'île. On en compte plus de 40,000 dans le seul territoire de Diégo-Suarez. Ce sont des bœufs à bosse ou zébus, assez petits de taille mais fournissant une viande saine et peu coûteuse. Ces mêmes bœufs peuvent être utilisés comme porteurs dans les voyages à l'intérieur de l'île.

Les richesses minérales de Madagascar ne sont pas non plus à dédaigner, mais elles sont encore peu connues. On y trouve du fer en abondance ; sur la côte Nord-Ouest existerait, dit-on, un immense bassin houiller supérieur en superficie à tous ceux de la France, mais l'exploitation n'en est pas commencée. On trouve aussi de nombreuses mines de plomb, de cuivre, de manganèse et d'argent.

On sait que l'or y existe en quantités notables ; un de nos compatriotes, M. Suberbie, a réussi à créer une magnifique exploitation que seule la mauvaise foi des Hovas et les événements qui ont précédé la dernière guerre l'ont forcé à abandonner momentanément.

En résumé Madagascar offre un vaste champ à l'activité et

aux capitaux de nos compatriotes. Mais là, comme partout, on ne réussit qu'en travaillant. Madagascar n'est pas un paradis terrestre où l'homme s'enrichirait à ne rien faire, mais c'est un pays de ressources variées et qui se prête aux grandes entreprises industrielles et agricoles.

Le climat est un des principaux obstacles qui s'opposeront à la colonisation. Il est peu de pays aussi malsain que la côte de Madagascar. Toute la zone littorale est infestée de fièvres paludéennes qui prennent souvent un caractère mortel. Il est vrai que l'intérieur passe pour plus sain, et la partie méridionale de l'île, située en dehors de la zone tropicale, offrirait, croyons-nous, un terrain des plus favorables à une colonisation sérieuse.

Comme dans tous les pays tropicaux, l'année à Madagascar se divise en deux périodes : l'une, la saison sèche s'étend d'avril à novembre, c'est la saison des grandes brises de Sud-Est qui rafraîchissent la température ; l'autre, la saison humide ou hivernage, s'étend de novembre à avril ; c'est la saison des grandes pluies, des orages et des maladies.

La température moyenne à Tananarive est de 18°, elle descend jusqu'à 6° en juillet et en août, pour monter à 30° en novembre. A Tananarive et sur la côte, la température monte jusqu'à 34° ou 35° et descend rarement au-dessous de 25°. Par contre, dans la région de Fort-Dauphin, la température se rapproche beaucoup de celle du midi de l'Europe ; il y fait froid en hiver, et l'on y supporte presque en tout temps les vêtements de laine. Quelques sommets de l'intérieur s'y couvrent parfois de légères couches de glace.

III.

L'île de Madagascar comprend de 4 à 5 millions d'habitants, partagés en un grand nombre de tribus, de mœurs et d'origines différentes, et confondus par les Européens sous le nom commun de Malgaches.

La race primitive est sans doute originaire de l'Afrique méridionale; mais elle a à peu près disparu en se mélangeant avec d'autres races venues postérieurement, les Arabes et les Malais.

Actuellement les différentes tribus qui se partagent le sol de Madagascar peuvent être classées de la manière suivante :

Au nord les *Antankares;* ce sont des sauvages pillards et peu intelligents dont le physique rappelle beaucoup le type nègre ; ils cultivent peu la terre et se livrent à l'élevage des bœufs. Ils étaient soumis depuis le milieu de ce siècle à la domination des Hovas qui entretenaient quelques postes parmi eux.

Les *Betsimisarakes* habitent la côte orientale ; ils sont plus intelligents que les Antankares, très doux et sociables mais très paresseux ; eux aussi rappellent le type nègre. Ils étaient depuis longtemps assujettis aux Hovas.

Les *Antaimours* habitent au Sud des Betsimisarakes, le long de la côte orientale. C'est le peuple le plus travailleur de Madagascar. Ils ont une origine arabe ; d'après leurs traditions, ils sont originaires de la Mecque et conservent en effet des manuscrits fort anciens en caractères arabes; ils ont le teint cuivré des autres Malgaches, mais leur regard est plus vif et leur physionomie plus expressive. Avant que les

Hovas eussent imaginé de créer l'instruction dans l'Imerne, ils étaient le seul peuple de l'ile qui donnât quelque soin à l'éducation des enfants (1). Ils étaient soumis eux aussi à la domination des Hovas, mais avaient conservé des chefs indigènes.

Les *Antanosses* occupent le Sud de Madagascar. Ils sont de couleur moins foncée et ont les traits plus délicats que les autres peuples de la côte ; beaucoup ont les cheveux fins et bouclés. Ils sont restés jusqu'à notre époque à peu près indépendants des Hovas dont l'autorité ne s'exerçait pas au delà de Fort-Dauphin. Les Antanosses sont, au dire des missionnaires, de tous les peuples de Madagascar ceux qui sont le mieux disposés pour le christianisme.

Les *Mahafales* et les *Antodroys* qui habitent les environs du cap Sainte-Marie et la baie Saint-Augustin sont des sauvages dans la pire acception du mot ; ils forment un peuple de bandits dont les mœurs, au dire de M. Grandidier, tiennent plutôt de la bête fauve que de l'homme.

Toute la côte Ouest de Saint-Augustin jusqu'à Nossi-Bé et tout le versant occidental jusqu'au pied du plateau central sont habités par les Sakalaves qui forment après les Hovas le peuple le plus important de Madagascar. Au physique, les Sakalaves sont petits, forts et bien constitués ; leur teint est d'un noir foncé ; leurs traits sont réguliers. Au moral, ils sont turbulents, vaniteux, insouciants ; mais ils ont une certaine intelligence ; ils sont vigoureux, agiles, durs à la fatigue et ne manquent pas de certaines vertus guerrières. Les bataillons que nous avons recrutés chez eux nous ont rendu, comme nous le verrons plus loin, de réels services.

(1) Martineau. *Madagascar en 1894.*

Les Sakalaves étaient jadis le peuple le plus puissant de
Madagascar et les Hovas leur payaient tribut. A la suite de
révolutions, l'empire sakalave s'est démembré en quatre
divisions principales : au Nord le Bouéni, au centre l'Ambon-
gou et le Ménabé, au Sud le Fiérine. Chacune de ces divisions
s'est démembrée à son tour en un grand nombre de tribus
gouvernées par des chefs demi-indépendants, reconnaissant
nominalement l'autorité des Hovas. Nous verrons plus loin
qu'un certain nombre de ces chefs, ceux du Bouéni entre
autres, avaient réclamé le protectorat de la France et
s'étaient soumis à notre autorité, ce qui n'a pas empéché les
Hovas de leur imposer leur domination.

Au centre de Madagascar, nous trouvons trois autres
peuplades importantes, les *Antsianacs,* au Nord, les
Betsiléos et les *Bares* au Sud. Ces derniers avaient réussi
à conserver leur indépendance ; mais les Antsianacs et les
Betsiléos étaient depuis près d'un siècle soumis à l'autorité
des Hovas.

« Les Betsiléos, de mœurs très sédentaires, ont un goût
« prononcé pour l'agriculture. Ils excellent dans l'art de
« creuser des canaux qui amènent l'eau jusqu'au flanc des
« montagnes et leur permettent de convertir en rizières le
« pays presque tout entier (1) ».

Ce pays, par sa position centrale, par son altitude et
par son climat est, après l'Imerne, un des plus importants
de Madagascar.

Nous avons réservé pour la fin l'étude du peuple le plus
considérable de Madagascar, celui qui a su imposer son autorité à la plupart de ses voisins, et qui pendant un demi-siècle

(1) MARTINEAU. *Madagascar en 1894.*

a représenté ou a aspiré à représenter les autres races malgaches, nous voulons parler des Hovas.

IV.

Les Hovas, au nombre d'environ un million, habitent sur le
plateau central de Madagascar la province appelée l'Imerne ;
cette province a une étendue d'environ cinquante lieues du
Nord au Sud et trente-cinq de l'Est à l'Ouest. Les Hovas sont,
pense-t-on, de race malaise ; ils ont le teint légèrement jau-
nâtre, et les cheveux droits et lisses, leur langue a beaucoup d'analogie avec celles de la Malaisie. On ne sait ni par
suite de quelles pérégrinations ni à quelle époque ils ont
abordé à Madagascar. Ils sont restés longtemps confinés dans
les montagnes de l'Imerne où ils formaient une peuplade
complètement inconnue des voyageurs et des marins. Leur
intelligence, supérieure à celle des autres races malgaches, et
surtout le génie politique de leurs chefs, ont réussi à assurer
leur domination sur les tribus voisines et ensuite sur la plus
grande partie de la grande île africaine.

« Les Hovas, dit M. Grandidier, sont généralement de
taille plus petite que les autres peuples malgaches, mais ils
sont néanmoins pleins d'énergie — relativement — et adroits.
Si l'on peut avec raison leur reprocher leur ignorance, leur
hypocrisie, leur égoïsme, leur cruauté, défauts naturels dans
une population livrée de tout temps à la barbarie, mais qui
tendent à disparaître, ils n'en sont pas moins intelligents,
travailleurs, économes et relativement sobres ; et à cause de
ces qualités très réelles, on ne saurait les comparer aux autres tribus malgaches qui leur sont inférieures par leur pen-

chant à l'ivrognerie, par leur paresse et par leur prodiga-
lité. »

Le gouvernement hova était une monarchie absolue. Primitivement, les tribus hovas vivaient séparées sous des chefs
nommés *Mpandjakas* ; l'un d'eux, Andrianampouine, sut, à la
fin du siècle dernier, imposer son autorité à tous les chefs
voisins. Depuis lors le pouvoir souverain est resté dans
sa famille. Il était d'usage à la fin que le souverain fût une
femme ; mais cette femme ne régnait seulement que de nom.
De fait le pouvoir était aux mains de son mari qui avait le
titre de premier ministre et gouvernait sans aucun contrôle ;
c'était un véritable souverain absolu. A la mort de la reine,
le premier ministre choisissait lui-même dans la famille
royale la femme qui devait lui succéder et qu'il épousait en
secondes noces.

La population hova est divisée en un certain nombre de
castes.

Les castes supérieures se composent de nobles qui descendent des anciens chefs hovas soumis par Andrianampouine ; mais cette noblesse n'exerce plus aucune influence politique ; elle se divise en six castes ayant chacune un chef que
nommait ou approuvait le premier ministre.

La bourgeoisie forme une autre caste à laquelle s'applique
à proprement parler le nom de Hova. C'est de cette caste
qu'est sortie la famille royale qui depuis cent ans gouverne
l'Imerne ; c'est à elle qu'appartenaient également les premiers
ministres. Elle est arrivée ainsi à supplanter complètement
les castes supérieures dans la direction politique du pays.

Enfin au-dessous de la bourgeoisie était la caste des esclaves. Ceux-ci formaient un tiers de la population ; ils provenaient d'anciens prisonniers de guerre ou de gens vendus

pour dettes. Ces esclaves, comme ceux du Soudan, n'avaient pas une vie très dure. Ils étaient traités souvent avec bonté et même avec certains égards par leurs maîtres dont ils partageaient la vie et les travaux domestiques. La plupart, du reste, pouvaient se libérer très facilement.

L'armée hova se formait en principe d'après les règles de recrutement en usage dans les pays européens. Chaque Hova libre devait cinq ans de service à l'État. En réalité les appels des classes étaient très irréguliers et dépendaient des fantaisies des premiers ministres. Au moment de la dernière guerre, l'armée hova pouvait comprendre de trente à quarante mille hommes; leur armement se composait de fusils modernes, Snider ou Remington. L'artillerie comprenait environ 85 canons de petit calibre se chargeant par la culasse, sans compter ceux qui armaient les forts et un certain nombre de vieux canons à âme lisse se chargeant par la bouche et à peu près hors d'usage.

L'armée hova était organisée et instruite à l'européenne; mais son instruction était des plus médiocres. Son organisation n'était qu'un trompe-l'œil destiné à impressionner les nations européennes. Cependant le Hova n'est pas dénué de bravoure. Bien armé, bien commandé, il a une valeur propre qui n'est pas négligeable. Nous le verrons plus loin montrer une réelle ténacité et opposer derrière des retranchements une résistance souvent victorieuse à nos troupes.

La hiérarchie hova comprend 15 grades auxquels nous donnons improprement le nom d'*honneurs,* le mot malgache *vounihahitra* signifiant proprement *brin d'herbe* (1). Le simple soldat n'a qu'un honneur. Le général en a 13. Les

(1) MADAGASCAR par les Pères Colin et Suau.

plus hauts dignitaires en ont 14 ou 15. Le premier ministre seul en avait 17 et son fils 16.

« Les Malgaches ne se risquent en bataille rangée qu'autant qu'ils ont le sentiment bien net de leur supériorité. Autrement ils se retranchent derrière de fortes positions d'où ils ne sortent que pour fondre à l'improviste sur leurs ennemis, surtout pendant la nuit, afin de les surprendre ou tout au moins de les fatiguer et de les tenir en alerte (1). »

V.

Malgré la diversité des races et des tribus qui habitent Madagascar, la langue est la même d'un bout à l'autre de l'île, ne présentant que de très légères différences suivant les régions. Cette langue a la plus grande affinité avec la langue malaise dont elle peut être considérée comme un dérivé. Elle se fait remarquer par la longueur démesurée des noms propres formés d'un grand nombre de mots accolés l'un à l'autre.

Les mœurs comme la langue sont à peu près identiques d'un bout de l'île à l'autre.

D'une manière générale, tous les Malgaches sont mous, indolents, débauchés, sensuels ; l'ivrognerie est très répandue, sauf chez les Hovas. Les liens de la famille sont très respectés et l'amour des mères pour leurs enfants est très développé. La polygamie est répandue chez les tribus non encore converties au christianisme.

Le costume national des Hovas se compose de deux pièces

(1) Rapport d'un officier en mission. — MADAGASCAR par le capitaine Humbert.

d'étoffes ; l'une, le *sadika*, est simplement enroulée autour des reins et constitue le plus souvent l'unique vêtement des tribus peu civilisées ; l'autre, le *sim'bou* est jetée autour du corps à la façon du manteau romain et drape la poitrine, les épaules et les bras. Ces vêtements sont le plus souvent en cotonnade vulgaire provenant des manufactures d'Europe. Mais dans certains cas, le *sim'bou* est remplacé par le *lamba* blanc qui est d'une étoffe plus fine, souvent même en soie. Dans l'entourage de la reine, à la cour, les nobles ont adopté le costume européen, les officiers portent le casque colonial et des uniformes de fantaisie empruntés aux diverses nations européennes.

Les habitations sont le plus souvent de simples cases en bois revêtues de feuilles ou de joncs entrelacés; la charpente est en général en bois de palétuvier, au moins sur la côte; dans l'intérieur, la case malgache est souvent en simple pisé. Le mobilier est des plus sommaires : une natte en guise de lit, une calebasse, une marmite, quelques pots de terre, dans les ports fréquentés par les navires, des bidons de pétrole vides qui servent de récipients pour l'eau. Dans les grandes villes, en particulier à Tananarive, on trouve quelques maisons en briques, mais le nombre en est restreint ; même les créoles de Bourbon se contentent le plus souvent de maisons en bois recouvertes de lattes et de joncs.

VI.

La religion primitive des Malgaches est le monothéisme. Tous, ils croient à un Dieu unique, créateur de toutes choses, qu'ils nomment Zahanary (1). En pratique cette religion s'est transformée en une sorte de fétichisme grossier consistant principalement dans l'invocation des esprits et des morts.

Depuis une cinquantaine d'années, une partie des Hovas s'est convertie au christianisme. Mais le paganisme est toujours la religion dominante de la plupart des autres tribus. Même dans l'Imerne, il existe encore un parti considérable qu'on appelle le parti vieux hova, connu par son hostilité pour tout ce qui est européen, qui voudrait revenir au paganisme national et repousse nettement la civilisation chrétienne. Du reste la plupart des Hovas ne sont chrétiens que de nom, leurs mœurs sont toutes païennes, et s'ils ont adopté les formes extérieures de quelques-uns des cultes chrétiens, c'est surtout pour en imposer à l'Europe et essayer de se hausser à son niveau.

Ce que nous disons là s'applique surtout aux Hovas convertis par les missions protestantes; car on trouve parmi les catholiques un grand nombre de bons chrétiens qui croient sincèrement et pratiquent sérieusement leur religion. On compte même parmi eux de véritables saints, entre autres cette admirable Victoire Rosoamanarivo qui est morte récemment en odeur de sainteté après avoir été un modèle de piété et de vertu chrétienne. Presque tous les catholiques ont du reste donné d'admirables exemples de ténacité et de persévérance en résistant à plusieurs reprises aux persécutions protestantes, même en l'absence de leurs prêtres forcés de les abandonner pendant les deux dernières guerres. C'est là, on l'avouera, la meilleure preuve que l'on puisse souhaiter de leur solidité dans la foi.

(1) R. P. Colin et Suau. *Madagascar*.

Les missions protestantes sont les plus anciennes et les plus nombreuses. Elles se sont établies vers 1820 sous Radama Ier. Elles n'eurent longtemps qu'une influence politique. Les missionnaires, tous de nationalité anglaise, faisaient du commerce, intriguaient contre la France et s'occupaient très peu de prosélytisme religieux.

En 1860, quand Madagascar fut ouverte définitivement aux étrangers, des Jésuites français essayèrent d'y implanter la foi catholique. Mais les Français ont toujours été particulièrement suspects au gouvernement hova qui les considérait comme ses ennemis les plus dangereux. Les missionnaires anglais eurent le talent d'exciter les défiances de la cour contre les Jésuites et de se poser en défenseurs de l'indépendance malgache ; du reste, hommes sans scrupules, ils ne reculaient ni devant le mensonge, ni devant la calomnie, ni même devant le meurtre pour réussir dans leurs intrigues ; l'un d'eux le Rév. Ellis fut l'instigateur d'une révolution de palais qui coûta la vie à Radama II considéré comme trop favorable aux catholiques. Enfin en 1869 le premier ministre Rainilairivony se faisait baptiser avec sa femme, la reine Ranavalona II, dans la religion protestante qui devint dès lors religion d'état.

Toute la noblesse et presque toute la bourgeoisie suivirent l'exemple du premier ministre et de la reine. Les Jésuites, traités en suspects, purent à grand peine continuer à faire quelques prosélytes dans le peuple. Plus tard des lois sur l'instruction inspirées par les protestants vinrent encore entraver leurs œuvres apostoliques. Une certaine loi 296 édicta que tout instituteur qui soutirerait des élèves à une autre école serait puni d'une amende de trois piastres et que l'élève

serait réintégré de force dans l'école qu'il fréquentait. « C'était, comme le dit très bien M. Martineau, décréter l'enseignement obligatoire au bénéfice des protestants. Les élèves
enrôlés chez ceux-ci ne purent les quitter tandis que la tolérance ne connaissait pas de bornes lorsque des élèves désertaient les écoles catholiques. »

Le protestantisme adopté par les Hovas forme une secte à
part qui a emprunté la forme de l'anglicanisme avec les
dogmes du méthodisme.

La reine était le chef de cette nouvelle religion. Elle seule
désignait et nommait les pasteurs des différents temples.
« Le premier ministre était le grand-prêtre de cette église
d'état, et dans chaque gouvernement, dans chaque ville ou
village, les gouverneurs, les autorités de tous grades cumulaient leurs fonctions avec celle de pasteurs. »

Les missionnaires protestants à Madagascar étaient au
moment de la guerre au nombre d'environ 120. Ils avaient
plus de 7000 auxiliaires indigènes. Le chiffre de leurs écoles
atteignait près de 1500 comptant 130,000 élèves. Le nombre
de leurs adhérents était de près de 400,000.

Ces missionnaires se partagent entre plusieurs nationalités. Les plus nombreux sont les Anglais au nombre de 68
répartis entre trois sectes : 15 quakers, 18 anglicans et 35
méthodistes.

Ces derniers, qui sont les plus nombreux, sont aussi les
plus puissants, les plus entreprenants et les plus acharnés
contre l'influence française.

Le budget des missions protestantes anglaises atteint près
d'un million ; à eux seuls les méthodistes reçoivent plus de
700,000 francs.

Outre les missionnaires anglais, on trouve encore à Madagascar des missionnaires norvégiens appartenant à la secte luthérienne ; ils sont au nombre de 44 répandus surtout dans le Betsiléo et dans la partie méridionale de Madagascar. Ils sont moins hostiles à la France que les méthodistes anglais, mais tout aussi acharnés contre le catholicisme.

Il existe enfin quelques missionnaires américains qui se sont installés principalement sur la côte Sud-Est.

Les Jésuites étaient jusqu'à ces derniers temps les seuls missionnaires catholiques de Madagascar. Le Saint-Siège vient d'en confier la partie méridionale aux Lazaristes français, qui formeront désormais un vicariat apostolique détaché des premiers.

« Arrivés dans l'île vers 1860, les Jésuites n'avaient pas tardé à prendre une place importante. Leur bienveillance leur avait acquis la sympathie des indigènes et leurs écoles s'étaient aussitôt remplies de jeunes malgaches. Leurs missions de Tananarive et de Tamatave étaient florissantes, et dans une lutte loyale avec les Anglais, ils allaient sans doute l'emporter. La conversion de la reine au protestantisme et la loi 296 vinrent soudain paralyser leurs efforts et condamner leur œuvre à l'impuissance. Leurs adeptes des classes supérieures les abandonnèrent ; quelques-uns seulement restèrent fidèles à la foi catholique. On vit d'autre part les enfants qui fréquentaient les classes et les églises rester chez les Pères durant leur jeune âge et un peu plus tard disparaître les uns après les autres pour passer chez les protestants (1). »

La mission comprenait, en 1894, 114 Français dont 49 Prêtres, 19 frères chefs d'ateliers, 19 frères des écoles chré-

(1) Martineau.

tiennes et 27 sœurs de Saint-Joseph de Cluny, vouées à l'éducation des enfants. Elle comptait en outre 641 instituteurs
ou institutrices indigènes. Le nombre de leurs écoles était de
plus de 600, comptant environ 1,800 élèves. Le nombre des
catholiques malgaches, en dehors des anciennes possessions
françaises de Nossi-bé, Sainte-Marie et Diégo-Suarez, peut
être évalué à 130 ou 140,000.

Le budget annuel des missions catholiques, bien pauvre
à côté de celui des missions protestantes, est à peine de
200,000 francs, dont 110,000 fournis par la Propagation de
la foi, 70,000 par la Sainte-Enfance et 20,000 seulement
par le gouvernement français.

Il serait à souhaiter que notre gouvernement augmentât
dans une large mesure cette si misérable subvention qui représente à peine le traitement d'un ou deux résidents.
L'argent qui irait aux missions catholiques ne serait pas perdu, on peut en être sûr, et économiserait bien des fonctionnaires et de nombreuses vies de soldats.

Mais ce n'est pas une subvention plus ou moins considérable que demandent nos missionnaires ; la question doit être
envisagée de plus haut. Ce qu'ils veulent, c'est l'appui moral auquel ils ont droit en tant que citoyens français. Ce
qu'ils veulent, c'est que les fonctionnaires envoyés par la
métropole, et à leur tête, le résident général ne fassent pas
l'affaire de nos ennemis en protégeant outre mesure les protestants, en les soutenant contre les catholiques, en accor-
dant aux uns toutes les faveurs que l'on refuse aux autres,
en continuant enfin au bénéfice de nos adversaires le régime de persécution et d'injustice qui a abouti à la dernière
guerre franco-hova.

On ne saurait trop le redire en effet. A Madagascar, plus

encore que dans les autres pays de mission, qui dit protestant dit Anglais ; qui dit catholique dit Français. Nulle part les missionnaires protestants n'ont déployé plus de haine contre la France, ne se sont plus acharnés contre notre pays. Toutes les difficultés que nous avons eues à Madagascar proviennent d'eux. Ils sont encore les principaux obstacles à la pacification de l'ile. Les favoriser, c'est donc plus qu'une faute, c'est un crime contre la patrie française. Toute notre politique doit tendre à développer le catholicisme à Madagascar, si nous voulons en faire une terre vraiment française, si nous voulons que cette nouvelle colonie nous dédommage un jour des lourds sacrifices qu'elle nous a coûtés.

CHAPITRE I.

I.

L'ile de Madagascar a été découverte en l'an 1500 par le
Portugais Diego Dias. Elle reçut d'abord le nom de Saint-
Laurent et fut visitée fréquemment par les Portugais, les
Hollandais et les Français, qui, pendant plus d'un siècle, n'y
firent aucun établissement sérieux.

En 1642 un capitaine dieppois nommé Rigault conçut l'i-
dée d'y fonder une colonie. Fortement encouragé dans son
projet par le grand ministre qui présidait alors aux destinées
de la France, Richelieu, il créa une compagnie commerciale
qui prit le nom de *Société de l'Orient* et à laquelle des lettres patentes accordèrent la concession pendant dix ans de
Madagascar et des îles voisines « pour y ériger des colonies
de commerce et en prendre possession au nom de Sa Majesté
Très Chrétienne. »

Ces lettres patentes étaient du 24 juin 1642.

Telle fut l'origine de nos droits sur Madagascar et de nos établissements dans la grande ile africaine.

Notre cadre ne nous permet pas de nous étendre sur l'histoire de ces premiers essais de colonisation auxquels sont attachés surtout les noms de Pronis et de Flacourt.

Disons seulement qu'après de nombreuses vicissitudes nos établissements, à la fin du siècle dernier, embrassaient à peu près toute la côte Est de Madagascar ; Fort-Dauphin qui avait été le premier poste créé en était resté le centre le plus important.

La tourmente révolutionnaire et les guerres du premier empire ruinèrent complètement notre colonie naissante. En 1811, les Anglais qui s'étaient rendus maîtres de l'Ile-de-France et de Bourbon vinrent détruire les derniers forts qui subsistaient encore dans nos anciens comptoirs, et dédaignant de les prendre pour eux-mêmes, ils laissèrent les indigènes s'y installer en toute liberté.

II.

Les traités de 1815 ne firent aucune mention de Madagascar.

Par un hasard providentiel, l'Angleterre avait oublié de nous priver des droits que nous donnaient sur cette grande ile les établissements que nous y avions créés sous Louis XIV et sous Louis XV. L'article 8 du traité de Paris ne lui cédait dans ces parages que l'Ile de France avec ses dépendances.

Les Anglais ne tardèrent pas à s'en repentir. Sir Robert Farquhar, nommé gouverneur de l'ile Maurice, déclara que l'ile de Madagascar devait être comprise dans les possessions cédées à l'Angleterre sous la dénomination de dépendances de l'ile de France, et sans attendre aucun ordre de la métropole, il prit sur lui de faire occuper différents points de la côte malgache.

Le gouvernement français protesta énergiquement contre cette audacieuse prétention, et finit par obtenir gain de cause auprès du cabinet de St James. Sir Robert Farquhar reçut en conséquence, le 18 octobre 1816, l'ordre d'avoir à remettre immédiatement à l'administration de l'Ile Bourbon les anciens établissements français de Madagascar.

Pour couper court à toute nouvelle tentative de nos anciens ennemis, le gouvernement de la Restauration résolut de planter le plus tôt possible notre pavillon sur quelques points de cette côte qui venait de nous être si étrangement contestée.

Après une reconnaissance préalable effectuée par le capitaine de frégate de Mackau, on décida d'occuper Fort-Dauphin et Tintingue. En 1818, nous prîmes possession de l'ile de Sainte-Marie située à une dizaine de milles à l'Est de Tintingue ; puis un poste français composé de quelques hommes du 16me léger commandés par un sous-lieutenant, M. de Grasse-Briançon, fut établi à Fort-Dauphin qui n'était plus qu'un amas de ruines recouvertes de plantes grimpantes.

Le roi des Hovas était alors Radama I, le fils de cet Andrianampouine qui le premier avait réuni toutes les peuplades de l'Imerne sous sa domination.

Radama continuait la politique envahissante de son père. Excité sous main par les Anglais qui ne pouvaient se résigner à nous voir posséder un pays qu'ils n'avaient pu

conquérir pour eux-mêmes, il venait de mettre une garnison
à Tamatave.

Bientôt il envahit le territoire de Fort-Dauphin sur lequel
il ne pouvait cependant se prévaloir d'aucun droit, car nous
nous y étions établis alors que les Hovas n'étaient encore
qu'une misérable peuplade perdue dans les montagnes de
l'Imerne.

La petite garnison française, qui ne comptait plus que cinq
hommes et le sous-lieutenant, dut capituler devant les milliers de Hovas qui les entouraient ; elle fut embarquée de
force à bord d'un navire de commerce et reconduite à Bourbon (1825).

III.

Le gouvernement de la Restauration, si soucieux de l'honneur national, ne pouvait laisser impuni un tel outrage. Le
capitaine de vaisseau Gourbeyre, commandant la frégate la
Terpsichore, fut chargé de chasser les Hovas de nos anciens
comptoirs et de rétablir notre autorité sur la côte Est de
Madagascar.

Le corps expéditionnaire comprenait deux compagnies du
16e léger, envoyées de France, un détachement d'artillerie, une compagnie noire formée à Bourbon, soit en tout
230 hommes. La concentration eut lieu à Bourbon, où la
Terpsichore vint mouiller dans les premiers jours de 1829.
Le dimanche 14 juin, le gouverneur passa la revue des troupes.

Le même jour elles s'embarquèrent à bord de la *Terpsichore,* de la bagarre *Infatigable* et du transport *Madagascar*
qui mirent à la voile pour Sainte-Marie le 15 juin au matin.

Après avoir séjourné quelque temps dans cette colonie,
le commandant Gourbeyre arriva le 9 juillet à Tamatave.
Ses instructions lui recommandaient d'essayer des négociations avant d'entamer une action militaire. Il demanda au
gouverneur hova un sauf-conduit pour ses officiers chargés
de se rendre à Tananarive. Le gouverneur refusa, et le
commandant dut se contenter de lui remettre un ultimatum
pour la reine Ranavalona. Celle-ci avait remplacé sur le trône
le roi Radama I mort en 1828, et on pouvait espérer qu'elle
nourrissait à notre égard des sentiments plus conciliants.
L'avenir devait nous prouver qu'il n'en était rien.

En attendant la réponse à son ultimatum, réponse qui ne
pouvait arriver avant une vingtaine de jours, le commandant Gourbeyre résolut d'occuper militairement Tintingue située sur la côte en face de Sainte-Marie.

Un fort fut construit sur une pointe sablonneuse qui ferme
la rade du côté du large. Le 18 septembre le pavillon y fut
hissé solennellement aux cris de « Vive le roi! » devant
toute la garnison en armes, pendant que les tambours battaient aux champs et que les bâtiments de la division saluaient
le pavillon de vingt-et-un coups de canon.

Le 3 octobre, le commandant Gourbeyre quitta le nouveau
poste de Tintingue où il laissait une garnison de 300 hommes et se rendit à Tamatave. Il y trouva la réponse de la
reine Ranavalona à son ultimatum du mois de juillet. Cette
réponse n'était qu'une fin de non recevoir. Le 11, dès la
pointe du jour, la frégate la *Terpsichore*, les corvettes la
Nièvre et la *Chevrette* s'embossèrent devant le fort hova, et
les troupes de débarquement se tinrent prêtes à descendre à
terre. Après une nouvelle tentative infructueuse pour rou-
vrir les négociations, le bombardement commença.

« Les flancs des bâtiments lancèrent une grêle de boulets sur le fort hova dont le canon riposta vigoureusement ; mais quelques coups heureux ayant causé l'explosion du magasin à poudre, le fort sauta avec un horrible fracas et le feu se communiqua aux palissades qui l'entouraient. La canonnade des bâtiments continuait encore que les troupes de débarquement étaient déjà à terre.

« Un détachement de Hovas cherchant à les repousser fut mis en fuite par quelques coups de mitraille tirés à propos de nos embarcations. Le capitaine Fénix, chef de la colonne, détacha tout de suite en avant 25 voltigeurs sous les ordres du sous-lieutenant Dot et 25 chasseurs sous les ordres du sous-lieutenant Pasquet de Larevenchère ; mais les Hovas effrayés par la canonnade et l'incendie de leur fort s'enfuirent dans toutes les directions. Vivement poursuivis par les tirailleurs, ils firent volte-face à l'entrée d'un bois et, rangés en bataille, ils dirigèrent sur nos tirailleurs un feu de file très nourri qui nous tua ou blessa plusieurs hommes, jusqu'à ce que la colonne arrivant au pas de course et les tirailleurs s'étant réunis et formés en deux pelotons firent mine de les charger à la baïonnette. Alors ils prirent la fuite et s'enfoncèrent dans les bois où il eût été imprudent de les poursuivre » (1).

Le résultat de cette journée fut 23 canons, 212 fusils et environ 80 hommes que perdirent les Hovas sans compter leurs blessés.

« Le 16 juin, ayant appris que les Hovas s'étaient ralliés et retranchés à sept lieues de là dans un endroit nommé Ambatou-Manori, on se mit en route à 6 heures du matin pour

---

(1) GAILLY. *La politique coloniale de la Restauration*. Revue des Deux Mondes.

aller les débusquer. Cette petite expédition, conduite avec bravoure et intelligence par le capitaine Schœll, de l'artillerie de marine, fut couronnée du plus heureux succès. Le capitaine Schœll et ses soldats arrivèrent sans être aperçus jusqu'au camp des Hovas. Les factionnaires avancés donnèrent l'alarme en criant : « *Vazaha ! Vazaha !* » (Les Blancs! Les Blancs!) Le capitaine Schœll charge alors à la baïonnette. Les Hovas, après une défense courageuse, sont chassés de la redoute et mis en fuite. »

Enhardi par ces succès, le commandant Gourbeyre résolut d'aller détruire un poste hova situé à quelques milles au Nord, le poste de Foulpointe, et le 17 octobre il s'y présenta avec sa division.

Malheureusement ces victoires trop faciles avaient donné aux troupes une confiance excessive et dès que le débarquement fut ordonné, se précipitant sans ordre vers l'ennemi, elles tombèrent dans une embuscade que leur avaient préparée les Hovas. L'hésitation produite dans la colonne par cette attaque imprévue se changea bientôt en déroute; le brave capitaine Schœll, en s'efforçant de rallier les fuyards, tomba mortellement frappé. Ses hommes ne se reprirent que sur le rivage sous la protection du canon de la division navale. Le commandant Gourbeyre découragé n'osa pas tenter un nouveau débarquement. Il leva l'ancre pendant la nuit et vint mouiller en rade de Sainte-Marie.

Pour répondre à l'établissement des Français à Tintingue, les Hovas avaient construit une batterie en un point voisin de la côte, la Pointe-à-Larrée ; de là ils pouvaient menacer nos communications entre Sainte-Marie et Tintingue.

Désireux de venger son échec de Foulpointe, le commandant Gourbeyre se présenta le 3 novembre devant la Pointe-à-Larrée et embossa ses navires devant le fort hova.

« Le lendemain au point du jour, les batteries de la division commencèrent à tirer sur le fort ; mais les murs formés de sable jeté entre deux palissades n'en furent presque pas endommagés. Les troupes de débarquement furent mises à terre et marchèrent à l'ennemi sur deux colonnes, la première de 200 hommes sous les ordres du lieutenant d'artillerie Baudson, la seconde sous les ordres du sous-lieutenant Pasquet. Le capitaine d'Espagne commandait en chef le débarquement.

« L'ennemi opposa comme à Foulpointe la plus vigoureuse résistance, se faisant tuer à coups de baïonnette plutôt que de lâcher prise. Il céda enfin à l'impétuosité des deux colonnes après un combat opiniâtre, et le fort tomba en notre pouvoir. »

Ce succès nous coûta quelques tués et plusieurs blessés. Les Hovas perdirent 119 tués, 27 prisonniers, 8 pièces de canon, de la poudre, des fusils, des sagaies et 250 bœufs.

C'était la revanche de Foulpointe.

Quelques jours après, le commandant Gourbeyre mettait à la voile pour retourner à Bourbon laissant à Tintingue 400 hommes sous les ordres du capitaine Gailly.

La fièvre décima bientôt la garnison ; trente-quatre blancs moururent, parmi eux le chef de poste ; quand le commandant Gourbeyre revint l'année suivante, il ne trouva plus que des hommes affaissés, malades, impropres à tout service.

Le commandant décida de ne pas prolonger davantage une expérience qui avait été si funeste. Il rentra en France, laissant seulement quelques hommes pour garder le fort de Tintingue.

IV.

Le gouvernement de Louis-Philippe, soucieux avant tout de ne pas entrer en conflit avec l'Angleterre, engagé du reste dans les graves embarras de la conquête de l'Algérie, renonça complètement à toute idée d'expédition militaire contre les Hovas. Ordre fut donné d'abandonner le poste de Tintingue, qui fut évacué et brûlé le 4 juillet 1831. On faillit même abandonner l'île de Sainte-Marie; mais les quelques colons qui s'y étaient établis avec les encouragements de la métropole ayant protesté et réclamé une indemnité, le gouvernement revint sur sa première décision, et c'est ainsi que Sainte-Marie fut conservée à la France.

Quelques années plus tard se dessina un mouvement général d'expansion coloniale qui amena la France à s'emparer des Marquises, de Taïti, du Gabon, et à créer de nouveaux comptoirs sur la côte Ouest d'Afrique.

L'attention du gouvernement devait forcément se porter sur nos anciennes possessions de Madagascar. Mais soit par crainte de se heurter de nouveau aux Anglais, soit à cause de l'insalubrité démontrée de nos anciens établissements de la côte orientale, on jeta les yeux sur la côte Nord-Ouest habitée presque exclusivement par les populations sakalaves sur lesquelles les Hovas n'avaient pas encore étendu leur autorité.

Le contre-amiral de Hell, gouverneur de Bourbon, obtint des chefs sakalaves et de la reine du Bouéni réunis à Nossi-Bé, le 14 juillet 1840, la cession de cette île et des îlots voisins, et l'abandon à la France de leurs droits de souveraineté sur la côte Nord-Ouest de Madagascar depuis la baie de Pasandava jusqu'au cap Saint-Vincent. Plus tard, de nouveaux traités étendirent la suzeraineté de la France, d'une part sur la partie Nord de l'ile jusqu'à Vohemar, d'autre part sur la partie Sud, jusques et y compris la baie Saint-Augustin.

Nous nous trouvions ainsi acquérir une étendue de côtes énorme, d'une fertilité merveilleuse, dotée de ports admirables, qui compensait et au delà les pertes que nous avions faites sur la côte Est.

Nous allons voir comment l'hostilité des Hovas devait nous faire perdre bientôt ces précieux avantages.

V

La reine Ranavalona n'avait cessé, depuis son avènement, de témoigner une hostilité des plus vives non seulement contre les Français, mais même contre les Anglais, d'une façon générale contre tous les étrangers, à quelque nationalité qu'ils appartinssent, et contre les idées qu'ils essayaient de faire prévaloir en Imerne. Les quelques missionnaires envoyés par Falquhar à Radama I furent expulsés, le christianisme proscrit. Bien plus, le 13 mai 1845, sans aucun préliminaire et sans causes connues, la reine fit signifier par édits à tous les étrangers habitant Tamatave, d'avoir à se soumettre à toutes les corvées de la reine ; ils devaient être assujettis à tous les travaux, même à ceux que font les esclaves ; ils devaient être soumis à l'autorité des officiers et même des simples soldats hovas ; ils pouvaient enfin être vendus comme esclaves pour dettes ; défense leur était faite en outre de commercer avec l'intérieur de l'ile. Quinze jours de réflexion leur étaient accordés ; passé ce delai, s'ils n'avaient pas envoyé au gouverneur leur acte d'adhésion, ils devaient voir leurs maisons envahies,

pillées, leurs marchandises saisies, et eux-mêmes devaient
être embarqués de force sur le premier navire prêt à partir.

Prévenu de ce qui se passait, le capitaine de vaisseau
Romain-Desfossés, qui commandait la station navale françai-
se, accourut en toute hâte de Bourbon avec les corvettes le
Berceau et la *Zélée*, et vint mouiller le 11 juin devant Ta-
matave où il fut bientôt rejoint par la corvette anglaise le
Conway.

Les douze traitants anglais de Tamatave et les onze traitants français étaient en butte à des vexations de toutes sortes de la part des fonctionnaires indigènes. Leurs marchandises, leurs mobiliers étaient étalés sur la plage, gardés
par de nombreux détachements de Hovas qui en interdi-
saient l'accès aux officiers européens.

Le commandant Romain-Desfossés et le capitaine anglais Kelly du *Conway* essayèrent d'obtenir un adoucisse-
ment et un sursis aux ordres de la reine. Ce fut en vain. Le
décret de Ranavalona était exécutoire sur-le-champ sous peine
de mort pour tout fonctionnaire hova qui chercherait à l'é-
luder.

Les commandants français et anglais voulurent alors
adresser une plainte à la reine ; mais le gouverneur de
Tamatave refusa de recevoir leurs lettres.

Déjà les passions populaires surexcitées se manifestaient
par des désordres graves. Les magasins et l'habitation d'un
traitant français furent pillés sans qu'on pût ou sans qu'on
voulût saisir les coupables.

Temporiser plus longtemps eût été une marque indéniable
de faiblesse. On se résolut à une action immédiate.

Les trois navires de guerre étaient embossés sur une
ligne parallèle à la plage, aussi rapprochée du rivage que le

permettait le tirant d'eau des bâtiments. Le *Berceau* placé au centre de la ligne était à 660 mètres du fort principal.

Les fortifications de Tamatave consistaient en deux batteries barbette à parapets en terre, fort peu élevées au-dessus du sol, et un fort principal relié aux deux premiers par des chemins couverts.

Ce fort bâti en pierre était protégé par une double enceinte en terre entourée d'un fossé de 10 mètres environ de largeur sur 6 de profondeur. Il était circulaire et se composait d'une galerie couverte et casematée percée de sabords, comme un navire.

La garnison hova pouvait être évaluée, au dire des traitants, à un millier d'hommes, dont 400 de troupes régulières et 600 Betsimisarakes.

Le 15 juin, à deux heures, après une nouvelle tentative de négociation, le bombardement commença. Le *Berceau* et le *Conway* ouvrirent le feu sur le fort principal, tandis que la *Zélée*, placée en tête, dirigeait le sien sur la batterie rasante du Sud.

Le feu des forts y répondit immédiatement, mais sans beaucoup d'activité. Toutefois, dit le commandant Romain-Desfossés dans son rapport, le tir des Hovas avait une précision dont nous aurions eu lieu de nous étonner, si nous n'avions été informés d'avance que leur artillerie était dirigée par un renégat espagnol « homme aussi intelligent que méprisable ».

Un quart d'heure à peine s'était écoulé que nos obus avaient occasionné un violent incendie dans l'intérieur et les alentours de la batterie du Nord qui, à partir de ce moment, fut abandonnée.

A trois heures et demie, un grand nombre d'obus avaient été lancés et avaient éclaté à notre vue dans les deux forts que nous combattions. « Je pensai avec le capitaine Kelly qu'ils avaient perdu bon nombre de leurs défenseurs et qu'il était temps de jeter à terre nos détachements. Il nous importait d'ailleurs de terminer cette opération avant la nuit. »

100 marins et 68 soldats du *Berceau*, 40 matelots et 30 soldats de la *Zélée*, 80 matelots et soldats du *Conway* furent embarqués simultanément dans 14 embarcations, qui un quart d'heure après se formèrent en une ligne de front parallèle à la plage.

Au signal du lieutenant de vaisseau Fiéreck, qui avait été chargé de diriger l'opération du débarquement, tous les canots nagèrent vers la plage qu'ils abordèrent à la fois à deux cents mètres du fort principal, qui était en grande partie masqué par un rideau de palétuviers.

En moins de dix minutes, nos trois cents combattants furent formés en bataille ayant au centre de leur colonne les deux obusiers du *Berceau* montés sur leur affût de montagne.

L'ennemi se borna, durant ce débarquement, à tirer quelques coups à mitraille qui produisirent peu d'effet. Le capitaine Fiéreck donna bientôt le signal de la charge et la petite troupe s'élança avec une ardeur indicible vers l'ennemi qui n'avait pas osé sortir de ses retranchements.

Les hommes de la *Zélée*, auxquels on avait joint 20 matelots et un élève du *Berceau*, entrèrent à l'instant dans la batterie rasante du Sud, y enclouèrent trois canons, en culbutèrent deux autres et refoulèrent les Hovas dans le fort principal où ils s'efforcèrent vainement de pénétrer avec eux. Là l'enseigne de vaisseau Bertho, second de la *Zélée*, fut sagayé sur la porte même du fort principal, ainsi que le sous-lieutenant d'infanterie Monod.

Tandis que la batterie du Sud avait été envahie et en partie désarmée, le gros de la colonne, formé par le *Berceau* et le *Conway*, s'élançait sur le fort principal et couronnait en un instant son enceinte extérieure. Là, et dans le fossé qui sépare les deux enceintes, commença une lutte opiniâtre, corps à corps, dans laquelle Français et Anglais rivalisèrent de dévouement et de résolution.

Le drapeau de Ranavalona, après avoir été abattu deux fois par le feu de nos bâtiments, était suspendu à une gaule au bord du rempart. L'aspirant de 1re classe, de Grainville et quelques matelots anglais et français parvinrent, malgré une vive fusillade des Hovas et en montant les uns sur les autres,, à saisir et à arracher ce pavillon, qui fut ensuite partagé entre Français et Anglais.

« Quarante minutes s'étaient écoulées depuis que nos marins occupaient l'enceinte extérieure et le fossé du fort principal. Les Hovas, après avoir combattu longtemps et bravement à ciel découvert, s'étaient retirés dans leurs casemates. On manquait des moyens matériels indispensables pour y pénétrer après eux ; car les obusiers de montagne du *Berceau*, que l'enseigne de vaisseau Solonet avait mis en batterie sur le parapet extérieur, ne purent tirer qu'un seul coup, les étoupilles ayant été mouillées dans l'opération du débarquement.

Dans ce moment, M. Prévost de la Croix, premier lieutenant, qui depuis quelque temps remplaçait le capitaine Fiereck blessé, dans la direction de nos pelotons, fit connaître au commandant que nos hommes ainsi que les Anglais avaient épuisé presque toutes leurs cartouches » (1).

On fit battre le rappel sur la plage. Nos divers détachements se reformèrent dans leur ordre primitif; on fit embarquer les obusiers, les blessés et les morts sauf cinq hommes tués dans la batterie rasante du Sud, que le détachement de la *Zélée* « privé de la direction de ses officiers et emporté, dit le rapport, par l'ardeur du combat, *oublia* d'enlever. »

Après avoir fait sur la plage une halte d'une heure, durant laquelle les Hovas continuèrent à ne pas se montrer, la colonne se dirigea vers l'extrémité de la pointe Hastée où l'embarquement était plus facile; un détachement d'infanterie du *Berceau*, et un des soldats de marine anglais formaient l'arrière-garde.

Chemin faisant, en longeant la ville, le commandant fit mettre le feu à quelques misérables cases en paille, ainsi qu'à un magasin de la douane à l'abri desquels les Hovas auraient pu gêner notre embarquement.

A six heures et demie du soir, toutes les embarcations quittaient le rivage et se dirigeaient vers leurs navires respectifs. Ceux-ci avaient reçu quelques projectiles qui ne firent que des dégâts matériels. Le *Berceau* entre autres reçut dans sa coque, sa mâture ou son gréement treize boulets dont un brisa son petit mât de hune.

Malheureusement les pertes faites à terre étaient plus sérieuses. Nous comptions seize morts et quarante-trois blessés; les Anglais de leur côté avaient eu quatre morts et douze

---

(1) Rapport du capitaine de vaisseau Romain-Deslossées. *Annales maritimes et coloniales 1845.*

blessés, au total vingt morts et cinquante-cinq blessés sur un total de trois cent dix-huit hommes. Au nombre des morts se trouvaient trois officiers, l'enseigne de vaisseau Bertho, le lieutenant d'infanterie de marine Noël et le sous-lieutenant Monod. Cinq officiers étaient blessés.

Et avec cela, le but de l'expédition n'avait pas été atteint. Le fort principal hova n'avait pas été enlevé. Nos ennemis bien retranchés n'avaient pu être forcés. En vain le commandant Romain-Desfossés se flattait-il dans son rapport au ministre que « la leçon qu'il venait d'infliger aux bar-« bares spoliateurs de nos traitants était de nature à ne « point être oubliée par eux. » Ceux-ci pouvaient à bon droit se considérer comme les vainqueurs. Ils le pouvaient d'autant plus que nous avions laissé entre leurs mains, non pas seulement cinq, comme le dit le commandant Romain-Desfossés, mais dix-huit cadavres français ou anglais (1). Leurs têtes furent coupées, dressées sur des bambous et ces sauvages trophées restèrent exposés pendant dix ans sur le rivage, sans que le commandant Romain-Desfossés ni aucun de ses successeurs fût en état de venger ce nouveau et sanglant affront infligé aux armes et à l'honneur de la France.

Le gouvernement eut un moment l'idée d'organiser une expédition sérieuse dont le commandement aurait été confié au général Duvivier. L'opposition manifestée à ce sujet par une partie de la chambre des députés empêcha le ministre de la marine d'y donner suite, et pendant près de dix ans toutes relations cessèrent entre la France et le gouvernement hova.

(1) C'est du moins le chiffre que donne le capitaine Humbert dans son ouvrage sur Madagascar, ouvrage pour lequel il a pu consulter les archives du ministère de la marine.

VI.

Malgré cette interruption des relations officielles, deux
Français surent par leur énergie et leur esprit d'initiative
acquérir une situation prépondérante à Madagascar. L'un
M. Laborde, établi depuis 1831 à Tananarive, y avait établi
une fonderie de canons, une manufacture d'armes, une pou-
drerie, des fabriques de savon, de porcelaine ; il occupait
plus de dix mille ouvriers. Un autre M. de Lastelle avait fondé de magnifiques exploitations agricoles. Tous deux avaient
eu l'habileté d'intéresser la reine dans leurs entreprises et
ils avaient acquis une influence considérable sur le prince
héritier.

Lorsque la reine Ranavalona mourut en 1861, la situation
était des plus favorables à notre pays. Le prince héritier devenu roi sous le nom de Radama II était disposé à favoriser
toutes les entreprises des deux Français, auxquels était venu
se joindre un négociant de Bourbon nommé M. Lambert. Un
traité fut préparé qui assurait à la France des avantages considérables, reconnaissait à nos nationaux le droit de propriété et plaçait Madagascar sous le protectorat français.

Le gouvernement de Napoléon III ne sut pas profiter de
ces dispositions favorables. Par peur de déplaire aux Anglais,
on laissa traîner les négociations. Les Anglais prévenus,
ourdirent de nouvelles intrigues. Une révolution de palais,
préparée par un missionnaire anglais nommé Ellis, renversa
Radama qui fut assassiné.

Sa veuve fut proclamée reine sous le nom de Ranavalona II.

Nous n'entrerons pas dans le détail des longues et subtiles
discussions qui s'élevèrent à partir de ce moment entre la

France et le gouvernement hova et qui aboutirent aux deux dernières guerres. Disons seulement que M. Laborde étant mort en 1878, le gouvernement hova émit la prétention de s'emparer de sa succession qui s'élevait à plus d'un million. Il s'appuyait sur un texte de loi qui refusait aux étrangers le droit de posséder aucune propriété à Madagascar. Mais cette loi était postérieure et contraire au traité de 1868 conclu entre la France et Radama II, traité qui reconnaissait formellement à nos nationaux le droit de posséder en toute propriété des biens meubles ou immeubles.

Cette affaire n'était pas encore réglée que de nouveaux conflits surgirent au sujet des populations sakalaves de la côte Nord-Ouest de Madagascar.

On se rappelle que le gouvernement de Louis-Philippe avait établi notre protectorat sur cette partie de la grande île. Par une singulière et malheureuse contradiction, les traités subséquents conclus avec Radama II par le gouvernement de Napoléon III attribuaient au roi hova le titre de *roi de Madagascar*. La cour de Tananarive profita fort habilement de cette maladresse diplomatique pour déclarer que nous n'avions plus aucun droit à revendiquer sur cette partie du territoire de Madagascar.

En outre, au mois de mars 1881, un navire portant pavillon français, le *Touélé*, ayant fait naufrage sur la côte Nord-Ouest, le patron et trois matelots furent assassinés par les Sakalaves. Au lieu de poursuivre lui-même la vengeance de ce meurtre, le gouvernement français, par une nouvelle maladresse, s'adressa au gouvernement hova pour lui réclamer une indemnité que celui-ci s'empressa de payer pour consacrer son droit de souveraineté sur le territoire en litige.

Bientôt les prétentions et l'insolence des Hovas ne cessèrent d'aller en croissant. Les petits chefs sakalaves qui jusqu'alors avaient reconnu notre protectorat, excités par les missionnaires anglais, finirent par envoyer une sorte d'ambassade auprès de Ranavalona. Très bien accueillis par celle-ci, ils revinrent chez eux au mois de janvier 1882 accompagnés d'officiers hovas qui avaient ordre de leur faire arborer de gré ou de force le pavillon de la reine.

Averti de ces faits, M. de Freycinet, alors ministre des affaires étrangères, comprit que le temps des tergiversations était passé. Il envoya à notre consul à Tananarive, M. Baudais, des instructions énergiques portant que le gouvernement de la République était fermement résolu à ne point laisser porter directement ou indirectement atteinte à la situation qui nous appartenait à Madagascar.

En même temps le capitaine de vaisseau Le Timbre, qui commandait notre station navale de la mer des Indes, se portait sur la côte Nord-Ouest avec le croiseur le *Forfait*, les canonnières l'*Adonis* et la *Pique*. Il visita les chefs sakalaves et s'efforça de raffermir leur fidélité. Puis il arriva le 5 mai à Tamatave; après avoir protesté contre les agissements des Hovas, il mit l'embargo sur un de leurs navires, *l'Antananarivo* qui allait partir chargé d'hommes et d'armes pour la côte sakalave.

Cette attitude énergique n'en imposa nullement à nos ennemis. Ils s'étaient laissés persuader par les missionnaires protestants alors tout-puissants auprès de la Reine que l'Angleterre ne tolérerait jamais notre mainmise sur leur pays. Les journaux anglais paraissant à Tamatave et à Tananarive publiaient contre nous des articles d'une extrême violence. Les esprits s'échauffaient; les passions déchaînées avaient libre cours contre tout ce qui était supposé favorable à la France.

Des placards incendiaires avec menace de mort étaient affichés jusque sur les portes du Consulat de France; un missionnaire Jésuite fut insulté et frappé. Se sentant insuffisamment protégé, le consul de France, M. Baudais, puis, quelques jours après, son chancelier, M. Campan, quittèrent la capitale en engageant tous nos compatriotes à en faire autant, et se retirèrent à Tamatave sous la protection des canons français.

« Pendant ce temps, le commandant Le Timbre s'était rendu avec le *Forfait* à Nossi-Bé où il prend le gouverneur M. Seignac-Lesseps et gagne la baie de Pasandava. Le 16 juin, on mouille devant le village d'Ampassimiène et le commandant débarque avec M. Seignac, tous deux sans armes. Le commandant fait arracher le drapeau hova et couper le mât de pavillon en morceaux. Il se rend ensuite à l'embouchure de la rivière Sambirano, la remonte en canot pendant quatre ou cinq milles jusqu'au village Behamaranga, où il fait enlever le pavillon hova et le remplace par le drapeau tricolore (1) ».

Pour la première fois les Hovas eurent peur et parurent sur le point de céder. Le gouvernement de Ranavalona fit partir pour la France une ambassade chargée officiellement de régler toutes les questions en litige.

En réalité cette mission ne cherchait qu'à gagner du temps. On le vit bientôt quand les envoyés hovas furent appelés à formuler leurs demandes. S'ils consentirent à retirer leurs postes de la côte Nord-Ouest, ce fut à condition qu'ils ne seraient pas remplacés par des postes français. Ils se montrèrent intraitables sur la question du droit de propriété.

---

(1) RAMBAUD, *France coloniale.*

Enfin ils rompirent brusquement les négociations en partant nuitamment pour Londres, d'où ils gagnèrent Berlin, puis l'Amérique, en quête d'un appui dans la lutte qu'ils étaient décidés à soutenir contre nous.

CHAPITRE DEUXIÈME.

I.

La guerre était devenue inévitable. Le gouvernement français résolu à agir énergiquement remplaça la station de la mer des Indes par une division navale dont le commandement fut confié au contre-amiral Pierre.

Nul choix ne pouvait être plus heureux.

L'amiral Pierre était connu depuis longtemps dans la marine par son audace et son énergie. Manœuvrier remarquable, rompu à la pratique de son métier, possédant en outre toutes les connaissances si variées, indispensables au marin de notre époque, il était certainement appelé à un haut avenir, si une mort prématurée, due à l'excès de ses fatigues, ne l'avait ravi, comme l'amiral Courbet, aux espérances légitimes que la France pouvait fonder sur lui. Qu'il reçoive ici ce témoignage et le souvenir d'un de ses anciens subordonnés.

L'amiral Pierre partit de Toulon le 15 février 1883 sur le croiseur la *Flore*.

Les forces navales qu'il allait avoir sous ses ordres se décomposaient ainsi :

1° La *Flore*, croiseur à batterie, 16 canons, portant le pavillon du commandant en chef, commandant Rallier, capitaine de vaisseau.

2° Le *Forfait*, croiseur à barbette, 15 canons, remplacé ultérieurement par le *Beautemps-Beaupré*, éclaireur d'escadre, 6 canons, commandant Escande, capitaine de vaisseau.

3° Le *Vaudreuil*, éclaireur d'escadre, 6 canons, commandant Gaillard, capitaine de frégate.

4° La *Pique*, canonnière à hélice, 3 canons, commandant Bellue, lieutenant de vaisseau.

5° Le *Boursaint*, aviso de station, 3 canons, commandant Boutet, lieutenant de vaisseau.

6° La *Nièvre*, aviso transport, 4 canons, commandant Esmez, lieutenant de vaisseau.

Avant de commencer le récit des opérations militaires, il nous faut dire un mot de l'homme qui allait diriger la résistance des Hovas et en qui s'est incarnée pendant plus de trente ans la politique cauteleuse et si obstinément fermée à l'influence française de la cour d'Imerne.

Le premier ministre, mari de la reine, Rainilairivony, était arrivé au pouvoir en 1864. C'était, avons-nous dit, un usage établi depuis une trentaine d'années que la reine en montant sur le trône épousât son premier ministre, quels que fussent du reste leur âge et leurs sentiments réciproques, et inversement à la mort de chaque reine, c'était le premier ministre qui choisissait dans la famille royale celle qui devait lui succéder.

Rainilairivony avait épousé successivement deux reines. La première Ranavalona II étant morte en 1883, il la remplaça par Ranavalona III qui a régné jusqu'à maintenant. Il l'éleva sur le trône à la place de sa sœur aînée à qui la couronne aurait dû revenir.

Nous dirons peu de chose de la reine. Née en 1858, c'est une femme sans caractère, qui s'est contentée de laisser gouverner son mari et qui du reste n'aurait guère pu faire autrement.

Rainilairivony était au contraire un homme d'une rare énergie et d'une réelle intelligence. Au milieu des compétitions rivales des Français et des Anglais, il a su manœuvrer assez habilement pour conserver l'intégrité de son pouvoir pendant plus de vingt ans et pour prolonger d'autant l'indépendance de son pays.

On a pu avec raison critiquer son caractère, d'une immoralité reconnue, et plusieurs de ses actes marqués au coin de la duplicité et de la cruauté. On ne peut lui refuser une certaine grandeur d'âme. Bien qu'il ait été jusqu'à sa chute notre plus redoutable ennemi, nous ne devons pas lui refuser justice ni méconnaître les services qu'il a voulu rendre à son pays.

Les instructions données par le gouvernement français au contre-amiral Pierre sont résumées dans le passage suivant :

« Après avoir déclaré nettement aux Hovas que nous sommes résolus à mettre un terme à leurs tentatives pour s'imposer aux populations de la côte Nord-Ouest placées sous notre protectorat, vous ferez disparaître les postes qu'ils ont établis chez ces dernières en commençant autant que possible par ceux les plus récemment fondés et dont la présence est la plus gênante. »

Notre action devait donc se borner d'abord à la côte Nord-Ouest. On comprit bientôt au ministère des affaires étrangères que cela ne suffirait pas pour amener la cour d'Imerne à composition, et des instructions plus énergiques et plus étendues furent envoyées à l'amiral Pierre à son passage à Zanzibar.

Par ces nouvelles instructions, l'amiral Pierre était autorisé, après avoir chassé les Hovas des différents postes de la côte Nord-Ouest établis sur notre territoire, à s'emparer de Majunga, à y saisir la douane et à en percevoir les droits. Si cela ne suffisait pas, il devait envoyer un ultimatum à la reine de Madagascar pour exiger la reconnaissance effective de nos droits sur la côte Nord, des garanties pour l'observation du traité de 1868, et le paiement des indemnités dues à nos nationaux. En cas de rejet de l'ultimatum, l'amiral devait occuper la ville de Tamatave, se saisir de la douane et en percevoir les droits jusqu'à concurrence de la somme réclamée par le gouvernement.

II.

Le 30 avril 1883, le contre-amiral Pierre arrive en rade de Nossi-Bé où est concentrée la plus grande partie de la division sous ses ordres.

On commence immédiatement les opérations contre les postes de la côte sakalave. Les commandants hovas reçoivent tous une sommation identique : « Ordre de quitter d'ici deux « heures le poste que vous commandez, sinon vous serez « expulsé par la force.

« Ordre d'amener le pavillon d'ici une demi-heure, sinon « je n'attendrai pas le délai de deux heures pour vous

« attaquer. » Aucun des chefs hovas ne se rendit à ces injonctions. En conséquence, chaque poste fut bombardé par
un des navires de la division navale. Après une canonnade
très lente, on mettait à terre les compagnies de débarquement.
Les garnisons hovas s'étaient retirées dès les premiers coups
de canon ; elles répondaient seulement par quelques coups
de fusil, puis se repliaient à l'intérieur, pendant que nos
marins occupaient et détruisaient leurs forts.

Ces opérations se firent sans encombre et sans aucune
perte de notre côté (7-10 mai 1883.)

Aussitôt après, l'amiral Pierre se rendit devant Majunga
où il arriva le 15 mai avec toute sa division navale. Nous
avons déjà dit l'importance de cette place, le meilleur port
de la côte Nord-Ouest et tête de la route principale de
Tananarive.

La ville est située sur une pointe basse et sablonneuse,
en arrière de laquelle se dressent les pentes rapides du
Plateau du gouverneur. L'extrémité Ouest de ce rempart
naturel était défendue par un fort circulaire ou *rove* en maçonnerie de 45 mètres de diamètre intérieur et de 5 mètres de
relief; l'extrémité Est, par une vaste redoute de forme sem-
blable, mesurant 200 mètres suivant son plus grand diamètre,
pourvue d'un parapet d'infanterie et entourée d'un fossé profond. Les deux ouvrages étaient reliés par une ligne de retranchements disposés de manière à fournir des feux plongeants
sur la ville et la plage.

La garnison de Majunga comptait environ 2000 hommes.

Avant de commencer l'attaque, le contre-amiral Pierre
envoya au gouverneur hova une sommation d'avoir à abandonner le fort. Le gouverneur répondit par cette lettre déri-
soire que nous reproduisons comme modèle de la finasserie
hova.

Majunga, 15 mai 1883.

« J'ai reçu la lettre que vous m'avez envoyée ; mais comme
« c'est écrit en français, je ne suis pas à même de bien com-
« prendre le français.

« Je vous souhaite la bénédiction du Seigneur, Monsieur
« l'amiral.

« Recevez mes respects, Monsieur l'amiral.

« Je suis *Ramanhazafy*, 14ᵐᵉ honneur, gouverneur de
« Majunga, aide de camp du premier ministre, et comman-
« dant en chef. »

Le 16 mai au matin, le bombardement commence. Les
navires mouillés à 1800 mètres de la place exécutent un tir
lent à raison d'un obus de deux en deux minutes par navire.
Les forts ripostent coup pour coup ; mais leur artillerie
mal servie ne nous fait aucun mal.

Vers sept heures, les mâts de pavillon sont abattus, les ouvrages à moitié détruits et l'artillerie hova hors de service
cesse son feu.

A huit heures, un incendie éclate dans le fort principal et
dans les cases voisines. On cesse le tir. La garnison a disparu dans l'intérieur.

Dans la journée, le *Vaudreuil* et la *Pique* appareillent, et,
longeant la côte Nord extérieure de la baie, prennent à revers
les ouvrages hovas et achèvent de les détruire.

Notre tir avait épargné la ville commerciale située au bord
de la mer en dessous du rove. A dix heures du soir, les
Hovas y mettent le feu ; elle est bientôt presque entièrement
détruite.

Le lendemain matin un corps de débarquement composé

5. — CONTRE-AMIRAL PIERRE

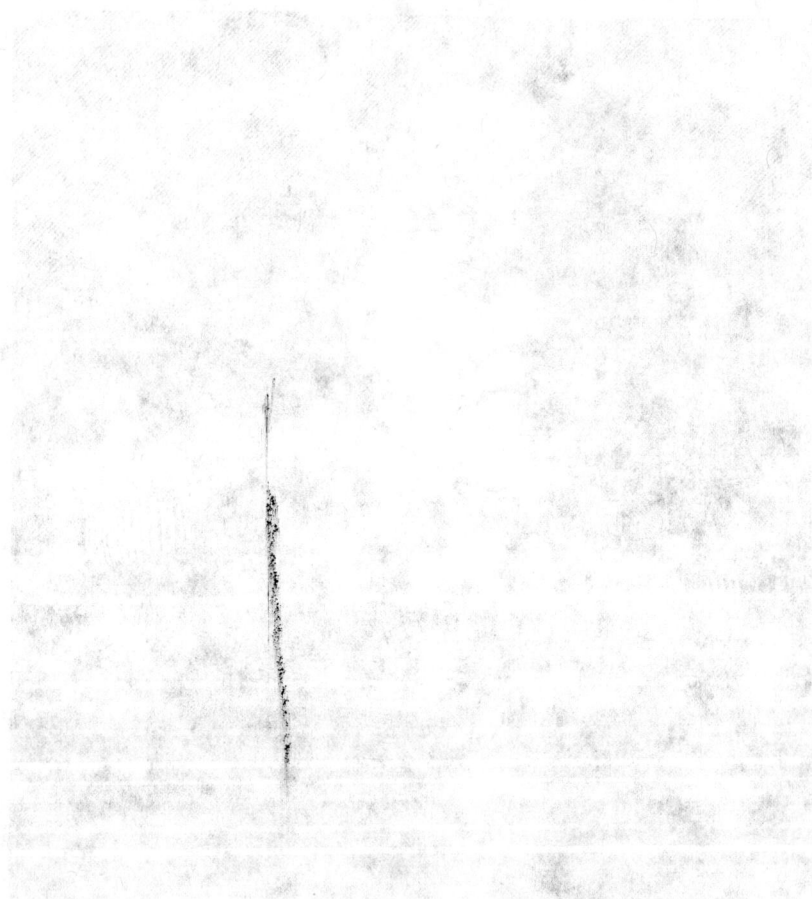

de 80 hommes d'infanterie de marine et de marins descend
à terre et occupe les ouvrages abandonnés par les Hovas.

Une reconnaissance est ensuite dirigée vers l'intérieur ;
elle rentrait sans avoir vu l'ennemi lorsqu'un fort parti de
Hovas sortant à l'improviste de la brousse où il se tenait caché se précipite sur elle. Il s'ensuivit une vive et rapide escar-
mouche ; l'ennemi arrêté par notre feu se débande et est
poursuivi pendant quatre kilomètres.

Le contre-amiral Pierre fait occuper le fort de la Pointe
par les 80 hommes d'infanterie de marine auxquels il adjoint une dizaine d'artilleurs avec cinq canons.

Pour compléter la défense, le *Vaudreuil* et la *Pique* doivent rester à Majunga, et, en cas de besoin, flanquer de
leurs feux le fort de la Pointe.

Puis, avec le reste de la division navale, l'amiral part
pour Tamatave.

III.

Il y arrive le 31 mai 1883 avec la *Flore,* le *Forfait,* le
Beautemps-Beaupré, le *Boursaint* et la *Nièvre.*

La *Creuse,* détachée de la Réunion, rallie quelques jours
après le pavillon du commandant en chef.

Le lendemain 1er juin, l'amiral fait expédier à Tananarive l'ultimatum du gouvernement français que nous avons
résumé plus haut ; il accorde à la reine un délai de huit
jours pour la réponse.

Le 9 juin au soir, comme le délai allait expirer, la réponse
lui est remise. C'était un refus absolu.

L'amiral prend sur-le-champ ses dispositions de combat.

La ville de Tamatave est bâtie sur une presqu'ile sablonneuse, longue d'un kilomètre environ et large de 500 mètres. Ses fortifications consistaient uniquement en un fort circulaire, situé à la base de la presqu'ile. L'enceinte, de 70 mètres de diamètre environ, était formée d'un parapet maçonné de 6 mètres d'épaisseur et de 6 mètres de hauteur. Ce fort était armé de canons lisses de calibres et de modèles différents. La garnison se composait de 500 réguliers hovas armés de sniders.

Pendant la nuit, la *Nièvre* appareilla et vint jeter l'ancre à la hauteur du récif Sud à un demi-mille au large de la Pointe pour pouvoir prendre le fort à revers et croiser ses feux avec ceux des autres navires restés au mouillage.

On ouvrit le feu le 10 juin à six heures trente du matin. Les Hovas n'essayèrent même pas de riposter ; dès les premiers coups de canon, la garnison évacua le fort et se retira précipitamment à 6 ou 7 kilomètres dans l'intérieur, dans le camp retranché de Farafate. Après avoir poursuivi les fuyards de leurs obus, les navires cessèrent le feu à huit heures du matin.

Après le départ des troupes hovas, des incendiaires apostés par l'ennemi mirent le feu à la ville qui fut en partie détruite.

Le lendemain 11 juin, un corps de débarquement comptant environ 600 hommes occupa sans coup férir la ville et le fort évacués, pendant que les canons de la division, allongeant leur tir jusqu'à Farafate, maintenaient l'ennemi à distance.

L'amiral organisa ensuite la défense de la ville pour la

mettre à l'abri d'un coup de main de l'ennemi. Une série de postes furent construits contournant la ville du côté de l'intérieur et reliés entre eux par une ligne ininterrompue d'abattis.

Ces précautions n'étaient pas inutiles, comme nous le verrons bientôt.

En même temps l'amiral s'attachait à organiser sa conquête. Il déclara l'état de siège à Tananarive, y installa une municipalité, et prit possession de la douane. L'interdiction de la vente des spiritueux, la défense pour les indigènes de conserver des armes, la menace de faire fusiller immédiatement tout incendiaire, telles furent les principales mesures de précaution qu'il crut devoir prendre pour assurer la sécurité de ses hommes.

Les forces dont il disposait étaient bien faibles, 120 hommes d'artillerie de marine et 30 artilleurs. Aussi insista-t-il dès le début pour qu'on lui envoyât de France quelques renforts en hommes et en navires.

« Vous n'avez jamais pu supposer sérieusement, écrivait-il, qu'après avoir croché aux oreilles de Majunga et de Tananarive un sanglier de la dimension de Madagascar, nous serions en état de le tenir en respect d'une manière durable avec 180 hommes de troupe et 6 navires dont 4 petits »

Une attaque imprévue des Hovas vint montrer combien les appréhensions de l'amiral étaient justifiées.

Dans la nuit du 25 au 26 juin un gros parti d'ennemis chercha à pénétrer dans la ville en contournant le fort principal par le Sud. Ils vinrent se heurter contre un petit poste de 25 hommes commandé par le lieutenant Castanié, de l'infanterie de marine. A trois reprises différentes les Hovas se lancent à l'assaut du poste ; trois fois nos feux de salve les arrètent et leur font subir des pertes telles qu'ils se décident à battre en retraite (1).

Le 5 juillet, nouvelle alerte. Les Hovas cherchent encore à pénétrer de nuit au milieu de la ville ; ils sont arrêtés comme la première fois. Ce fut du reste la tactique continuelle des Hovas de nous harceler par des attaques nocturnes aussi répétées que possible, tactique très bien comprise et qui contribua à fatiguer nos hommes outre mesure dans un pays où, après les chaleurs du jour, le repos de la nuit est indispensable.

Les Hovas n'étaient pas nos seuls ennemis à surveiller. Les Anglais par leurs intrigues et leur mesquine rivalité essayaient de contrecarrer le plus possible notre action. L'un d'eux, un missionnaire anglais nommé Shaw fut saisi et incarcéré sous la prévention de tentative d'empoisonnement contre nos soldats.

Il fut relâché au bout de quelque temps, soit que le crime n'eût pas été prouvé, soit que l'amiral eût reçu des instructions spéciales du gouvernement français à cet égard. Quoi qu'il en soit, le missionnaire jeta feu et flammes dans la presse anglaise, et peu s'en fallut qu'une nouvelle affaire Pritchard ne surgît de ce banal incident. Pour y couper court, le gouvernement français offrit à titre d'indemnité à ce peu intéressant personnage une somme de 25000 francs qu'il se hâta d'accepter.

Cette affaire et quelques démêlés que l'amiral Pierre eut également avec le commodore anglais Johnston, du *Dryad*, aggravèrent notablement la maladie dont il souffrait dès son

(1) Le lieutenant Castanié fut décoré pour cette vigoureuse résistance. HUMBERT. *Campagne de 1883-1885 à Madagascar.*

départ de France. Le 16 août, se sentant impuissant à exercer plus longtemps son commandement, il partit pour la France, laissant la direction des affaires au commandant Rallier. Il mourut le 11 septembre à l'arrivée du paquebot à Marseille au lazaret, sans avoir pu revoir les siens.

Nous avons déjà dit ce qu'était l'amiral Pierre. La décision et l'énergie avec lesquelles il avait mené les opérations que nous venons de raconter montrent mieux que tous les discours ce qu'on pouvait attendre d'un homme de cette trempe.

Il est mort victime de son devoir, après être resté à son poste jusqu'au moment où ses forces ne pouvaient plus le soutenir. Dans les circonstances où l'on était, sa perte était réellement irréparable.

IV.

Le contre-amiral Galiber, nommé au commandement de la division navale en remplacement du contre-amiral Pierre, arriva à Madagascar à la fin de septembre 1883.

Ses instructions étaient les mèmes que celles de son prédécesseur : détruire les postes de la côte et attendre, en conservant Majunga et Tananarive, la soumission du gouvernement hova.

Conformément aux demandes de l'amiral Pierre, le corps expéditionnaire avait été un peu renforcé. Le *Capricorne*, canonnière de station et la *Creuse*, transport-hôpital, furent adjoints à la division navale; le croiseur *Naïade*, remplaça la *Flore*. Une compagnie de fusiliers marins fut envoyée à Tamatave ; quatre compagnies d'infanterie de marine envoyées à la Réunion devaient servir à une relève plus fréquente des troupes du corps expéditionnaire. Enfin on essaya de former un corps de volontaires où s'engagèrent quelques jeunes créoles de la Réunion.

Arrivé le 24 septembre à Tamatave, l'amiral Galiber prit d'abord à tâche d'améliorer la situation sanitaire des troupes qui était lamentable. Près de la moitié de l'effectif était indisponible. Les fatigues du service, les alertes continuelles, les mauvaises conditions hygiéniques des casernements, le manque de vivres frais, et enfin la claustration presque complète étaient, conjointement avec l'action du climat, les principales causes de cette excessive morbidité.

Quelques mesures très simples : constructions de hangars et de casernements, distribution de quinine et de vin de quinquina suffirent pour améliorer, au moins provisoirement, la situation, qui, eu égard aux conditions où l'on se trouvait, ne pouvait jamais être bien brillante.

A la fin d'octobre, l'amiral Galiber reprit les opérations militaires. Le *Beautemps-Beaupré* et le *Boursaint* furent chargés de détruire les postes hovas de la côte Nord-Est ; le *Vaudreuil* et la *Nièvre*, ceux de la côte au Sud de Tamatave. Du 26 octobre au 16 novembre, on bombarde Manahar, Vohémar, Antombouk, Marancette, Manourou, Mahela, Mananjare, Benanoremana et Fort-Dauphin.

Aucun de ces engagements ne donna lieu à un incident intéressant. A Marancette seulement, le bombardement de la ville est complété par une petite expédition des compagnies de débarquement qui remontent la rivière pendant deux milles pour détruire un fortin hova.

« L'opération est menée avec décision par le lieutenant de vaiseau Devergie ; les canots franchissent neuf barrages successifs, malgré les coups de fusil qui les accompagnent tout le long du trajet.

« Arrivés à portée de fusil de l'ouvrage, les marins débarquent, ouvrent sur les défenses ennemies un feu rapide de mousqueterie. Les Hovas abandonnent l'ouvrage qui est incendié ainsi que le village environnant (1). »

Pendant que nos navires étaient ainsi occupés sur la côte Est, les Hovas prennent hardiment l'offensive sur la côte Nord-Ouest, et par une de ces attaques nocturnes qu'ils affectionnent, ils essaient d'enlever la ville de Majunga qu'ils savaient gardée par très peu de monde.

Dans la nuit du 14 au 15 novembre, profitant d'un temps sombre et couvert, cinq à six cents Hovas pénètrent par le côté Est de la ville. Leur tête de colonne était déjà à hauteur du poste, lorsqu'elle est arrêtée par une ronde de Makoas (nègres de Mozambique, dont un certain nombre s'étaient engagés à notre service). Une décharge de mousqueterie donne l'alarme à la garnison.

Une fusillade nourrie s'engage immédiatement. Canonnés par les navires mouillés en rade, en butte à des feux de salve partant d'un poste établi à terre dans une maison de l'agence française, les Hovas s'enfuient bientôt avec des pertes sérieuses.

Cette attaque hardie montra la nécessité d'établir autour de Majunga un réseau solide de défense comme on l'avait fait à Tamatave.

De ce côté-ci les hostilités se bornaient à quelques engagements d'avant-poste n'offrant rien d'intéressant.

Le gros des forces ennemies autour de Tamatave était cantonné dans une série de retranchements, appelée les lignes de Farafate, située à environ 7 kilomètres dans l'intérieur.

(1) Humbert.

Voulant se rendre compte de l'importance de ces retranche-ments et des forces ennemies qui y étaient rassemblées, l'amiral ordonne une reconnaissance générale dans cette direction. Elle a lieu le 14 janvier 1884. Nos troupes fortes de 450 hommes se portent en avant en trois colonnes pendant que les navires de la rade ouvrent le feu sur les lignes ennemies.

Les Hovas démasquent leurs positions; on aperçoit une première série d'ouvrages garnis de plus de 3,000 hommes, dans le lointain une deuxième ligne de défense.

Nos troupes s'emparent du village d'Amboditavona sur la gauche ennemie. Les Hovas n'y opposent aucune résistance sérieuse.

Mais au delà, s'étendaient de vastes marais de 800 à 1,000 mètres de largeur, qui rendaient les lignes ennemies abso-lument inaccessibles.

L'amiral Galiber comprit qu'il était impossible d'aller plus loin, et fit rentrer la colonne à Tamatave.

V.

Le contre-amiral Galiber fut remplacé au commencement de 1884 par le contre-amiral Miot, qui arriva le 8 mai à Madagascar.

La situation était alors la suivante :

Les Hovas se reconnaissant incapables de résister à notre artillerie avaient évacué tous les postes de la côte susceptibles d'être bombardés de la mer, et avaient organisé à l'abri de nos canons un grand nombre de positions solidement fortifiées.

En même temps ils poussaient très activement l'organisation de leurs troupes et leur armement. Ils pouvaient mettre en ligne 50,000 hommes dits *irréguliers*, armés de fusils à pierre et de lances, et 20,000 soldats d'élite, bien encadrés et armés de fusils perfectionnés, sniders ou remington.

Ces diverses troupes étaient réparties autour de Tamatave et de Majunga et dans les camps de Vohémar et d'Ankaramy avec une forte réserve à Tananarive.

De notre côté, les huit compagnies d'infanterie de marine de Madagascar et de la Réunion avaient été portées à 150 hommes. Le bataillon de fusiliers marins, commandant Laguerre, avait été appelé du Tonkin et devait rallier l'amiral Miot à Madagascar. Le bataillon des volontaires de la Réunion avait été porté à 4 compagnies.

Cela formait un total de 2,200 hommes de toutes armes. La division navale était augmentée du *Scorff* et de l'*Allier*, avisos-transports, du *Chacal*, canonnière de flottille, de la *Redoute* et de la *Tirailleuse*, canonnières de rivière, auxquels vinrent se joindre plus tard le *Bisson* et le *Nielly*. L'amiral avait ordre de tâcher d'enlever les lignes de Farafate. Mais on avait perdu un temps précieux en tergiversations, en reconnaissances. Les Hovas en avaient profité pour renforcer leurs ouvrages sous la direction du colonel anglais Willougby.

A la suite de quelques reconnaissances, l'amiral Miot se convainquit qu'avec les forces dont il disposait il lui serait impossible de réussir dans une attaque de Farafate et il laissa passer sans rien faire toute la bonne saison de 1884. C'était la deuxième de perdue depuis le départ du regretté amiral Pierre.

VI.

Les opérations militaires ne recommencèrent qu'en octobre. Elles débutèrent par un brillant succès dû à l'initiative hardie du capitaine Pennequin, de l'infanterie de marine.

Cet officier, qui devait acquérir une réelle réputation dans cette campagne et auquel nous sommes redevables des deux seuls succès sérieux qui aient couronné nos armes, avait été nommé au commandement du poste d'Amboudimadirou sur la côte Nord-Ouest.

Plusieurs fois les Hovas avaient profité de la nuit pour essayer de surprendre la garnison ou pour inquiéter les indigènes qui s'étaient ralliés autour de nous.

Ayant appris que ces partis ennemis provenaient d'un camp nouvellement établi à Anziaboury, à deux heures de marche d'Amboudimadirou le capitaine Pennequin se décida à l'enlever.

Le 15 octobre, après avoir confié la garde du poste aux compagnies de débarquement des canonniers la *Pique* et la *Tirailleuse* mouillées dans la baie, le capitaine se met en marche avec une compagnie d'infanterie de marine forte de 96 hommes et 4 officiers.

« A sept heures du matin, la petite colonne arrive en vue d'Anziaboury. C'est un village fortifié entouré d'une enceinte palissadée de 250 mètres de long sur 150 mètres de large. Le terrain aux alentours est découvert.

« A 600 mètres, le premier peloton, commandé par le lieutenant Marmet se déploie en tirailleurs en marchant. Deux crètes séparées par des ravins séparent de l'ennemi la chaine des tirailleurs.

« Pendant que la chaine progresse lentement, en dissimulant sa marche le plus possible, le reste de la colonne rassemblé sur une éminence dominant l'ensemble de la position commence la préparation de l'attaque par des feux de salve.

« De tous côtés des Hovas accourent vers le village. La palissade se garnit et l'ennemi riposte avec vigueur.

« La chaine gagne toujours du terrain.

« A 200 mètres, après avoir franchi le dernier ravin, elle commence un feu rapide.

« Bientôt l'adversaire parait ébranlé ; son tir se ralentit ; son chef semble avoir grand'peine à maintenir son monde au combat ; on le voit courir et brandir son sabre.

« Soudain il tombe. En même temps une section de soutien débouche du ravin pour prendre l'ennemi en flanc. Soit par suite de l'arrivée de cette troupe, soit par suite de la mort de leur chef, c'est alors une débandade générale.

« La chaine se précipite à la baïonnette sur la palissade. On ouvre à coups de hache des passages, et la poursuite continue dans le village que l'on traverse de bout en bout.

« Dans une expédition coloniale, ajoute le capitaine Humbert auquel nous empruntons le récit qu'on vient de lire, les engagements comme celui-là sont fréquents. Toutefois il en est peu où les troupes et le terrain soient employés avec autant d'habileté. Le combat d'Anziaboury est un modèle du genre.

Quelques jours après, le 4 novembre, un vif engagement eut lieu du côté de Majunga, à Andresy. Une compagnie de fusiliers marins, commandée par le lieutenant de vaisseau de Maisonneuve rencontra au cours d'une reconnaissance un parti Hova fort d'un millier d'hommes environ. La disproportion de force était trop considérable. Nos hommes durent se replier, ce qu'ils firent en bon ordre, mais sans pouvoir empêcher l'ennemi de les suivre et de leur infliger quelques pertes : un tué et trois blessés.

VII.

Vohémar est un des ports les plus importants de la côte Nord-Est de Madagascar, la région qui l'entoure est une des plus fertiles et des plus riches en pâturages et en bestiaux. Les Hovas l'occupaient en forces : ils avaient une garnison à Vohémar et un camp retranché dans les environs.

Le 31 octobre 1884, le *Beautemps-Beaupré* appareilla de Tamatave pour se rendre à Vohémar. Le commandant Escande devait reconnaître le terrain environnant, se renseigner sur les forces et les positions de l'ennemi, en un mot tout préparer pour une descente et une occupation.

Le 5 novembre 1884 la reconnaissance a lieu. Elle est dirigée vers le morne de la Table situé au fond de la baie et qui domine tout le pays. Les Hovas cherchent vainement à nous disputer le passage. Après un court engagement ils sont rejetés dans la direction d'Amboanio.

Le 21 novembre, le *Beautemps-Beaupré*, l'*Allier* et le *Scorff* débarquent à Vohémar un petit corps expéditionnaire composé de 100 hommes d'infanterie de marine, 240 fusiliers marins, 10 gendarmes à cheval et 300 porteurs antankares.

La colonne se mit en marche à 4 h. 45 du matin ayant pour objectif le village dit de la Douane, occupé par les Hovas. Ceux-ci cherchent à l'arrêter, incendient le village, mais sont bientôt obligés d'abandonner leurs positions. Ils se déploient en arrière du ruisseau marécageux d'Ankirikiri qui barre le chemin d'Amboanio et dont ils détruisent aussitôt les passerelles de bambou et de troncs d'arbres reliant les deux rives. Quelques feux de salve les forcent à s'enfuir dans la direction de Manambery.

Les troupes furent établies au bord d'un ruisseau d'eau vive, dans des cantonnements qui formèrent le camp du *Beautemps-Beaupré*. Le capitaine Brun, de l'artillerie de marine, dirigeait les travaux.

Les Hovas chassés de Vohémar s'étaient réfugiés à 14 kilomètres dans le Sud dans un gros village appelé Amboanio où ils avaient établi un camp fortifié ou *rove*. L'amiral Miot donna l'ordre de s'en emparer.

Le 26 novembre la petite colonne expéditionnaire quitta Vohémar et se dirigea vers ce point. A l'approche de nos troupes les Hovas s'enfuirent en mettant le feu au rove. On put l'éteindre avant qu'il eût gagné le village où nos hommes se cantonnèrent.

La prise d'Amboanio ne suffit pas pour pacifier le pays. Les Hovas s'étaient établis en force dans le camp retranché d'Andraparany à 18 kilomètres dans le Sud d'Amboanio. C'est l'inconvénient de ces sortes de guerre que l'on est entraîné toujours plus loin qu'on ne le voulait : l'ennemi chassé d'un point se reforme dans un autre et ne vous laisse pas de paix tant que l'on ne s'est pas décidé à le frapper au cœur dans sa capitale.

La petite garnison que nous avions établie à Amboanio était surmenée par des fatigues continuelles. Chaque nuit c'était une nouvelle alerte, tantôt une tentative d'incendie, tantôt une attaque inopinée de nos avant-postes par des rôdeurs ennemis.

Dans l'intérêt de notre propre sécurité et pour rassurer et rallier définitivement à notre cause, les populations voisines que la terreur retenait sous le joug des Hovas, il fallait chasser l'ennemi de ses dernières positions et l'empêcher de venir à nous en marchant résolument à lui.

L'expédition fut dirigée par le capitaine de frégate Escande qui s'adjoignit le capitaine Brun comme commandant des troupes. Elle comprenait une compagnie de fusiliers marins précédée d'un peloton de gendarmes à cheval et des guides, d'une compagnie d'infanterie de marine, la compagnie de débarquement du *Beautemps-Beaupré*, le canon de 65^{mm} de débarquement du *Beautemps-Beaupré* avec un détachement de canonniers et d'artilleurs, soit en tout environ 250 hommes. Il faut y ajouter un contingent d'auxiliaires antankares avec leur roi Tsialana en tête, auxquels s'étaient jointes une partie des populations soumises, formant un total de 1200 hommes environ armés de fusils à pierre, « plus redoutables par leur nombre que par leur valeur et leur discipline (1) ».

La colonne expéditionnaire quitta Amboanio le 5 décembre, époque de la pleine lune, à 1 heure du matin.

Le plateau d'Andraparany constitue une position militaire vraiment redoutable, dominant la vallée du Fanamba à plus de 200 mètres de hauteur; il est protégé à l'Est par une chaîne de montagnes couvertes de bois impénétrables, au Nord et à l'Ouest par des pentes raides ravinées, coupées de bouquets de bois très propres à la guerre d'embuscade. Au pied même de ces pentes un ruisseau profondément

_____

(1) *Rapport du capitaine Brun*. HUMBERT.

encaissé rend encore les abords de la position plus difficile.

A quatre heures du matin la colonne se sépare en deux groupes dont l'un contourne le plateau par l'Ouest et l'autre par l'Est.

A une heure on commence l'escalade. Un parti hova embusqué dans les taillis et les rochers tiraille avec énergie ; il est refoulé pied à pied. La colonne de droite met trois heures pour atteindre le sommet.

Elle se trouve alors sur un vaste plateau, couvert de beaux pâturages parsemés de bouquets d'arbres qui s'étendent à perte de vue. Dans le lointain on aperçoit le village d'Andraparany au centre duquel s'élève un réduit ou rove.

« La colonne se déploie en tirailleurs dans la largeur du plateau et s'avance sur la position ennemie. Chemin faisant, on refoule par le feu des groupes qui se replient de couvert en couvert.

Tout à coup le feu de l'ennemi éclate avec une nouvelle intensité ; il part d'un ravin encaissé et boisé situé en avant du village et qu'on n'avait pu découvrir de loin.

C'est là que les Hovas ont concentré leurs forces. Ils garnissent en grand nombre le bord situé de notre côté. Sur chacun de leurs flancs, deux pièces d'artillerie tirent sans relâche. La position est forte, l'attaquer de front serait une témérité. Il faut manœuvrer pour la déborder sur son flanc gauche.

Pendant que le canon de débarquement, les gendarmes et un peloton d'infanterie entretiennent le combat de front, le gros des forces appuie progressivement à droite et s'établit en potence par rapport à l'ennemi.

Il est cinq heures. Les feux rapides atteignent leur maximum d'intensité.

« On touche au moment décisif. Une distance de cinquante mètres à peine sépare les hommes du bord du ravin. Cette distance est franchie d'un bond au pas gymnastique. Les Hovas qui tiennent encore, terrifiés par cette subite apparition de nos soldats, abandonnent leurs armes et cherchent à s'enfuir par le fond du ravin en se dissimulant dans les hautes herbes (1). »

La victoire est complète. L'ennemi n'est pas seulement vaincu, il est presque anéanti. Tous les chefs hovas sont restés sur le champ de bataille, et à côté d'eux leurs meilleurs soldats. Le reste est une cohue qui se débande. Plus de 200 cadavres ennemis jonchent le sol. De notre côté nous n'avons que trois blessés dont un mortellement.

La prise d'Andraparany, où les Hovas se croyaient invincibles, eut pour conséquence l'établissement incontesté de notre domination dans la région de Vohémar. La nouvelle de notre victoire causa en outre une réelle panique à Tananarive, où l'on s'imagina que les Français allaient marcher sur la capitale par le Nord. C'était bien loin de nos intentions et bien au-dessus de nos forces. Mais Rainilairivony en profita pour créer deux nouveaux camps retranchés au Nord de Tananarive et y réunir plus de 20.000 hommes.

VIII.

L'année 1885 débute par l'occupation de Diégo-Suarez ; le commandant de la *Creuse* en prit possession le 17 février au nom de la France.

---

(1) Rapport du capitaine Brun. HUMBERT.

Cette occupation ne donna lieu à aucun événement militaire sérieux.

L'expédition se traînait ainsi péniblement depuis près de deux ans sans apporter aucun changement notable dans la situation respective des belligérants. Les négociations continuaient sans plus de succès.

Enfin la paix définitive avec la Chine ayant été signée en juin 1885, le gouvernement put envoyer à Madagascar quelques renforts primitivement destinés au Tonkin, ce qui porta à environ trois mille hommes l'effectif de nos troupes dispersées sur les différents points de Madagascar. Sur ce chiffre on en comptait 1761 à Tamatave.

L'amiral Miot crut que cela lui suffirait pour emporter d'assaut les lignes de Farafate, et il prépara dans ce but une nouvelle expédition.

Malheureusement les Hovas avaient eu le temps de se fortifier à leur aise dans ces positions sur lesquelles nous avions déjà poussé tant de pointes avant de nous décider à les enlever définitivement.

Nous avons déjà parlé plusieurs fois des lignes de Farafate : il est temps de dire en quelques mots en quoi elles consistaient.

La plaine qui s'étend à l'Ouest de Tamatave est arrosée par deux rivières profondes, l'Ivondro et l'Ivoholina, distantes l'une de l'autre de près de 20 kilomètres. Au fond, à une distance moyenne de cinq à six kilomètres de la mer, court une chaine de collines parallèles à la côte ; deux rivières importantes tributaires de l'Ivondro et de l'Ivoholina longent le pied de ces collines, formant entre celles-ci et la plaine de

Tamatave un immense fossé naturel de 18 kilomètres de longueur.

Sur tout ce parcours il n'y avait que quatre points guéables dont celui de Sahamafy au Sud et celui de Farafate au milieu. Ces gués étaient battus de front et de flanc par de solides ouvrages casematés.

Dans les intervalles, d'autres redoutes palissadées et pourvues d'abris blindés étaient établies de manière à battre au loin la plaine du côté de Tamatave.

Le 10 septembre à cinq heures quinze du matin, la colonne expéditionnaire se met en marche sous les ordres directs de l'amiral Miot. Elle comprend toutes les troupes disponibles à Tamatave, soit environ 1200 hommes, avec trois batteries d'artillerie. Elle se dirige vers le gué de Sahamafy à l'extrême droite de l'ennemi, d'où il sera plus facile, au dire des espions, d'aborder la position ennemie.

En même temps la compagnie de débarquement de la *Naïade* fait une diversion sur la gauche ennemie en simulant une attaque par Ampassimandour ; les bâtiments de la rade *Nielly*, *Bisson*, *Naïade* ainsi que le fort, canonnent les hauteurs.

La route que suit la colonne court dans une plaine sablonneuse en partie inondée et traversée par de nombreux arroyos dont la profondeur varie de vingt-cinq à quatre-vingts centimètres. Puis elle s'engage dans un bois assez fourré au sortir duquel on se trouve en face des ouvrages de Sahamafy.

A neuf heures, le capitaine de frégate Laguerre, qui commandait l'avant-garde, est accueilli par un feu très vif de mousqueterie ; ce feu part d'ouvrages situés à 600 mètres

environ et couronnant une série de hauteurs en avant du
gué de Sahamafy. Un marais sépare ces ouvrages de la lisière du bois que nous occupions. La position de l'ennemi
parait très forte : ses retranchements consistent en une longue ligne d'ouvrages en terre palissadés et casematés, dont
les larges meurtrières horizontales ressemblant de loin à des
ouvertures de tunnels étaient garnies de défenseurs.

Le tir des Hovas était rapide et juste.

L'avant-garde établie sur la lisière du bois est successivement renforcée par une première, puis une deuxième compagnie de marins fusiliers.

L'amiral donne l'ordre de mettre les pièces en batterie.
Le lieu s'y prête peu ; cependant notre artillerie prend position dans deux clairières à 700 mètres et à 500 mètres seulement de l'ennemi, en contre-bas des ouvrages à canonner.
Elle ouvre le feu sous une grêle de balles ; en quelques minutes son personnel est gravement éprouvé.

Le lieutenant Lubert qui commande une des sections est
mortellement blessé ; le maréchal des logis Jacquin est tué ;
plusieurs servants sont atteints. Dans une autre section, le
capitaine Silvain est blessé ; un matelot de sa batterie est tué.
Bientôt un affût de 4 est brisé, et un canon de 80 de montagne est mis hors de service par l'éclatement dans l'âme
d'un obus à mitraille

Malgré toutes ces pertes, nos artilleurs restent bravement
à leur poste sous la grêle de balles qui les décime. En deux
heures et demie ils tirent 325 coups de canon.

Pendant ce temps, deux compagnies seules étaient sérieusement engagées de sorte que l'on peut dire que le combat
fut exclusivement soutenu par l'artillerie.

Il est probable que si, dès le début de l'action, l'amiral

avait porté énergiquement toutes ses troupes en avant ou essayé de tourner la position de l'ennemi, celui-ci n'aurait pu soutenir notre effort et se serait enfui. Mais, gêné sans doute par les instructions ministérielles qui lui prescrivaient la défensive, l'amiral ne put se résoudre à une attaque effective. A 11 h. 45, voyant que notre canonnade ne produisait aucun effet et que les Hovas restaient impassibles dans leurs ouvrages, il donna l'ordre de cesser le feu.

A midi la colonne se mit en marche pour rentrer à Tamatave.

Les Hovas encouragés par notre mouvement de retraite ne craignirent pas de prendre l'offensive à leur tour, et débouchèrent d'un bois sur notre droite en poussant des cris sauvages. Quelques feux de salve suffirent pour les mettre en fuite.

A 4 heures les troupes étaient rentrées dans leurs cantonnements.

Nos pertes étaient de 2 tués et 31 blessés. A elle seule l'artillerie comptait 2 officiers blessés dont un mourut des suites de sa blessure, 1 sous-officier tué et 6 blessés.

On évalua à plus de 300 tués ou blessés les pertes de l'ennemi. Mais ce n'était pas là une compensation. Notre échec était certain; il gonfla d'orgueil les Hovas en leur montrant qu'ils pouvaient résister victorieusement à nos troupes. De fait ils avaient montré au feu une réelle solidité qui pouvait légitimement leur donner confiance.

Ils s'enhardirent jusqu'au point de venir attaquer nos lignes de Tamatave. Le 11 septembre, à 11 heures 20 du soir, nos troupes furent réveillées subitement par le cri : Aux armes ! En même temps la fusillade s'engagea aux avant-postes. Elle dura jusqu'à minuit.

Le 14 nouvelle alerte. A 9 heures 45 du soir, les troupes sont réveillées par le même cri ; elles prennent les armes ; la fusillade éclate ; il s'y mêle quelques coups de canon tirés par l'ennemi avec des pièces de petit calibre qu'il a amenées jusqu'auprès de nos lignes ; puis elle cesse peu à peu. Les troupes ne regagnent leurs cantonnements qu'au jour.

IX

L'effet moral que le combat de Farafate produisit sur les Hovas fut heureusement compensé par un brillant succès que nous avions remporté quelques jours auparavant sur un autre point du théâtre de la guerre.

Le 26 août, le capitaine Pennequin qui commandait, comme nous l'avons vu, le poste d'Amboudimadirou, apprend que les Hovas sont en train de piller et d'incendier le village de Zongoa à 24 kilomètres de distance.

Il organise aussitôt une petite colonne forte de 70 hommes de la compagnie sakalave et de 50 hommes d'infanterie de marine. Dès midi il se met en marche.

A 4 heures et demie il atteint Zongoa ; le village est incendié, désert ; quelques cadavres carbonisés gisent sur les ruines fumantes.

On envoie des patrouilles dans toutes les directions.

Bientôt le capitaine Pennequin apprend que les ennemis sont au nombre de plus d'un millier, qu'ils ont avec eux de l'artillerie et qu'ils ont pris la direction de la vallée de Sambirano.

Sur ces entrefaites, la nuit étant venue, on se dispose à

bivouaquer sur une hauteur ; le terrain est bien découvert, facile à surveiller, il fait clair de lune ; on n'a pas à craindre de surprise.

Le lendemain matin on se remet en marche vers Sambirano.

« Je ne pouvais songer, dit le capitaine Pennequin, à m'engager à fond contre un ennemi que je savais très supérieur en nombre ; je pouvais tout au moins, en tombant sur leurs derrières, forcer les Hovas à s'arrêter, à me faire face et en prenant une bonne position leur infliger des pertes assez sérieuses pour les forcer à la retraite. »

Vers 8 heures la colonne est engagée sur un chemin longeant des crêtes boisées, lorsque l'avant-garde signale l'ennemi. Les Hovas sont établis sur une crête parallèle à pentes escarpées près du village ruiné d'Andampy. On leur envoie quelques feux de salve pour les tâter. Deux pièces d'artillerie et une fusillade très vive répondent aussitôt. Le tir des Hovas est bien ajusté ; ils sont armés de carabines Snider. En quelques minutes la position qu'occupent nos troupes est balayée par le feu de l'ennemi. Ordre est donné de se coucher. Néanmoins le sergent Hein est tué, le lieutenant Valette et huit hommes sont blessés.

Le capitaine Pennequin se rend compte qu'il est inutile de tenter une attaque ; la position est trop forte, l'ennemi trop nombreux. Il a recours à un subterfuge.

Après avoir fait filer les blessés, il se replie sur une position un peu plus en arrière. Il était bien sûr que les Hovas le voyant battre en retraite abandonneraient leur position et viendraient l'assaillir en désordre, sans pouvoir se faire suivre de leur artillerie.

C'est précisément ce qui arriva. Les Hovas croyant à une

fuite s'élancèrent en désordre, descendant les pentes en courant, et se massèrent dans les bas fonds.

Le capitaine prit position sur un terrain en pente, bien couvert, au milieu des arbres, à peu de distance de la lisière, de manière à avoir des vues sur les mouvements de l'ennemi.

Quand il vit celui-ci près de l'assaillir, il fit former le carré, agenouiller ses hommes et mettre la baïonnette au canon, en recommandant de ne tirer que sur son ordre.

Après quelque temps d'arrêt dans le ravin, l'ennemi se précipite en avant. Une bande vient se heurter sans s'en douter sur la face du carré à cheval sur la pente ; une décharge à bout portant la fait dégringoler. De nouveaux assauts se répètent, tantôt à gauche, tantôt à droite. On les attend avec calme ; puis des feux de salve à courte distance brisent leur élan et les dispersent.

Après une dernière attaque, une débandade générale se produit.

Alors la colonne se relève et se lance à la poursuite.

Sur toutes les collines c'est une fuite générale ; en quelques instants on ne voit plus rien. Les Hovas abandonnent leurs morts en nombre considérable. De notre côté nous n'avions dans cette dernière phase du combat que quatre blessés, dont le capitaine.

Cette brillante affaire sauva l'honneur de nos armes à Madagascar. Nos troupes, y compris les Sakalaves, montrèrent une bravoure admirable, et leur chef, une entente de la guerre et une habileté hors ligne.

Comme récompense, le capitaine Pennequin reçut de l'amiral Miot, commandant en chef..., des arrêts pour avoir combattu et vaincu sans son ordre.

CHAPITRE III.

I.

Cependant les Hovas commençaient, eux aussi, à désirer sincèrement la paix ; ils avaient perdu beaucoup de monde en détail ; leurs transactions commerciales devenaient difficiles. Enfin ils voyaient que nous étions décidés à rester dans les ports que nous avions conquis, tant que la paix ne serait pas faite, ce qui privait le gouvernement hova du plus clair de ses revenus, les droits de douanes.

M. de Freycinet chargea notre consul, général à Beyrouth, M. Patrimonio, alors en mission à Zanzibar, de négocier de nouveau avec les Hovas.

Notre nouveau plénipotentiaire était peu au courant de la question de Madagascar ; il accepta cependant la lourde tâche qui lui était proposée et mena les négociations avec beaucoup d'habileté et de promptitude.

Le 17 décembre 1885 les plénipotiaires français et hovas s'étaient mis d'accord sur les termes du traité. Nous abandonnions une grande partie de nos prétentions primitives et même quelques-uns de nos droits les plus incontestables : ainsi nous renoncions à ce droit de possession du sol que nous avions toujours réclamé pour nos nationaux à Madagascar et pour lequel nous avions commencé cette guerre ; nous reconnaissions à Ranavalona le titre de reine de Madagascar et lui abandonnions toute la côte Nord-Ouest qui nous avait été cédée en 1840.

Par contre, nous établissions une sorte de protectorat sur Madagascar ; sans doute le mot lui-même de protectorat n'était pas dans le traité ; les plénipotentiaires hovas ne l'avaient pas voulu, et nous avions cédé encore sur ce point ; mais ils reconnaissaient à la France le droit de *présider* aux relations extérieures de Madagascar avec les gouvernements étrangers. Un résident général devait s'établir à Tananarive avec une escorte militaire et représenter la France auprès du gouvernement hova.

En compensation de la perte de nos droits sur la côte Nord-Ouest, nous obtenions en toute propriété la baie de Diégo-Suarez et ses abords.

Enfin la reine s'engageait à nous payer une indemnité de 10 millions de francs. Le port de Tamatave devait rester entre nos mains jusqu'au parfait paiement de cette somme.

Le traité du 17 décembre 1885 fut ratifié en France le 17 février et le 6 mars suivants par la Chambre des députés et le Sénat.

II.

M. Le Myre de Vilers, ancien gouverneur et député de la Cochinchine, fut nommé résident général à Tananarive. C'était un administrateur émérite, plein d'énergie et d'autorité. Il arriva à Tananarive le 10 mai 1886. Il fut reçu par le Premier ministre poliment, mais froidement.

Il se trouva dès le début aux prises avec de nombreuses
difficultés. Il n'est pas dans notre cadre de nous étendre sur
ce sujet ; aussi n'en dirons-nous que ce qui est nécessaire
pour faire comprendre la suite des événements.

Un des premiers conflits surgit d'une lettre de l'amiral Miot
au premier ministre relativement à l'interprétation de quelques points douteux du traité du 17 décembre 1885, le nombre des soldats de l'escorte du résident général et la délimi-
tation vers le Sud du territoire de Diégo-Suarez. L'amiral
Miot avait affirmé par écrit au premier ministre que le nombre des soldats de l'escorte ne dépasserait pas cinquante et
que nos établissements de Diégo-Suarez ne s'étendraient pas
à plus d'un mille et demi dans le Sud de la baie. C'est sur
cette assurance formelle que·le premier ministre hova avait
signé le traité.

Le gouvernement français refusa de reconnaître cette
lettre et quand Rainilairivony la présenta à M. Le Myre de
Vilers, celui-ci « affecta la plus grande surprise (1). »
Rainilairivony insista. M. Le Myre de Vilers passa outre,
et au lieu d'un mille et demi (trois kilomètres) que demandait l'amiral Miot au Sud de Diégo, nous en prîmes près de
quarante.

Nous n'hésitons pas à déclarer qu'en cette circonstance le
résident général et le gouvernement français eurent tort.
La lettre de l'amiral Miot n'était pas une lettre banale et sans
portée ; l'amiral était le plénipotentiaire de la France ; sa
signature engageait notre pays. Le gouvernement français se devait à honneur de la reconnaître. Pour un avantage douteux,(car nous ne voyons pas ce que l'on a gagné

(1) Martineau.

à s'étendre si loin autour de Diégo-Suarez), nous nous faisions accuser de mauvaise foi par nos anciens ennemis et nous nous donnions bénévolement un rôle peu digne d'une grande nation chrétienne.

D'autres difficultés surgirent encore au sujet de *l'exequatur* ou reconnaissance à accorder aux consuls des nations étrangères. M. Le Myre de Vilers s'appuyant sur le texte formel du traité exigea, avec raison cette fois, que les demandes d'exequatur passassent entre ses mains pour être soumises à son approbation et être remises par lui à la signature de la reine. Le premier ministre refusa avec une ténacité dont aucun argument ne put venir à bout. La question resta pendante jusqu'à la dernière guerre, laissant la porte ouverte aux plus graves conflits.

M. Le Myre de Vilers fut plus heureux sur d'autres questions qui du reste n'e ngageaient pas la dignité et l'indépendance du gouvernement hova. Un emprunt fut conclu avec le Comptoir d'Escompte de Paris, mettant ainsi les finances de Madagascar sous le contrôle de la France. Diverses concessions importantes furent concédées à nos nationaux.

En 1889 M. Le Myre de Vilers quitta Madagascar. Il fut remplacé successivement par MM. Bompard, Lacoste et Larrouy. La situation déjà tendue au départ de M. Le Myre de Vilers ne fit que s'aggraver de plus en plus.

Le gouvernement hova refusa d'acquiescer à la convention du 5 août 1890 par laquelle l'Angleterre, en échange de l'établissement de son protectorat sur Zanzibar, reconnaissait notre protectorat sur Madagascar avec toutes ses conséquences.

Peu à peu les incidents se multiplièrent, amenant une tension de plus en plus grande entre la résidence générale et le premier ministre. Au mois de mai 1893 on apprit qu'un stock considérable d'armes et de munitions venait d'être débarqué à Vatomandry pour le compte du gouvernement hova. Comme le traité de 1885 nous obligeait à assurer la défense de Madagascar contre toute agression étrangère, les armements auxquels se livraient les Hovas ne pouvaient être dirigés que contre nous.

Le gouvernement français donna au commandant de la division navale de l'océan Indien l'ordre de surveiller les côtes de Madagascar et d'empêcher tout débarquement d'armes, de poudre ou de munitions de guerre. M. Larrouy fut chargé de notifier à Rainilairivony notre volonté ferme de ne plus tolérer de pareils agissements.

Le premier ministre hova répondit qu'il avait bien le droit de faire les commandes d'armes qu'il lui plaisait, que ses armements étaient destinés à réprimer des désordres intérieurs ; et effectivement il envoya 2000 hommes dans le Bouéni. Or, comme le remarque M. Martineau, le Bouéni était précisément la région par laquelle on s'attendait à voir arriver les Français en cas de guerre.

Malgré les injonctions de notre gouvernement, Rainilairivony n'en continua pas moins à acheter des armes que lui fournissaient des négociants anglais. Quant aux menaces de la France, il s'en moquait: « Les Français, disait-il, insolemment, sont des chiens qui aboient, mais qui ne mordent pas. (1) »

Peu après, un de nos compatriotes, M. Muller, qui avait entrepris un voyage d'exploration scientifique dans le Nord de Madagascar, fut attaqué et assassiné de plein jour par une

(1) Martineau.

bande de fahavalos. (28 juillet 1893). L'enquête à laquelle se
livra la résidence générale démontra pleinement la complici-
té des fonctionnaires hovas. Ceux-ci ne furent pas inquiétés ;
tous les efforts de M. Larrouy pour obtenir justice furent im-
puissants.

D'autres attentats semblables, les assassinats de MM. de
Lescure, Bordinave, du Dr. Beziat, de Fr. Suberbie, cousin de
l'ingénieur, étaient restés également impunis. Un missionnaire français, le P. Montaut, fut attaqué et blessé à Tananarive même, sans qu'on pût ou voulût mettre la main sur
les coupables. Un peu plus tard, un employé de M. Suberbie
fut encore tué par les fahavalos ; on ne put davantage obtenir
justice. Le gouverneur de Bouéni sur le territoire duquel
était établie la concession de M. Suberbie soudoyait lui-
même les bandits et les envoyait détruire par le fer et le feu
les établissements de notre compatriote. Ce gouverneur,
nommé Ramasombazah — le même que nos soldats devaient
qualifier plus tard après sa défaite de Marovoay de *Ramasse-
ton-bazar*, — fut mandé à Tananarive ; mais on ne put
obtenir sa destitution.

Sur tous les points du territoire où résidaient les Français,
l'anarchie était à son comble ; nos compatriotes ne pouvaient
compter sur aucune protection et étaient en butte à toutes les
violences des Hovas.

A Tananarive même les attentats redoublaient ; du reste
l'exemple partait de haut. Un neveu de la reine se mit lui-
même à la tête d'une bande d'assassins et lapida en pleine rue
un soldat d'infanterie de marine faisant partie de l'escorte du
résident général. M. Larrouy eut la patience d'adresser au
premier ministre une nouvelle plainte qui resta comme les
autres, sans résultats.

Le jour de la fête du 14 juillet 1894, on s'attendait à un massacre général de la colonie française.

Il était évident qu'une pareille situation ne pouvait durer. Le gouvernement français apprêtait sous main une nouvelle expédition qui était décidée en principe pour l'été de 1895. On commença par renforcer les garnisons de Diégo-Suarez et de La Réunion. Mais ce n'étaient toujours là que des demi-mesures qui ne produisaient aucun effet sur l'esprit des Hovas toujours persuadés que nous ne nous risquerions jamais à entreprendre la conquête de leur pays. Ils ne payaient même plus leurs dettes. Le Comptoir d'Escompte ne pouvait recouvrer ses créances; toutes les opérations commerciales étaient suspendues.

Bientôt Rainilairivony en arriva à cesser toutes relations avec la résidence générale. M. Larrouy demanda alors son rappel et l'obtint. Il partit le 19 septembre laissant à M. d'Anthouard l'intérim de la résidence générale.

Peu après on apprit que le gouvernement français allait renvoyer à Tananarive M. Le Myre de Vilers, avec un ultimatum destiné à mettre fin à une situation intolérable pour notre honneur : on ne pouvait admettre qu'un pays comme la France continuât à être traité avec un pareil mépris par un peuple de demi-sauvages et fût plus longtemps la risée de ses ennemis.

III.

M. Le Myre de Vilers quitta la France le 14 septembre 1894, accompagné de M. Ranchot. Ses instructions étaient très nettes. Il devait réclamer l'application intégrale du traité de 1885, c'est-à-dire d'un protectorat effectif et complet avec, comme garantie, l'établissement d'une garnison française de 2000 hommes à Tananarive.

Malgré l'attitude intransigeante du premier ministre à notre égard, malgré les faits nombreux qui témoignaient de sa volonté bien nette de nous résister jusqu'à la dernière extrémité, M. Le Myre de Vilers espérait, dit-on, obtenir gain de cause auprès de la cour d'Imerne. Il est certain que jusqu'alors nos résidents généraux n'avaient jamais pu parler ferme, parce qu'ils savaient que le gouvernement français ne les soutiendrait pas dans leurs revendications. On ne voulait pas en France d'une nouvelle expédition coloniale, et Rainilairivony qui le savait en abusait pour nous refuser toute espèce de concession.

Cette fois M. Le Myre de Vilers apportait avec lui la paix ou la guerre à la volonté du premier ministre. On pouvait espérer que celui-ci mis au pied du mur accepterait les demandes encore bien modérées du gouvernement français.

Le nouveau plénipotentiaire arriva le 14 octobre à Tananarive. La situation s'était encore notablement aggravée depuis le départ de M. Larrouy. Deux Européens venaient d'être assassinés dans le Bouéni. Les établissements de M. Suberbie étaient sans cesse attaqués par des bandes de pillards montant à plus de 1200 personnes. Des villages étaient razziés sans que les soldats hovas tentassent le plus léger effort pour les secourir.

Dès son arrivée à Tananarive M. Le Myre de Vilers demanda une entrevue au premier ministre. Rainilairivony le reçut avec une grande cordialité apparente, paraissant très heureux de recevoir *son ancien ami*. Le 18 octobre le plénipotentiaire français remit son ultimatum et donna un délai de huit jours pour la réponse.

Ces huit jours se passèrent à Tananarive au milieu d'une excitation fébrile. Dès le début Rainilairivony déclara qu'il lui serait impossible d'accéder en quoi que ce soit aux demandes de la France, ne voulant même plus accepter le traité de 1885 (1). Il annonça cependant la réunion d'un grand *Kabary*, ou assemblée générale du peuple, à Tananarive.

Cependant des fanatiques parcouraient la ville ameutant la populace contre les Français. On exhibait à la foule des cœurs humains et des entrailles qu'on assurait avoir été trouvés chez des Français.

Les princes, les princesses, la sœur même et la tante de la reine très influentes parmi le peuple, parcouraient la capitale et les villages avoisinants, prêchant une sorte de guerre sainte. On craignait que ces menées belliqueuses n'amenassent une rupture prématurée et une attaque contre la résidence générale dont les issues étaient gardées par de nombreux factionnaires.

Dans la prévision d'un refus, la résidence générale s'occupait activement de ses préparatifs de départ. Tous les Français habitant l'intérieur de Madagascar furent invités à descendre à la côte pour se réfugier sous le canon de nos navires.

Dès le 20 octobre, deux fonctionnaires de la résidence partirent avec les archives ; ils étaient accompagnés du caissier du Comptoir d'Escompte. Le 24, Monseigneur Cazet et toute la mission catholique comprenant 38 personnes, Pères et religieuses, se mirent en route pour Tamatave. Quelques jours après il ne restait plus dans la capitale que

(1) Martineau.

le personnel de la légation, quelques colons et l'escorte d'infanterie de marine.

Le grand Kabary annoncé par le premier ministre eut lieu sur une place de Tananarive. Rainilairivony exposa au peuple les revendications de la France qu'il accusa de vouloir s'emparer de la terre des ancètres. Les Hovas l'acclamèrent et jurèrent de résister jusqu'au bout.

Le 26 octobre, à six heures du soir, expirait le délai fixé par M. Le Myre de Vilers. Dès le matin l'escorte, comprenant une soixantaine de soldats d'infanterie de marine fut réunie devant la grande porte de la Résidence. M. Le Myre de Vilers prononça quelques paroles émues. Puis il donna l'ordre d'amener le pavillon tricolore qui avait flotté jusqu'alors sur la maison du représentant de la France. La troupe présenta les armes, le clairon sonna au drapeau et le pavillon fut amené en présence d'une foule immense et recueillie.

Les quelques colons français qui restaient encore à Tananarive se mirent alors en route avec le personnel de la légation sous les ordres de M. Ranchot. La petite troupe d'infanterie de marine partit en même temps. Elle traversa la capitale, clairon sonnant, et prit la route de Majunga.

M. Le Myre de Vilers resta seul avec quelques hommes, en présence de toute cette foule, hier encore surexcitée et proférant des cris de mort contre les Européens. « Son attitude réellement héroïque en imposa à nos ennemis. Aucun cri ne fut proféré, aucune menace ne fut entendue. Une sympathie presque respectueuse et attendrie se peignait sur le visage des Hovas pour qui le départ des Français de Tananarive était le prélude d'événements tragiques.

« Quand M. Le Myre de Vilers eut été prévenu que l'escorte était arrivée sans encombre en un point déterminé, il monta sur son filanjane et partit le dernier. Il traversa en plein jour la grande place du Marché encombrée d'une foule énorme, et les bras superbement croisés sur la poitrine, il passa. Le peuple, inquiet de l'avenir, salua respectueusement le grand vieillard qui emportait avec lui la paix et l'indépendance de Madagascar (1). »

La descente fut facile jusqu'à la côte; mais alors les vivres étant épuisés, l'argent manquant, il fallut user de force pour obtenir des aliments, et ce ne fut qu'après quinze jours de marche que M. Le Myre de Vilers et ses compagnons arrivèrent à Tamatave.

Pendant ce temps l'escorte d'infanterie de marine, commandée par le capitaine Lamolle, et la plus grande partie des colons descendaient sous les ordres de M. Ranchot par la vallée de l'Ipoka et de la Betsiboka pour rallier Majunga. C'était la route que devait suivre la colonne expéditionnaire pour remonter à Tananarive, et il n'était pas mauvais qu'elle fût explorée une fois de plus par nos officiers. Mais le voyage fut pénible. Les Hovas faisaient le vide sur notre passage et les Français pouvaient à grand peine se procurer les vivres dont ils avaient besoin. Plusieurs fois la petite troupe faillit être attaquée par des bandes qu'excitaient sous main les autorités hovas. L'énergie et la prudence de M. Ranchot réussirent à éviter tout conflit, et après 26 jours de marche la colonne française arrivait sur les bords de la Betsiboka, où elle fut recueillie par les embarcations de la Rance. Dans

(1) MARTINEAU. *Madagascar en 1894*.

ce long trajet de 450 kilomètres en pays révolté et ennemi, elle n'avait perdu qu'un seul homme.

IV

Le 26 novembre 1894 la Chambre des députés vota sur la proposition du gouvernement un crédit de 68 millions pour l'expédition de Madagascar. Quelques jours après, le 6 décembre, le Sénat adopta le même crédit.

L'expédition était votée. Cette fois on était bien décidé à ne pas recommencer les fautes tant de fois commises. On savait que si l'on voulait venir définitivement à bout des Hovas, c'était à Tananarive même qu'il fallait porter la guerre, que le bombardement et l'occupation des ports de la côte, auxquels on s'était borné en 1828 et en 1885, ne servirait à rien qu'à prolonger inutilement les hostilités.

Deux routes s'offraient pour marcher sur Tananarive.

L'une, la plus courte, part de Tamatave, descend d'abord au Sud en suivant le bord de la mer pendant 130 kilomètres. A Andevorante, la route s'engage dans l'intérieur et monte droit vers Tananarive à travers une région des plus accidentées ; trois grandes chaines de montagnes s'étendent parallèlement à la mer ; il faut les escalader toutes les trois et redescendre chaque fois dans le fond des vallées avant d'arriver sur le plateau au centre duquel s'élève Tananarive. La route n'est qu'un sentier tracé par le pas des voyageurs, qui coupe à travers bois et torrents, montant parfois par des pentes de 60 à 70 centimètres par mètre. La longueur du trajet par cette voie est de 280 kilomètres.

L'autre route part de Majunga, remonte la vallée de la Betsiboka, la rivière la plus importante de Madagascar, puis de son affluent de gauche l'Ipoka. Elle est plus longue que l'autre de moitié, (440 kilomètres), mais elle passe par une région moins accidentée, et ne présente nulle part ces pentes brusques que l'on trouve sur la route de Tamatave. Elle se prêtait donc mieux que celle-ci à une expédition militaire, d'autant plus que l'on pouvait utiliser sur une partie notable du trajet la voie fluviale de la Betsiboka qui est navigable jusqu'à Suberbieville pour des pirogues ou des chalands calant moins d'un mètre. C'était donc un bon tiers de la route qui pouvait être économisé pour nos troupes.

Ajoutons que cette voie avait été étudiée à plusieurs reprises au point de vue d'une expédition militaire. Un officier d'infanterie de marine, M. de Beylié, l'avait reconnue et en avait fait un levé complet quelques années auparavant. Un aspirant de marine, M. Compagnon, attaché quelque temps à l'exploitation de M. Suberbie, avait également reconnu le cours du fleuve de Suberbieville à Majunga. Enfin M. Ranchot venait de la parcourir à son tour avec l'escorte de Tananarive.

Ce fut donc pour cette route qu'on se décida.

Le ministère de la guerre fut chargé de la direction des opérations.

Nous n'hésitons pas à le dire, ce fut une première faute, dont les conséquences devaient peser lourdement sur la conduite de l'expédition.

Celle-ci avait été préparée de longue date par le ministère de la marine, et c'était un de ses officiers généraux les plus remarquables, le général Borgnis-Desbordes, qui était, dit-on, désigné pour la diriger.

Le passage de la direction des opérations au ministère de la guerre devait créer nécessairement une dualité qui pouvait être fatale et allait entraver sérieusement le succès. Il est évident en effet que l'on devait recourir constamment à la marine. Elle devait fournir près de la moitié du corps expéditionnaire avec le matériel de transport et de débarquement, les canonnières et les chalands qui seuls pouvaient permettre la pénétration dans l'intérieur. Enfin des opérations maritimes de diverse nature devaient avoir lieu conjointement avec les opérations militaires.

En un mot presque toute la préparation de la guerre et toutes les opérations préliminaires incombaient à la marine.

De plus, il faut bien le dire, la marine a plus que la guerre l'habitude de ces expéditions coloniales; le corps de santé de la guerre, par exemple, malgré sa science bien connue et son dévouement, ne peut être comparé avec celui de la marine pour l'habitude des maladies coloniales et l'hygiène des pays chauds. Or le corps de santé de la marine fut relégué tout à fait au second plan.

Enfin les généraux et les officiers de l'armée de terre sont formés uniquement à la pratique de la grande guerre européenne. Leur instruction technique ne s'applique que très peu aux expéditions coloniales pour lesquelles au contraire les officiers et les troupes de la marine ont une compétence indéniable.

V.

Le commandement du corps expéditionnaire fut confié au général de division Duchesne, commandant la division de Belfort. Cet officier général avait déjà fait ses preuves au Tonkin et à Formose. C'était lui qui commandait la légion étrangère à la prise de Sontay ; il s'y était fait remarquer par l'amiral Courbet qui s'y connaissait en hommes et qui l'avait rappelé de France plus tard pour diriger le corps expéditionnaire de Formose. On sait à quelles difficultés il se heurta dans cette dure et pénible campagne, dont il se tira tout à fait à son honneur ; ce fut lui qui réussit à débloquer Kélung après une série de brillants combats (1).

Le corps expéditionnaire de Madagascar fut composé de deux brigades formées, l'une par des troupes de la guerre, l'autre par des troupes de la marine.

La 1ʳᵉ fut donnée au général Metzinger, la 2ᵉ au général Voyron.

Pour ne pas compromettre la mobilisation, on créa 1° un régiment spécial qui fut recruté presque exclusivement au moyen de volontaires tirés au sort dans les compagnies de tous les corps d'armée, le 200ᵉ d'infanterie, 2° un bataillon de chasseurs à pied, le 40ᵉ recruté de la même façon.

On forma en outre un régiment d'Algérie, composé d'un bataillon de la légion étrangère et de deux bataillons de tirailleurs algériens.

L'infanterie de marine fournit un régiment, le 13ᵉ. Un régiment colonial fut formé d'un bataillon de tirailleurs malgaches, d'un bataillon de Haoussas et d'un bataillon de volontaires de la Réunion.

Soit au total 13 bataillons à 800 hommes, c'est-à-dire 10.400 hommes d'infanterie.

Il faut y ajouter un escadron de cavalerie à 150 chevaux, un bataillon du génie à 4 compagnies de 200 hommes chacune, 7 batteries d'artillerie et des troupes d'administration.

(1) Voir *Les soldats français au Tonkin*, par J. Sarzeau. Bloud et Barral éditeurs, 4, rue Madame, Paris.

En résumé le corps expéditionnaire était composé de la façon suivante :

Général commandant en chef : général de division Duchesne.

Directeur des affaires politiques M. Ranchot, ancien résident à Tananarive.

Chef d'état-major, le colonel de Torcy, nommé en arrivant à Madagascar au grade de général de brigade.

Sous-chef d'état-major, lieutenant-colonel de Beylié, de l'infanterie de marine.

Directeur du service des étapes, le lieutenant-colonel Bailloud, de l'artillerie.

1re brigade

Général de brigade Metzinger.

200e régiment d'infanterie : colonel Gillon (1) ; lieutenant-colonel Bizot (3 bataillons).

Régiment d'Algérie (3 bataillons) : colonel Oudri ; lieutenant-colonel Pognard.

40e bataillon de chasseurs à pied : commandant Massiet du Biest, chef de bataillon.

2e brigade.

Général de brigade Voyron.

13e régiment d'infanterie de marine (3 bataillons) : colonel Bouguié ; lieutenant-colonel Gonard.

---

(1) Le colonel Gillon mourut d'une attaque de dyssenterie le 13 juin à Majunga, sans avoir pu conduire son régiment au feu. C'était un officier remarquable : à peine âgé de 46 ans, il pouvait aspirer aux plus hautes positions. Ce fut une grande perte pour l'armée et en particulier pour le corps expéditionnaire. Il fut remplacé dans son commandement par le lieutenant-colonel Bizot.

Régiment colonial (3 bataillons) : colonel de Lorme ; lieutenant-colonel Gril.

Artillerie : sept batteries.

Commandant : colonel Palle ; lieutenant-colonel Laval.

Cavalerie.

10° Escadron de chasseurs d'Afrique. Commandant : capitaine Aubier.

Génie : 1 bataillon.

Commandant : lieutenant-colonel Marmier.

Train.

30° Escadron. Chef d'escadron Deyme.

Services administratifs.

Directeur : sous-intendant de 1ʳᵉ classe Thoumazou.

Service de santé.

Directeur : médecin principal de 1ʳᵉ classe, Emery-Desbrousses.

La marine fournit en outre douze canonnières de rivière (1) construites exprès pour cette campagne qui devaient remonter aussi loin que possible la Betsiboka pour concourir à la marche des troupes, avec un grand nombre de chalands spéciaux pour transporter les vivres et le matériel. Ces canonnières étaient commandées par des officiers de marine

---

(1) Voici leurs noms : *Brave, Eclatante, Précieuse, Infernale, Impétueuse, Poursuivante, Invincible, Légère, Rusée, Vigilante, Mutine et Zélée.*

qui étaient sous les ordres directs du général Duchesne, par suite indépendants de la division navale. Un directeur des mouvements du port à Majunga, le capitaine de vaisseau Marquer, relevait aussi directement du général Duchesne. Enfin un ingénieur des constructions navales, M. Révol, était attaché à l'état-major du général en chef pour diriger le montage des canonnières et des chalands à Majunga.

La division navale, commandée par le capitaine de vaisseau Bienaimé, promu contre-amiral le 6 juin 1895, comprenait les navires suivants :

Primauguet, portant le guidon du chef de division, croiseur de 2ᵉ classe, 15 canons, capitaine de vaisseau Bienaimé, commandant.

Hugon, croiseur de 3ᵉ classe, 6 canons, capitaine de frégate Denis, commandant (rentré en France en janvier 1895).

Le *Dupetit-Thouars*, croiseur de 3ᵉ classe, 10 canons, capitaine de frégate Aube, commandant.

Le *Dumont-d'Urville*, aviso de 1ʳᵉ classe, 4 canons, capitaine de frégate Noirot, commandant.

Le *Papin*, aviso de 1ʳᵉ classe, 4 canons, capitaine de frégate Kiésel, commandant.

Le *Gabès*, canonnière, 4 canons, lieutenant de vaisseau Serpette, commandant.

Le *Lynx*, canonnière, 4 canons, lieutenant de vaisseau de Gantès commandant.

Le *Météore*, canonnière, 4 canons, lieutenant de vaisseau Jaubert, commandant.

La *Rance*, aviso-transport, 4 canons, capitaine de frégate Legrand, commandant.

La *Romanche*, aviso-transport, 4 canons, capitaine de frégate Salaun-Penquer, commandant.

La *Corrèze,* stationnaire atelier à Diégo-Suarez, lieutenant de vaisseau Chapelle, commandant.

Le *Shamrock,* transport-hôpital, capitaine de frégate Lieu-
tard, commandant.

Au total, le corps expéditionnaire, en y comprenant le personnel du quartier général et celui des divers services fut
fixé aux chiffres suivants :

658 officiers et assimilés.

14,773 hommes de troupe.

641 chevaux de selle.

6630 mulets.

56 pièces d'artillerie (30 de 80^{mm} de montagne, 12 de
80^{mm} de campagne, 4 de 120^{mm} court).

5040 voitures Lefebvre.

A ces chiffres il faut ajouter les renforts envoyés successivement à Madagascar pendant le cours de l'expédition montant à 3228 hommes de troupe, et le personnel de la division
navale comprenant 79 officiers et 1369 hommes d'équipage ;
de sorte que l'on a pour le total de l'expédition 20,107 officiers ou soldats ; et encore on n'a pas compris dans ces chiffres les garnisons permanentes de Tamatave et de Diégo-
Suarez montant à près d'un millier d'hommes.

VI.

La préparation de l'expédition fut retardée en France par
les crises ministérielle et présidentielle qui éclatèrent en
janvier 1895. La démission du ministère Dupuy, celle de
M. Casimir Périer, l'élection de son successeur, le choix des
nouveaux ministres absorbèrent l'attention au détriment de

Madagascar et nuisirent forcément à l'organisation du corps expéditionnaire.

Nous n'avons pas à relever ici les fautes commises. Elle ont été sévèrement jugées par la presse, trop sévèrement peut-être ; car ici plus qu'en aucune autre matière

La critique est aisée et l'art est difficile.

Jamais expédition ne s'était présentée dans des conditions plus difficiles ; les tâtonnements, les erreurs étaient inévitables. Avec plus de soin dans la préparation et une connaissance plus complète du pays on aurait pu en éviter certainement beaucoup et épargner des milliers de vies humaines qui ont été perdues inutilement. Mais, nous le répétons, notre rôle ici n'est pas de critiquer ; nous devons nous contenter de raconter. Nous ferons seulement deux observations que nous n'avons vues formulées nulle part.

1° On savait à l'avance que cette guerre serait très pénible, très coûteuse, très meurtrière. Etait-elle réellement indispensable ?

Notre objectif principal était d'occuper Tananarive pour avoir la haute main sur la reine et le premier ministre. Or, nous avions déjà une garnison dans cette ville. On pouvait l'augmenter facilement par petits paquets. Les assassinats, les attentats répétés dont nous avions depuis si longtemps à nous plaindre nous fournissaient un excellent prétexte pour renforcer l'escorte du résident. Du moment que Rainilairivony ne voulait pas nous rendre justice, nous avions le droit d'assurer nous-mêmes notre sécurité et de faire monter des troupes à Tananarive. Quand la garnison aurait été suffisante, il eût été facile de susciter une révolution de palais qui nous aurait débarrassés de notre intraitable ennemi

et nous aurait permis de le remplacer par une créature à
nous. Quelques milliers de francs, mettons un million, si
l'on veut, eussent suffi pour cette opération. Il aurait
toujours été temps ensuite, si le procédé n'avait pas réussi,
de recourir à une expédition militaire. Les Anglais à
notre place n'auraient pas agi autrement.

2° Du moment que l'expédition était décidée, il eût été
beaucoup plus sage pour envoyer les troupes, d'attendre que
tout fût préparé pour les recevoir. Le port de Majunga avait
été choisi comme point de concentration. Mais tout y était à
faire. Il n'y existait aucune ressource pour le débarquement
des hommes et le déchargement du matériel, ni chalands,
ni embarcations, ni quai, ni jetées, ni hangars, ni magasins,
ni dépôts, ni casernements, ni ateliers de réparation.

On avait commandé un wharf en fer ; il se trouva insuffisant ; les études préparatoires avaient été mal faites, et on
ne put le prolonger assez loin. Du reste il ne fut en place
qu'une fois l'expédition commencée. On voulait tout faire à la
fois et le désarroi qui en résultait influença d'une façon très
fâcheuse le reste de l'expédition.

Ainsi encore, on avait espéré trouver à Madagascar même
les milliers de coulies dont on avait besoin pour les travaux
de débarquement et les marches dans l'intérieur. On avait
compté que les Sakalaves, très heureux d'être délivrés du
joug des Hovas, viendraient en foule nous offrir leurs services.
Il n'en fut rien. Comme nous l'avons déjà dit, les Sakalaves
sont des sauvages qui ne tenaient pas plus à nous qu'aux
Hovas et ne demandaient qu'à rester tranquilles dans leurs
villages. C'est à peine si on put réunir pour l'arrivée des
premières troupes cent cinquante malheureux nègres recrutés sur la côte d'Afrique. Ce furent nos troupes qui durent

tout faire elles-mêmes dans un pays où tout travail au soleil exécuté par un européen est mortel.

Devant tous ces retards, il est permis de dire qu'il aurait été beaucoup plus sage de remettre à l'année suivante l'expédition projetée. Une année de plus n'aurait pas augmenté beaucoup les forces de nos adversaires et nous aurions eu tout le temps voulu pour transporter nos canonnières, nos chalands, notre matériel, pour faire le wharf, pour recruter les travailleurs indigènes et les animaux de bât. On aurait pu se contenter, pendant l'année 1895, de faire occuper par la division navale tous les points importants de la côte pour empêcher le débarquement des armes et des munitions à destination de nos adversaires ; et quand les troupes seraient arrivées, elles n'auraient plus eu qu'à se mettre en marche, ayant tout sous la main.

CHAPITRE IV.

I.

Dès que M. le Myre de Vilers eut rompu les négociations avec le gouvernement hova, le capitaine de vaisseau Bienaimé, commandant la division navale, fut investi du commandement en chef à Madagascar et chargé par le gouvernement français des opérations préliminaires de l'expédition.

Aussitôt après le vote des Chambres approuvant la demande des crédits, notification lui fut faite de l'état de guerre, et le 12 décembre il ouvrit les hostilités.

Le commandant Bienaimé envoya prendre à La Réunion, par le paquebot *Peï-Ho*, trois compagnies d'infanterie de marine qui y avaient été concentrées à l'avance sous les ordres du lieutenant-colonel Colonna de Giovellina et les fit venir en rade de Tamatave où se trouvait réunie une partie de la division navale, comprenant le *Primauguet*, le *Papin* et le *Dupetit-Thouars*.

Le 12 décembre au matin, le commandant Bienaimé fit débarquer des troupes dans les chalands, tandis que nos navires ouvraient le feu sur les ouvrages hovas. L'ennemi n'opposa aucune résistance. Le fort fut occupé sans coup férir, et la ville mise aussitôt en état de défense contre tout retour offensif des Hovas. Le lieutenant-colonel de Giovellina fut nommé commandant de la place.

L'ennemi s'était retiré à quelque distance de Tamatave dans les fameuses lignes de Farafate où il avait défié nos efforts en 1885. Le commandant Bienaimé n'avait pas avec lui les forces suffisantes pour les enlever et il ne voulait pas renouveler la tentative fâcheuse de l'amiral Miot ; cependant, avant de quitter Tamatave, il tint à donner aux Hovas une leçon sérieuse qui leur montrât que même dans leurs retranchements ils n'étaient pas à l'abri de nos coups.

Bien que les fortifications ennemies ne fussent pas visibles de la rade, on avait repéré très exactement nos pièces, et le 28 décembre, à 8 heures du matin, commença un bombardement énergique exécuté par le *Primauguet*, le *Dupetit-Thouars*, le *Papin* ainsi que par une batterie de terre.

Le tir de nos bâtiments exécuté avec une précision remarquable causa de sérieux dommages aux lignes ennemies. Le *Dupetit-Thouars* prenait en enfilade les ouvrages des Hovas. Ses obus pénétraient dans l'intérieur des retranchements pendant que ceux du *Primauguet* éclataient sur le front de la position et la démantelaient. Le *Papin* dirigeait un tir plongeant sur les ravins où l'on avait signalé la présence des Hovas.

En même temps une reconnaissance commandée par le colonel de Giovellina accompagné du capitaine Lavoisot, et composée d'une compagnie d'infanterie de marine avec deux canons de 80 de campagne s'avançait vers le village d'Anaharona que l'on couvrit d'obus. Vers 11 heures et demie seulement, les Hovas ripostèrent par quelques coups de canon; mais leurs projectiles mal dirigés se perdirent dans la plaine. Nos navires eurent vite réduit leur artillerie au silence.

A midi le bombardement prit fin. Les Hovas avaient une centaine de tués et de blessés ; deux de leurs canons avaient été mis hors d'usage. Mais l'effet moral était encore plus important. Nos ennemis se croyaient dans leurs lignes de Farafate bien à l'abri de nos pièces ; le bombardement du 28 décembre leur montra que nos canons pouvaient les atteindre jusque là ; de plus, les terribles ravages produits dans leurs retranchements par nos obus à la mélinite étaient faits pour leur inspirer un salutaire effroi.

Le 16 décembre un détachement de marins de la *Corrèze* s'empara à Diégo-Suarez de l'unique navire hova l'*Ambohi-manga* qui laissa amener son pavillon sans résistance.

Le 15 janvier 1895, le commandant Denis, du *Hugon*, s'empara de Majunga après un court bombardement ; les compagnies de débarquement occupèrent la ville jusqu'à l'arrivée de deux compagnies d'infanterie de marine et d'une section d'artillerie sous les ordres du commandant Belin, de l'infanterie de marine, qui fut nommé commandant supérieur de la place.

Le 13 février, la canonnière *Météore* s'empara de Noss-Vé sur la côte Sud-Ouest et y fit prisonniers 50 Hovas.

Les Hovas avaient élevé dans les environs de Diégo-Suarez quelques retranchements d'où ils surveillaient et inquiétaient nos postes avancés. Le 19 février, le lieutenant-colonel Piel, de l'artillerie de marine, commandant supérieur à

Diégo-Suarez, attaqua les Hovas au lieu dit *point* 6 et les délogea à la suite d'une vigoureuse action qui nous coûta sept tirailleurs malgaches tués ou blessés.

Le centre d'action des Hovas dans le Nord de Madagascar était la place forte d'Ambohimarina située à vingt-quatre kilomètres au Sud de Diégo-Suarez. C'était un véritable nid d'aigle élevé sur le sommet d'un piton presque inaccessible. Elle fut enlevée le 14 avril après une marche et un combat de nuit intelligemment dirigés par le chef de bataillon Martin commandant les volontaires de la Réunion. On y trouva 600 bœufs et une quantité considérable d'approvisionnements. Nos pertes ne furent que de six blessés. Les Hovas qui s'étaient défendus courageusement eurent une centaine d'hommes hors de combat.

II.

L'avant-garde du corps expéditionnaire partit de France le 25 janvier à bord du *Shamrock* et du paquebot affrété *Notre-Dame-de-Salut*. Elle comprenait un bataillon de tirailleurs algériens, une batterie d'artillerie de montagne, une demi-compagnie du génie et divers détachements du train, d'ouvriers d'administration et d'infirmiers. Elle était sous les ordres du général de brigade Metzinger qui, aussitôt à son arrivée à Majunga, devait prendre le commandement en chef des forces de terre et de mer jusqu'à l'arrivée du général Duchesne.

Le *Shamrock* arriva le 1er mars à Majunga. Le général Metzinger fit aussitôt installer ses troupes à terre dans les casernements préparés à l'avance par les soins du commandant Bienaimé.

Le débarquement des hommes s'opéra tant bien que mal grâce au concours de la division navale. Il n'en fut pas de même du débarquement du matériel. Les chalands et les remorqueurs manquaient. La main-d'œuvre faisait également défaut. On dut louer quelques boutres arabes pour les chalands, et il fallut mettre les hommes à travailler eux-mêmes au déchargement des transports. Ce fut également à nos soldats qu'incombèrent tous les travaux d'installation à terre. Or, on était encore en pleine saison pluvieuse ; la ville de Majunga est entourée de terrains marécageux, en partie inondés à cette époque de l'année et qui en font un véritable foyer d'impaludisme. On comprend quel effet déplorable toutes ces circonstances durent exercer sur l'état sanitaire des troupes qui ne tardèrent pas à être décimées par la fièvre.

Le général Metzinger espéra trouver un climat plus sain en s'avançant dans l'intérieur ; il voulait, du reste, soustraire le plus tôt possible ses hommes à l'oisiveté et aux inconvénients de toute sorte d'un séjour prolongé à Majunga, et il était en conséquence impatient de commencer les hostilités.

Le 9 mars, le *Gabès* commandant Serpette, partit en reconnaissance pour remonter la Betsiboka. Cette canonnière bombarda d'abord le poste de Miadane, que les Hovas abandonnèrent aussitôt pour se concentrer un peu plus haut, à Mahabo. Ils ouvrirent eux-mêmes le feu sur le *Gabès*, alors que ce navire était encore éloigné de près de 10 kilomètres; leurs projectiles ne lui firent aucun mal.

La canonnière s'avança jusqu'à cinq mille mètres des Hovas ; sa grosse pièce causa parmi eux de grands ravages. Les Hovas montrèrent un réel courage ; ils avaient installé une de leurs pièces sur le bord de la rivière et ils ne cessèrent de tirer jusqu'au moment où l'un de nos obus mit cette pièce hors d'usage.

Le général Metzinger avait en même temps porté ses troupes en avant par la voie de terre. Mais des pluies diluviennes, une inondation causée par le vent et par les grandes marées d'équinoxe arrêtèrent net l'expédition projetée. Soldats et matériel, tout était dans la boue. Il était impossible aux troupes d'avancer ou même de reculer. On dut aller les chercher avec des embarcations et les faire rentrer par la voie de mer à Majunga. Le *Gabès* prévenu revint également au mouillage. (18 mars).

Tout projet d'expédition dut être ajourné jusqu'à la fin de la saison des pluies.

III.

Ce fut pendant le mois de mars qu'eut lieu la concentration en France des troupes destinées au gros du corps expéditionnaire. Le 200e de ligne fut réuni au camp de Sathonay, près de Lyon ; le 40e de chasseurs se groupa à Nîmes. Le départ des unités qui allait constituer ces différents corps donna lieu sur tout le territoire à des manifestations d'enthousiasme exagéré. Il semblait que l'on fût revenu de vingt-cinq années en arrière, et que l'on assistât au départ des régiments de 1870 pour la frontière du Rhin. Le patriotisme doit affecter une forme plus grave et n'a rien à voir avec les explosions délirantes dont tous les journaux se firent alors l'écho. Aussi passerons-nous rapidement sur ces scènes, du reste peu intéressantes.

Le général Saussier visita le 27 mars à la caserne de la Pépinière à Paris une compagnie forte de 225 hommes destinés au 200°. Le lendemain cette compagnie traversait tout Paris au milieu d'une ovation indescriptible et s'embarquait à la gare de Lyon.

Le 28 mars, le Président de la République se rendit au camp de Sathonay où se trouvaient avec le 200° sous les armes, des délégations de toutes les unités du corps expéditionnaire. En présence du général Duchesne le Président de la République remit lui-même les drapeaux aux colonels et chefs de bataillon qui les recevaient et les passaient aux porte-drapeaux placés derrière eux.

La traversée de Lyon par le 200°, l'arrivée à Marseille, le départ des paquebots donnèrent lieu aux mêmes démonstrations d'enthousiasme qu'à Paris.

Le général Duchesne s'embarqua le 11 avril avec son état-major sur l'Iraouaddy et partit le même jour salué d'acclamations frénétiques.

A la fin du mois toutes les troupes et tout le matériel destinés à l'expédition étaient en route pour Madagascar.

IV.

Le 24 mars, le général Metzinger reprit les opérations militaires ayant pour objectif la prise de Marovoay.

La pluie avait momentanément cessé ; le temps paraissait s'être remis au beau. Le gros des troupes composé d'infanterie de marine, de tirailleurs algériens et de tirailleurs malgaches, en tout trois compagnies, sous les ordres du commandant Belin, de l'infanterie de marine, suivait la rive droite. Sur la rive gauche marchait une troupe de 300 turcos, sous les ordres du capitaine Rabaud, ayant pour objectif le poste de Mahabo, situé en face de Marovoay, de l'autre côté de la Betsiboka.

Plusieurs navires coopéraient à cette opération. Le *Lynx* était parti le premier pour éclairer la route. Le lendemain la *Romanche* partit à son tour remorquant un chaland chargé de chevaux et de matériel. Le *Primauguet* vint ensuite avec le général Metzinger. La chaloupe le *Boëni* louée à M. Suberbie accompagnait la flottille.

Le 27 la colonne Rabaud arrivait devant Mahabo, pendant que le *Gabès* et le *Boëni* s'approchaient de la place à moins de deux kilomètres. Le *Boëni* couvrit de projectiles le village où se tenait rassemblé le gros des Hovas — environ 200 hommes, — tandis que le *Gabès* dirigeait son feu sur une batterie détachée ayant vue sur la rivière. A l'abri de ce bombardement, le capitaine Rabaud put tourner la position, et quand il fut arrivé à bonne portée, il commanda un feu de salve qui jeta le désarroi parmi les Hovas. Ceux-ci, le gouverneur en tête, prirent la fuite en laissant sur le terrain huit tués et deux canons.

La possession de Mahabo nous rendait maîtres de la rive gauche de la Betsiboka inférieure.

Sur la rive droite la colonne Belin était arrivée le 30 mars devant Mevarano après une marche très pénible dans les marais. Le général Metzinger, débarqué du *Primauguet* à la tête de 200 hommes, l'avait occupée la veille sans encombre, après en avoir chassé l'ennemi par quelques coups de canon. Il y donna quelques jours de repos à ses troupes.

Le 1er avril on reprit la marche en avant sur Marovoay.

La colonne comprenait 760 hommes et était soutenue par la canonnière *Lynx* qui suivait ses mouvements en remontant le chenal oriental de la Betsiboka.

Le 3 elle arriva en vue de Miadane où on signalait la présence de groupes ennemis. Trois compagnies laissant au camp sacs et bagages se portèrent sur le village, soutenues par une section d'artillerie. Les Hovas n'attendirent pas nos troupes et se retirèrent dans la direction de leur camp à deux kilomètres à l'Est.

Nos troupes essayèrent de les y poursuivre.

« Mais la marche fut presque aussitôt rendue fort difficile par des marais, des marigots et des rizières inondées, qui offrirent à la marche, surtout à gauche, des obstacles presque insurmontables. Au même instant, survint un violent orage, qui transforma la plaine en un immense marécage. La nuit arrivait ; le général Metzinger jugea qu'il deviendrait impossible de faire suivre le convoi ; il donna l'ordre de rassemblement et ramena, le soir même, la colonne au camp.

« Les Hovas avaient fait, devant cette reconnaissance, assez bonne contenance et, tout en se repliant à mesure que nos tirailleurs avançaient, ne s'étaient pas débandés. Leur attitude fit penser qu'il faudrait consacrer une journée au moins à l'enlèvement du camp retranché dont on avait pu reconnaître les principaux reliefs et d'où les Hovas avaient salué notre approche de plusieurs coups de canon. Or, le convoi ne portait plus que deux jours de vivres; dans ces conditions, il pouvait paraître imprudent de poursuivre la marche sur Marovoay. La colonne fit en conséquence demi-tour et se replia, le 4 avril, sur Mevarano (1). »

_____

(1) Rapport du général Duchesne.

Ce n'est qu'à la fin du mois que les pluies ayant cessé définitivement, on put reprendre pour la deuxième fois la marche sur Marovoay.

La ville de Marovoay, capitale du Boëni, est un des centres les plus importants de la région Nord-Ouest de Madagascar. Elle compte de trois à quatre mille habitants et est située sur le bord d'un petit affluent de la Betsiboka qui est navigable en toutes saisons. Les Hovas y avaient concentré plusieurs milliers d'hommes commandés par un de nos ennemis les plus acharnés, Ramazombazaha. Un fort ou *rova* construit sur une colline de 50 mètres de hauteur dominait la ville et les alentours.

Les troupes désignées pour marcher sur Marovoay furent divisées en trois colonnes. La colonne de gauche, sous les ordres directs du général Metzinger, comprenait trois compagnies du bataillon malgache sous les ordres du lieutenant-colonel Pardes, trois compagnies de turcos sous les ordres du lieutenant-colonel Pognard, une compagnie d'infanterie de marine, la 13° compagnie du génie et deux sections et demie d'artillerie.

La colonne du centre, sous les ordres du capitaine de vaisseau Bienaimé, comprenait les compagnies de débarquement de la division navale (135 hommes) et une compagnie de turcos.

La colonne de droite qui venait de Mahabo ne comprenait qu'une compagnie sous les ordres du capitaine Delbousquet et devait opérer sur les derrières de l'ennemi.

Le 29 avril les troupes se mettent en marche. Le lieutenant-colonel Pardes, qui commande l'avant-garde, bouscule les partis hovas qui cherchent à s'opposer à son mouvement. Le 2 mai à six heures et demie du matin il est attaqué par un petit corps ennemi embusqué sur sa route, le repousse et se heurte à une autre troupe occupant le village d'Ambohimanga avec un canon hotchkiss. Le colonel déployant aussitôt son infanterie rejette l'ennemi sur les villages à l'Est de Marovoay.

La marche en avant, un moment interrompue pour permettre aux hommes de prendre un peu de repos, est reprise à neuf heures et demie.

Après avoir parcouru 3 kilomètres environ en plaine, on se heurte à une position naturellement forte et mise en état de défense par les Hovas. Attaqué de front par le lieutenant-colonel Pardes et par l'artillerie, et sur sa gauche par les tirailleurs du lieutenant-colonel Pognard, l'ennemi lâche pied, en se débandant à travers les immenses rizières qui constituent la plaine de Marovoay. Il était alors dix heures du matin.

Pendant ce temps la colonne du centre avait remonté la Betsiboka à bord du *Primauguet* de la *Rance* et du *Lynx* couverts en amont par le *Gabès* mouillé à cinq kilomètres de Marovoay. On débarque au confluent de la rivière de Marovoay, malgré le feu d'une batterie hova et d'une pièce à demi-enterrée qui enfilait la rivière, feu aussitôt éteint par le tir des canons-revolvers et des pièces de 65 millimètres des embarcations armées en guerre. Bientôt soldats et turcos se portent directement sur Marovoay, sous la conduite personnelle du commandant Bienaimé.

Vers dix heures du matin, le pavillon hova qui flottait sur le *rova* de Marovoay est brusquement amené. Le commandant Bienaimé, pressant la marche, entre peu après dans Marovoay, en franchissant les retranchements abandonnés par l'ennemi, et l'occupe ; il se porte ensuite sur le *rova* qui domine la ville de 50 mètres environ, y pénètre avec quinze hommes et y fait, à onze heures quinze minutes du matin, hisser le pavillon français.

A midi, la colonne Pognard entrait à son tour dans Marovoay pendant que la compagnie Delbousquet, transportée de la rive gauche sur la rive droite de la Betsiboka par les embarcations du *Gabès*, poursuivait de ses feux de salve les groupes ennemis s'enfuyant à travers les marais.

Ces opérations, où les troupes de terre et de mer rivalisèrent d'entrain et qui ne nous avaient coûté que 1 tirailleur algérien tué et 4 tirailleurs malgaches blessés, dont un mortellement, nous assurèrent la possession définitive de l'importante position de Marovoay et de l'estuaire de la Betsiboka.

Nous trouvâmes à Marovoay ou dans les environs 20 canons lisses, une mitrailleuse, 10,000 cartouches, 2,000 obus 5 affûts hotchkiss et des approvisionnements de poudre.

Un fort parti ennemi, environ 2,000 hommes, était demeuré retranché près du village d'Ambodimonti, à 12 kilomètres dans le Sud-Est de Marovoay, où Ramazombazaha avait rallié une partie des fuyards et concentré quelques renforts envoyés de Tananarive.

Le lieutenant-colonel Pardes reçut l'ordre de se diriger de ce côté, avec mission d'observer l'ennemi jusqu'à la reprise de la marche en avant. Les troupes qu'il avait sous ses ordres se composaient de deux compagnies et demie du bataillon malgache et d'une compagnie de turcos, en tout 450 hommes.

Le 15 mai, à quelques kilomètres d'Ambodimonti, il se heurta à une colonne ennemie qui marchait à sa rencontre. Un violent combat corps à corps s'engagea, à travers la brousse et les hautes herbes, entre nos tirailleurs et les Hovas, qui furent bientôt repoussés, laissant sur le terrain un canon se chargeant par la culasse, des munitions et environ soixante morts.

Cet engagement, très court mais très vif, nous avait coûté un officier blessé (lieutenant Forestou) et onze tirailleurs blessés, dont quatre très grièvement.

Démoralisés par la vigueur de l'attaque et par l'annonce d'un mouvement tournant que le colonel Oudri dirigeait vers le Sud, les Hovas se hâtèrent d'abandonner la position d'Ambodimonti qu'ils avaient pourtant hérissée de tranchées, d'épaulements et de défenses accessoires.

Averti de la retraite des Hovas, le colonel Pardes s'empressa d'occuper la position ennemie le 17 mai au matin. Il y trouva une grande quantité de munitions.

A la suite de ces brillantes affaires, le lieutenant-colonel Pardes fut cité à l'ordre du jour de l'armée.

V

Le général Duchesne débarqua le 6 mai avec son état-major à Majunga.

La présence du général en chef imprima une impulsion nouvelle aux travaux d'installation et d'organisation du corps expéditionnaire. Mais malgré toute l'activité déployée, il fut impossible de remédier complètement à l'insuffisance des moyens et au manque de préparation que nous avons déjà notés.

C'était le moment où les navires et les transports affrétés arrivaient bondés de troupes et de matériel — un moment il y en eut 25 à la fois sur rade. — Et rien pour les décharger, rien pour recevoir à terre les hommes et les innombrables caisses que renfermaient leurs cales !

« Il règne ici, écrivait un témoin oculaire, un désarroi tellement intense qu'il durera vraisemblablement jusqu'à la fin de la campagne. Il a pour cause l'absence au moment voulu des chalands et des canonnières fluviales et l'insuffisance du wharf de Majunga.

« Quand un navire arrive, il ne peut débarquer sa cargaison sur les canonnières et les chalands qui n'existent pas ; il ne peut davantage accoster au wharf qui, beaucoup trop court et mal placé, n'a à son extrémité qu'un mètre cinquante d'eau à mer basse ; il doit rester en rade à 800 mètres environ de la plage.

« Là il attend les seuls moyens de déchargement dont le port dispose, c'est-à-dire deux ou trois chalands réquisitionnés à la maison Suberbie et trois ou quatre chaloupes à vapeur des bâtiments de guerre en rade. Au bout de quatre ou cinq jours environ son tour arrive. Alors on débarque ses troupes ; quant à son matériel, il attend, selon son importance, huit, quinze et même trente jours, ce qui à deux mille francs de surestarie par jour pour chaque bâtiment fait une dépense totale énorme.

« Arrivées sur la plage, les troupes sont envoyées à quelque distance, aux environs du rove, pour bivouaquer et, trois ou quatre jours après, on les expédie dans l'intérieur, bataillon par bataillon, à cause du manque d'eau à Majunga. Quant aux marchandises, les moyens de transport faisant défaut, elles sont jetées pêle-mêle sur la plage et plus ou moins enlevées par le flot, à la marée montante. Les corps ont naturellement, au milieu de ce désordre, la plus grande peine à retrouver ce qui leur appartient et partent le plus souvent en le laissant.

« Les troupes et le matériel débarquant ainsi successivement, il faut les envoyer dans l'intérieur par la voie de terre, toujours à cause de l'absence de canonnières et de chalands ; il a donc fallu faire une route, Madagascar n'en possédant pas. Il en est résulté que les compagnies du génie, travaillant dans ce delta de la Betsiboka au milieu des miasmes palustres et sous ce climat tropical, ont eu les trois quarts de leurs effectifs malades.

« Quant aux troupes qui cheminent bataillon par bataillon sur cette mauvaise route couverte d'une poussière extraordinaire, elles sont aussi décimées par la maladie, parce qu'on oblige les Européens à porter leurs sacs et qu'il leur faut réparer la route en passant.

« Avec cela l'eau manque, et ce n'est que lorsqu'elle paraît quelque part en quantité suffisante qu'un bataillon se met en marche et fait une étape.

« L'état sanitaire de toutes les troupes se ressent fâcheusement de cet état de choses.

« C'est navrant de voir à côté de soi la voie d'eau inutilisée : elle seule aurait permis — comme on y comptait — de mener l'expédition à bien, si on avait envoyé d'avance à Majunga toutes les canonnières et tous les chalands, débarqué dessus les chargements des navires dès leur arrivée et conduit le tout immédiatement à Suberbieville, sans s'inquiéter des quelques postes hovas de la rive droite de la Betsiboka, qui se seraient retirés précipitamment en nous voyant installés sur leur ligne de retraite.

« A Suberbieville on aurait organisé une base de ravitaillement parfaite, défendue aussi bien qu'on l'aurait voulu et d'où on aurait fait partir l'avant-garde, Decauville à la main, pour Tananarive. De cette manière, l'expédition se faisait avec ordre et sans à-coups mathématiquement (1) ».

Une partie de l'énorme matériel que l'expédition traînait avec elle consistait en voitures Lefebvre. Ces voitures formées d'un caisson métallique, à deux roues, pouvant être traînées par un seul mulet, avaient rendu de grands services au Tonkin, principalement dans la marche sur Langson. Le général Duchesne avait pu les apprécier dans ce pays; mais au Tonkin il y a des routes, dont quelques-unes, les routes mandarines, sont belles, larges et bien entretenues; dans ces conditions la voiture Lefebvre pouvait et devait rendre des services. Il en était tout autrement à Madagascar. Là il n'y a que des pistes, des sentiers à peine tracés où peut seul s'engager un mulet. Vouloir faire circuler des voitures à Madagascar était une aberration dont pouvaient être seuls capables ceux qui n'y avaient jamais été. Il en résulta que pour utiliser les voitures Lefebvre on fut amené à une nouvelle aberration, celle de construire une route pour leur permettre d'y circuler, cette fameuse route d'Andriba qui allait coûter tant de travaux, tant de temps, tant de peines, tant de morts surtout, cette route dont chaque hectomètre a été marquée de la tombe d'un de nos soldats.

Le service sanitaire même était insuffisant et n'avait ni le personnel ni le matériel voulu. On avait compté sur 25 0/0 de malades; il devait y en avoir plus de 75 0/0. On avait prévu quatre hôpitaux de campagne et deux ambulances. Un hôpital d'évacuation était installé a bord du *Shamrock* en rade de Majunga; un sanatorium ou hôpital de convalescence

(1) Lettre d'un officier du corps expéditionnaire.

était établi sur l'îlot de Nossi-Cumba, réputé pour sa salu-
brité, à côté de Nossi-Bé. Tout cela aurait été peut-être suffisant avec une expédition bien préparée, sans toutes les
causes que nous avons énumérées plus haut qui triplèrent
ou quadruplèrent la mortalité et la morbidité des troupes.
Mais bientôt on s'aperçut que médecins, pharmaciens, infirmiers, remèdes ne pouvaient suffire à l'affluence des malades.
Les infirmiers exténués par le travail tombèrent eux-mêmes
malades, et les médecins durent se multiplier avec un dévouement et une énergie au-dessus de tout éloge pour suppléer à
tout ce qui leur manquait.

Mais nous en avons assez dit sur toutes les fautes accumulées autour de cette malheureuse expédition. Quittons
définitivement la critique à laquelle on se laisserait volontiers
entraîner quand on a connu, comme nous, les choses de
près, pour raconter uniquement les faits d'armes auxquels
ces pages doivent être consacrées.

VI.

Le 29 mai, le général Duchesne quitta Majunga pour prendre lui-même la direction des opérations militaires. Le général Metzinger, dont on ne saurait trop louer l'énergie et l'entrain, avait continué la marche en avant sur Mavétanane.
Grâce à des mouvements tournants habilement exécutés, il
s'était emparé sans coup férir de plusieurs postes que les
Hovas avaient abandonnés à son approche, Traboujy, Ambato, Ankoala, et était arrivé à une petite distance de Mavétanane, où les Hovas avaient fait de grands préparatifs de
défense.

La position de Mavétanane, très forte par elle-même, commande le confluent de la Betsiboka et de son principal affluent, l'Ipoka ; en arrière se trouvent les importants établissements de Suberbieville, construits par notre compatriote M. Suberbie pour l'exploitation des mines d'or. Ces établissements, pensait-on, seraient excellents comme base d'opération pour la marche sur Tananarive, et c'était là que le corps expéditionnaire devait se concentrer et se refaire à l'abri des marais et des palétuviers de la côte.

« Les journées du 2 au 5 juin furent employées par le général commandant l'avant-garde à reconnaître et à faire fouiller avec le plus grand soin toute la rive droite de la Betsiboka, depuis le confluent jusqu'au village fortifié d'Amparihibé ; ces reconnaissances avaient non seulement en vue de déterminer le point le plus avantageux pour forcer le passage de la Betsiboka, mais encore de permettre de se renseigner, aussi exactement que possible, sur les dispositions qu'auraient pu prendre les Hovas pour s'opposer à cette opération, qui ne laissait pas de présenter, par elle-même, de très sérieuses difficultés.

« Dans la journée du 5 juin, quelques coups de feu furent échangés entre un de nos avant-postes et ceux que l'ennemi avait établis sur la rive gauche de la rivière, près du confluent. Deux de nos tirailleurs ayant été blessés, notre avant-poste fut renforcé et les Hovas, en butte à quelques salves, cessèrent promptement leur feu. Ce même jour, à cinq heures du soir, le général en chef arrivait, à bord de la canonnière la *Brave* ; il visita les bivouacs de l'avant-garde et arrêta immédiatement les dispositions à prendre pour le passage de la Betsiboka, dans la journée du lendemain 6 juin.

« La Betsiboka, à l'approche de son confluent avec l'Ikopa,

est large de près de 450 mètres ; son courant, en quelque
sorte endigué entre plusieurs bancs de sable, est fort rapide
et un ilot, qui tient à peu près le milieu de la distance entre
les deux rives, n'est susceptible, étant entièrement nu, d'offrir aucun abri. La rive droite, où se trouvait notre avant-
poste, est sablonneuse et à peu près découverte. La rive
gauche, au contraire, présente, après une étroite berge de
sable, un terrain couvert d'une sorte de forêt vierge, très
épaisse, qui masquait entièrement les mouvements et dissi-
mulait les forces de l'ennemi. Quant au gué, il avait été signalé, dans les reconnaissances antérieures à la campagne,
comme très peu sûr et difficilement praticable.

« Il était prudent, dans ces conditions, de préparer et d'appuyer, par une démonstration latérale, l'opération du passage
direct. Profitant, à cet effet, de la présence de la canonnière
Brave, qui l'avait amené et dont le mouillage était hors de
la vue des Hovas, le général en chef l'employa à transporter,
dès le matin du 6 juin, sur la rive gauche de la Betsiboka, une
section de la 4ᵉ compagnie du régiment d'Algérie (lieutenant
Simon). Cette section avait ordre de se glisser le long du
fleuve, jusqu'en face du confluent, en se masquant derrière
les roseaux. Une autre section de la même compagnie s'embarqua ensuite sur la *Brave*.

« Pendant ce temps, les trois autres compagnies du 1ᵉʳ bataillon du régiment d'Algérie (légion) et la 15ᵉ batterie de
montagne s'étaient établies, en position d'attente, à l'abri de
quelques buissons, sur la rive droite de la Betsiboka, presque en face du confluent. Un peu après midi, la *Brave*
commença à remonter le fleuve ; elle arriva, vers une heure,
à hauteur du confluent. Dès qu'il l'aperçut, l'ennemi la prit
pour objectif de son tir ; elle riposta avec ses deux pièces

de 37 millimètres, pendant que la 15° batterie, démasquée, faisait feu de ses six pièces et que la section postée sur la rive gauche prenait l'ennemi en flanc par des feux de salve.

« Devant ces feux convergents, les partis hovas se retirèrent presque immédiatement. Le débarquement de la section d'infanterie, transportée par la *Brave*, put alors s'effectuer sans incident, tandis que le capitaine Aubé, du service des renseignements, suivi du lieutenant de réserve Bénévent, se lançait hardiment, en poussant devant lui un guide sakalave, à travers la rivière et constatait que le gué, dont la profondeur ne dépassait pas alors 1 m. 20, pouvait, à la rigueur, être pratiqué. Néanmoins, le reste du bataillon et le matériel de la 15° batterie furent transportés dans un chaland remorqué par la canonnière ; les chevaux et mulets passèrent seuls à gué ».

Le lendemain 7 juin, on arriva au village de Marololo évacué par les Hovas. Marololo est situé sur le bord de l'Ipoka et avait été signalé comme le point terminus de la navigation sur cette rivière. On y laissa deux compagnies.

Les Hovas avaient élevé de nombreux retranchements et batteries à travers les défilés par lesquels passe le sentier. On les tourna facilement, et l'ennemi, menacé sur son front et ses flancs, les évacua précipitamment en y laissant une partie de ses bagages.

Le 9 la colonne arriva en vue de Mavétanane.

La colline sur laquelle s'élevaient les retranchements hovas, le *rove*, était haute environ de 80 mètres ; isolée et dominant toute la plaine, limitée par des pentes escarpées, elle présentait une position réellement forte qui, en d'autres mains, eût été très difficile à enlever.

On avait pensé tout d'abord faire une marche de nuit pour tourner la position par le Sud, et procéder ainsi à une sorte d'investissement qui eût amené la capture de la place et de la garnison ennemie. Mais les troupes étaient tellement fatiguées qu'on ne pouvait leur demander un effort pareil. Il fallut se contenter d'une attaque par le Nord-Est.

Le dimanche 9 juin, à 9 heures du matin, deux batteries de montagne furent mises en position sur un petit mamelon où s'espaçaient quelques arbres à 2500 mètres de Mavétanane. Le 40° bataillon de chasseurs à pied se déploya à droite de l'artillerie, les tirailleurs algériens à gauche. Avec quelques obus on fouilla un bois voisin où l'on avait aperçu des groupes ennemis ; puis l'artillerie vint y prendre position, pendant que les chasseurs prononçaient leur mouvement en avant vers le Nord et les tirailleurs vers le Sud.

Les Hovas formés en petits groupes le long du plateau suivaient de l'œil tous nos mouvements. Dès qu'ils virent notre artillerie arriver au bois, ils ouvrirent le feu de leurs batteries placées au Nord et au Sud de Mavétanane. Leur tir était très exact et plusieurs de leurs obus vinrent tomber dans nos lignes, sans nous faire du reste aucun mal. Nos canons ripostèrent aussitôt. Les projectiles à la mélinite produisirent des effets foudroyants. A peine le premier obus avait-il éclaté qu'une immense clameur retentit et les *lambas* (1) blancs disparurent. Comme frappés de terreur, ils se mirent à dévaler par les pentes Sud. Leurs canons se turent du même coup.

On n'avait plus qu'à marcher en avant. En vain notre aile

(1) Rappelons que les Hovas sont vêtus de *lambas*, grands vêtements en cotonnade blanche.

gauche fît-elle diligence pour atteindre les fuyards. Ils étaient
déjà trop loin.

« Le plus curieux de l'affaire, raconte un témoin oculaire,
c'est que ce ne furent pas les troupes assaillantes qui entrèrent les premières dans Mavétanane. Une compagnie de la
légion étrangère, qui accompagnait le convoi à l'arrière de
la colonne, mit sacs à terre, et, avec une agilité de chats, ces
braves sautèrent les obstacles, gravirent les escarpements,
trouvèrent le sentier et vinrent planter le drapeau français
en plein rova (1). »

Nous n'avions que deux tirailleurs légèrement blessés.

On trouva dans la ville cinq canons dont trois hotchkiss,
des caisses de munitions, de la dynamite, de la poudre et
plus de deux cents fusils, en majorité des sniders.

La prise de Mavétanane nous ouvrait Suberbieville, située
à 2 kilomètres plus au Sud. On y arriva à temps pour arrêter quelques indigènes qui, une torche à la main, s'apprêtaient à y mettre le feu et pour empêcher ainsi l'incendie
de la plus grande partie des bâtiments de cet établissement.
Deux hangars-magasins seulement avaient été la proie des
flammes.

Quelques jours après, le général en chef vint s'installer
avec son état-major à Suberbieville, dans les anciens bâtiments de l'exploitation. Il y fit établir également une ambulance et tous les services accessoires.

VI.

La fin de juin devait être consacrée à l'organisation de la
ligne d'étapes et des convois de ravitaillement de Majunga à

(1) Correspondance du *Temps*.

Suberbieville. Tout le gros du corps expéditionnaire se trouvait encore disséminé entre ces deux points, travaillant à l'exécution de la route carrossable, quand les Hovas prirent eux-mêmes l'offensive.

Nos avant-postes avaient été poussés jusqu'à Tsarasotra, à 25 kilomètres au Sud de Suberbieville. On avait établi en ce point un détachement composé d'une compagnie de turcos, une section d'artillerie et un peloton (10 hommes) de chasseurs d'Afrique, sous les ordres du chef de bataillon Lentonnet.

Le 28, vers neuf heures du soir, le petit poste de tirailleurs algériens qui gardait, sur la face Est, le camp de Tsarasotra, se vit brusquement menacé par un groupe assez nombreux ; ce petit poste, après avoir riposté vivement, battit lentement en retraite, derrière un pli de terrain, pour ne pas être cerné. Une patrouille envoyée à son secours vint bientôt rendre compte que l'ennemi s'était replié ; vers dix heures et demie du soir, en effet, au coucher de la lune, tout rentra dans le silence.

Le 29, au moment où le jour, dont l'arrivée est toujours brusque en pays tropical, commençait à peine à naître (vers cinq heures trois quarts du matin), plusieurs centaines de Hovas, débouchant en colonne profonde d'un sentier qui longe l'Ikopa, vinrent se glisser dans un ravin escarpé qui s'étend au Sud du petit plateau de Tsarasotra, escaladèrent les pentes du versant droit de ce ravin et ouvrirent inopinément, à la distance de 300 ou 400 mètres, un feu très vif sur le camp, en même temps qu'ils cherchaient à l'envelopper par l'Ouest.

La 6e compagnie du régiment d'Algérie, que venaient de prévenir les sentinelles, se déploya immédiatement, trois sections face au Sud, une section en réserve. La section d'artillerie se mit également en batterie, face au Sud, et tira à mitraille sur les Hovas ; les chasseurs d'Afrique, à pied, sous les ordres du lieutenant Corhumel et du brigadier Claverie, défendirent avec énergie la droite du camp. Devant ces dispositions, rapidement prises par le commandant Lentonnet, l'attaque parut se ralentir. Mais, vers six heures un quart, une autre colonne hova, descendant du Beritzoka, déboucha à son tour sur les pentes inférieures d'un mamelon qu'occupait un poste détaché et chercha à l'envelopper.

Les Hovas avaient mené cette attaque avec une vigueur à laquelle ils ne nous avaient pas habitués. A la courte distance où ils nous fusillaient, leur tir nous causa des pertes sensibles. Le lieutenant d'infanterie Augey-Dufresse tomba mort frappé d'une balle dans le côté; un caporal de tirailleurs, nommé Sapin, fut tué d'une balle en pleine poitrine ; six hommes furent blessés.

Pour mettre fin à une situation qui ne pouvait se prolonger sans danger, le commandant Lentonnet n'hésita pas à donner l'ordre à la section de réserve de pousser, sous le commandement du capitaine Aubé, une contre-attaque à la baïonnette sur le sentier du Beritzoka. En même temps, la section du sous-lieutenant indigène Kacy exécutait, vers le Sud, du côté de l'Ikopa, une autre contre-attaque. Il était alors environ sept heures et demie du matin.

La dernière de ces contre-attaques eut un succès immédiat et complet ; l'ennemi attaqué à la baïonnette se replia en toute hâte vers l'Est, en laissant 30 cadavres sur le terrain. Durant ce temps, le capitaine Aubé conduisait la première contre-attaque avec la plus grande vigueur. Cet officier et sa troupe s'élancèrent au pas gymnastique contre l'ennemi, le mirent en fuite et, remontant derrière lui les pentes qui dominent Tsarasotra à l'Est, les couronnèrent immédiatement. A huit heures et demie du matin, le poste de Tsarasotra se trouvait, en fait, complètement dégagé.

Mais alors, une troisième colonne ennemie, avec de l'artillerie, fut signalée descendant du mont Beritzoka et marchant contre la section du capitaine Aubé. Le commandant Lentonnet renforça successivement cette section de deux autres demi-sections et des deux pièces de la section d'artillerie; mais les munitions d'infanterie commençant à manquer, il ne fut pas possible de donner aux feux de salve toute l'intensité désirable.

Heureusement des renforts ne tardèrent pas à arriver. Au bruit du canon deux compagnies de tirailleurs algériens (capitaine Pillot) cantonnées un peu en arrière à Behanana s'étaient mises en route pour Tsarasotra. L'entrée en ligne de cette troupe fraîche suffit pour faire reculer l'ennemi qui se retira sur le sommet du mont Beritzoka où se dressait un camp retranché.

Il était alors midi et demi. Une compagnie fut établie en grand garde sur un mamelon avancé. Le reste des troupes rentra à Tsarasotra.

C'était, en somme, un demi-succès pour les Hovas qui pouvaient se vanter de rester sur leurs positions.

Le commandant Lentonnet n'avait pas assez de monde pour les y forcer. Il demanda au général Duchesne une compagnie de renfort. Le général en chef lui envoya deux compagnies de chasseurs à pied, qui partirent le jour même à midi et arrivèrent dans la soirée avec une batterie d'artillerie et un convoi de munitions à Tsarasotra.

Le général Metzinger parti lui aussi de Suberbieville vint prendre la direction des opérations.

Le 30 au matin, le général fait prendre la formation de combat. Les Hovas couronnent les crêtes qui s'étendent de part et d'autre du mont Beritzoka. On pouvait évaluer leurs contingents à trois ou quatre mille hommes. Ils avaient avec eux quatre canons à tir rapide excellents et bien approvisionnés.

Trois compagnies de chasseurs et une de tirailleurs sont envoyées en avant appuyées de deux sections d'artillerie. A l'approche des nôtres, les Hovas garnissent les rampes et commencent le feu. Nos troupes s'avancent sans répondre, et ce fut vraiment, dit un témoin oculaire, un beau coup d'œil que celui de cette marche accomplie avec tant de calme et de précision.

A deux cents mètres seulement nos troupes s'arrêtent et exécutent un tir rapide. Les Hovas tombent ; mais évidemment nous avons affaire cette fois aux meilleurs soldats de la reine ; ils ne lâchent pas pied.

Alors l'infanterie met baïonnette au canon, on commande « la charge ! » ; les clairons sonnent ; nos hommes s'élancent en avant, escaladant les pentes, franchissant tous les obstacles avec un élan superbe. Eperdus, les Hovas lâchent pied et disparaissent dans un ravin où la plupart sont tués ; les survivants s'enfuient poursuivis par des feux de salve qui activent leur déroute et leur font encore éprouver des pertes sensibles.

Vers dix heures, une des deux sections d'artillerie, parvenue à son tour et grâce à d'énormes efforts sur le plateau, achevait la poursuite en tirant sur la colonne ennemie, qui s'était, tant bien que mal, reformée au fond de la vallée, fort étroite en cet endroit, et défilait, compacte, à la distance de 2,500 à 3,000 mètres.

A dix heures vingt minutes, le feu avait entièrement cessé.

Les Hovas avaient perdu plus de deux cents hommes tués. On ne connut pas le chiffre des blessés. De notre côté nous n'avions que deux hommes tués et quinze blessés.

Notre butin fut considérable : 450 tentes, le drapeau du commandant en chef, un canon et 400 fusils ; tous les approvisionnements en vivres, munitions, effets, du riz, de la toile, des médicaments, des nattes, des filanzanes, tombèrent entre nos mains.

C'était une victoire complète, la plus importante de l'expédition ; bien que le combat eût été court, il avait suffi à mettre en relief les excellentes qualités de nos troupes, leur entrain, leur agilité, leur belle prestance et leur solidité au feu.

VII

Malheureusement cette belle journée n'eut pas de lendemain, et pendant plus de deux mois le corps expéditionnaire allait se morfondre — et se fondre — dans la construction de cette route carrossable que le commandement estimait toujours indispensable au ravitaillement de nos troupes.

Le général en chef ne voulait reprendre la marche en avant que lorsqu'il aurait réuni à Suberbieville 3000 tonnes de vivres. Malgré la baisse des eaux, les canonnières et les chalands réussissaient à remonter la rivière jusqu'à quelques kilomètres du point de concentration des troupes, à Maralolo. Le général en chef n'en fit pas moins continuer et achever la construction de la route de terre de Majunga à Suberbieville. Une des plus grosses difficultés de cette route

était la traversée de la Betsiboka. Nous avons déjà dit que le
général en chef avait décidé d'y construire un pont au point
même où les troupes du général Metzinger avaient forcé le
passage. Maintenant que les canonnières pouvaient remonter bien en amont, la nécessité de ce travail ne se faisait
plus autant sentir. Il fut cependant continué et achevé, au
prix de sacrifices inouïs.

Ce fut une œuvre de géants qui fit l'admiration de toute
l'armée et qui restera l'éternel honneur des troupes du génie
du corps expéditionnaire. Pour enfoncer les pieux, on n'a-
vait pas de mouton, celui qui avait été expédié de France
ayant été jeté à l'eau ou perdu à la suite de quelque échoua-
ge de chaland. On le remplaça par un moyen original : les
pieux étaient plantés légèrement, une plaque de fer en recou-
vrait la tête, hors de l'eau ; on y plaçait une charge de dynamite que l'on faisait détoner ; le choc suffisait pour enfoncer les pieux.

Le pont de la Betsiboka devait avoir 367 mètres de long.
« On essaya d'abord du système des chevalets, mais le fond
du fleuve est d'un sable extrêmement fluide.

« Nous posions un chevalet, racontait un des braves trou-
« piers qui ont coopéré à cette étonnante construction ; nous
« allions manger la soupe, et quand nous revenions, plus
« de chevalet ! les sables avaient tout avalé. »

« Il fallut alors recourir aux pieux enfoncés à force, passer sa vie dans l'eau, jusqu'aux aisselles, bravant les rhu-
matismes et aussi les nombreux caïmans.

« Les annales militaires n'avaient pas enregistré pareil
travail depuis 1809 ! Le nombre des charpentiers diminuait
tous les jours. On vit à la fin cette poignée de braves gens
se raidir contre la fièvre et la souffrance et continuer l'œu-

vre entreprise. On vit aussi des officiers manier la scie et le marteau et suppléer aux soldats terrassés par la maladie. » (1)

Outre le pont de la Betsiboka, le génie dut en construire deux autres, l'un à Marovoay, de 67 mètres de long, un autre à Ambato, de 120 mètres, sans compter tous les ponceaux de la route.

Aussi, à la fin de juillet, de 800 hommes qu'il comptait en arrivant à Madagascar, le bataillon du génie était réduit à 120.

Le lieutenant-colonel Marmier, ses officiers et ses soldats furent vraiment les héros du corps expéditionnaire. Ils ont bien mérité de la patrie.

(1) Lettre de Suberbieville. ARDOUIN-DUMAZET. *L'armée et la flotte en* 1895.

CHAPITRE V

I

Le 30 juillet on reprit la marche en avant, la 2ᵉ brigade (brigade Voyron), en tète.

Les Hovas n'opposèrent d'abord aucune résistance ; ils se contentaient de surveiller les mouvements de nos troupes et se repliaient ordinairement devant elles, après avoir brûlé quelques cartouches.

Cependant, la reconnaissance dirigée contre Soavinandriana, le 16 août, rencontra une résistance inusitée. Les trois pelotons qui l'exécutèrent, sous le commandement du chef de bataillon Borbal-Combret, du 13ᵉ régiment d'infanterie de marine, réussirent à couper la retraite à l'arrière-garde ennemie, qui laissa sur le terrain neuf cadavres, dont celui du gouverneur militaire du district. De notre côté, un seul soldat du bataillon malgache avait été blessé.

La colonne s'élevait ainsi, quoique bien lentement vers le plateau central, poussant au fur et à mesure qu'elle avan-

çait le travail de construction de la route. Ce travail devenait
d'autant plus difficile que la région dans laquelle on entrait
devenait plus accidentée. Ainsi la traversée d'un des premiers contreforts de la chaine des Ambohimena, qui se dresse
en travers de la route de Tananarive, exigea un déblai de
6000 mètres cubes. Les deux brigades furent concentrées
sur ce point pour accélérer cet énorme travail qui fut achevé en quatre jours.

Le 20 août on arriva au pied des monts Ambohimena.
Les Hovas y avaient, depuis deux mois, concentré tous leurs
moyens de résistance.

Le col d'Andriba, large de 3800 mètres par lequel passe la
route, était une ligne de fortifications ininterrompues. « De
quelque côté que l'œil se portât, on apercevait des camps et
des ouvrages de défense. Des batteries avaient été élevées presque sur le sommet le plus haut du pic d'Andriba lui-même ;
pas une position militaire n'était inoccupée. Il y avait là cinq
mille Hovas, des canons, des approvisionnements, le tout
dirigé par quelques aventuriers anglais qui avaient organisé
la défense (1). »

Le général en chef résolut de brusquer l'attaque.

Le 21 août de grand matin la brigade Voyron se mit en
marche. Cette brigade, composée de deux bataillons d'infanterie de marine, des deux bataillons de tirailleurs haoussas
et malgaches, avait été renforcée d'une compagnie du génie et de l'escadron de chasseurs d'Afrique. Le général en
chef suivait avec une réserve composée du bataillon de la légion étrangère, de la 8e batterie d'artillerie et d'une section
de 80 hommes de campagne.

(1) Correspondance du *Temps.*

Les cavaliers servaient d'éclaireurs.

On marcha toute la matinée par une chaleur accablante dans un terrain excessivement difficile.

Vers onze heures et demie, la colonne déboucha en face du village d'Ambodiamontana. Elle fut accueillie par une fusillade nourrie qui partait d'une longue tranchée où s'étaient embusqués les Hovas. Nos troupes s'élancent sans tirer, et, d'un bond, enlèvent le village.

La pointe d'avant-garde pousse jusqu'au village d'Ambontona, à environ trois kilomètres.

Comme l'ennemi n'avait opposé nulle part de résistance sérieuse, le général en chef pensa qu'il pouvait faire prendre un repos de quelques heures aux troupes harassées par la marche et le combat du matin.

On bivouaqua dans les environs d'Ambodiamontana.

Vers deux heures et demie, une patrouille d'infanterie et quelques cavaliers envoyés par la grand'garde de tirailleurs malgaches établie dans le village d'Ambontona, ayant débouché au Sud de ce village, fut brusquement saluée par une salve de deux ou trois obus à balles partis d'un des ouvrages du col. Un projectile tua net un tirailleur et en blessa un autre.

En même temps, de toutes les hauteurs voisines se démasquaient des batteries qui ouvrirent le feu sur notre avant-garde.

Si les troupes eussent été moins fatiguées et l'heure moins tardive, le général en chef eût riposté par une attaque immédiate qui aurait eu grande chance de faire tomber en notre pouvoir l'artillerie ennemie.

Il se contenta d'envoyer au secours de l'avant-garde deux compagnies de renfort avec une batterie.

Les Hovas précipitent leur tir qui acquiert tout à coup une précision inusitée. Pendant que notre artillerie prend position, elle est encadrée par plusieurs projectiles percutants qui blessent trois canonniers dont un mortellement. Mais bientôt nos pièces commencent leur feu à leur tour. Une cinquantaine d'obus bien envoyés ont raison de l'artillerie ennemie. Les obus à la mélinite produisent, comme toujours, des effets terrifiants. Au bout de deux heures de ce duel d'artillerie, les retranchements hovas étaient complétement réduits au silence.

« Dans la nuit, quelques coups de feu sont tirés, et le 22 août, de bon matin, la brigade Voyron est sur pied prête à reprendre la lutte.

« On se rassemble à Ambodiamontana ; le bataillon haoussa se dirige vers l'Est avec deux sections d'artillerie, pour enlever le camp appuyé à l'Hiendrereza et se rejeter sur les deux autres camps établis en contre-bas du premier.

« A sa droite partent d'Ambontana les trois autres bataillons accompagnés d'une section d'artillerie.

« Sur la rive gauche du Kamolandy, le bataillon de la légion étrangère se tient en réserve. »

Mais cette fois les retranchements ennemis, si bruyants la veille, sont complétement silencieux. Les jumelles des officiers fouillent les camps hovas ; les avant-gardes scrutent les moindres buissons. On ne voit rien, on n'entend rien. Le désappointement est général. Les Hovas ont profité de la nuit pour disparaître encore une fois et se dérober à nos coups.

Alors nos soldats se répandent partout. On brûle les camps ennemis où il ne reste que de la vermine. On pousse une reconnaissance jusque sur le pic d'Andriba. Ici et là on

trouve un canon-revolver, quelques pièces, — sept en tout. —
un affût, des obus, des paquets de cartouches, des munitions
d'artillerie, des sniders, des winchesters, des sagaies, etc.

La plupart des villages ont été incendiés. Fidèles à la
tactique qu'ils ont adoptée dans cette guerre, les Hovas n'ont
rien laissé derrière eux qui pût nous servir. Ils font le
vide devant nous. Ils détruisent tout, autant pour forcer les
habitants à les suivre que pour nous priver des approvisionnements en riz que nous pourrions utiliser pour la nourriture de nos mulets et de nos chevaux.

II.

Pendant que la brigade Voyron se battait à Andriba, la
brigade Metzinger ne cessait de travailler à la route carrossable que le général en chef désirait pousser le plus loin
possible. Aussitôt après la retraite de l'armée hova, la 2ᵉ
brigade fut adjointe à la 1ʳᵉ et reprit la pelle et la pioche
qu'elle avait un instant abandonnées.

Cependant il devint bientôt évident que si l'on voulait prolonger davantage ce gigantesque travail de construction, on
n'arriverait jamais à atteindre Tananarive avant le retour de
l'hivernage. Le général en chef résolut en conséquence de
laisser à Andriba le gros du corps expéditionnaire pour assurer ses communications et de partir pour la capitale de l'Imerne
avec une colonne légère composée des troupes les plus résis-
tantes.

La fin d'août et le commencement de septembre furent
consacrés à l'organisation de cette colonne et à réunir les
240 tonnes d'approvisionnement qui étaient nécessaires pour
assurer sa subsistance jusqu'à l'arrivée dans la capitale.

La colonne comprenait 4000 hommes choisis moitié parmi les troupes de la guerre, moitié parmi les troupes de la marine. Elle fut divisée en trois groupes qui devaient, au départ d'Andriba, s'échelonner à un ou deux jours d'intervalle.

1° L'avant-garde, formée par le groupe du général Metzinger, comprenait, outre le quartier général et les états-majors, les 3 bataillons, (régiment d'Algérie), formant un total de 1500 hommes, deux compagnies du génie, (170 hommes), deux batteries à 4 pièces et un peloton de cavalerie (10 hommes).

2° Le gros, formé par le groupe du général Voyron, devait suivre l'échelon d'avant-garde à une journée de marche. Il comprenait, outre les états-majors de brigade et de régiment, un régiment mixte commandé par le colonel Bouguié et composé d'un bataillon et demi d'infanterie de marine, du bataillon malgache et de deux compagnies de Haoussas, en tout 1400 hommes, un peloton de 13 cavaliers, une batterie d'artillerie à 4 pièces et le convoi général.

3° La réserve, faisant office d'arrière-garde, devait au départ suivre le gros à quarante-huit heures d'intervalle. Elle comprenait un régiment de marche formé d'un bataillon du 200°, de deux compagnies d'infanterie de marine et de deux compagnies de Haoussas, en tout 800 hommes commandés par le colonel de Lorme.

La colonne comptait en outre 266 chevaux et 2809 mulets avec 1515 conducteurs auxiliaires. Les vivres, pour 22 jours, furent réduits au strict minimum, 850 grammes pour la ration ; il en fut de même des bagages ; on n'alloua aux officiers subalternes qu'une tente et qu'une cantine pour deux.

La route qu'allait suivre la colonne légère dans sa marche

6. — GÉNÉRAL DUCHESNE

sur Tananarive n'était qu'une piste fréquentée seulement par les porteurs indigènes. Elle devait être rendue praticable aux mulets par les compagnies du génie qui marchaient à l'avant-garde ; celles-ci devaient se relever chaque jour pour prendre alternativement la tête de la colonne et aménager des passages aux points les plus difficiles.

La longueur totale de la route qu'il restait à parcourir était de 190 kilomètres ; la moitié du trajet devait se faire dans une région tourmentée et déserte, où l'on avait à franchir deux chaines de montagnes, les grands Ambohimena et le massif de l'Ankarahara ; mais au delà, s'étendaient les plaines de l'Imerne, plaines habitées et cultivées dans lesquelles on espérait trouver des vivres et où la marche deviendrait plus aisée.

III.

Le départ a lieu le 14 septembre à 5 heures 30 du matin. La colonne s'engage dans la vallée du Mamokomita. Le pays est difficile, plein de ressauts, de tranchées, de fondrières. Malgré cela l'entrain est général ; il n'y a pas de traînards ; tous les cœurs sont remontés, on sent que la campagne entre enfin dans une phase décisive, et que le dénouement est proche (1).

On arrive dans la journée en vue du col d'Ampotaka ; c'est une position militaire de premier ordre. Entre deux hautes montagnes de 1200 mètres d'altitude court un ruisseau, le

(1) Correspondance du *Temps*.

Firingalava; la vallée est occupée dans son milieu par une colline allongée qui s'élève graduellement jusqu'au Tsinainondry. Des retranchements hovas barrent tous les passages; des lambas grouillent dans toutes les directions ; on évalue leur nombre à cinq ou six mille. Ils ont avec eux neuf canons bien approvisionnés. Il est impossible de tourner leurs positions ; les flancs du défilé sont inaccessibles. Il faudra enlever le passage par une attaque de front.

Le 15 septembre, vers cinq heures du matin, la colonne s'ébranle ; le jour commençait à peine. Aussitôt sur la droite un incendie éclate ; c'est un signal de l'ennemi. Bientôt une fumée blanche entoure Ampotaka qui est rapidement dévoré par les flammes.

« Au petit jour, les ouvrages ennemis laissent voir leurs parapets rouges, leurs tracés réguliers, leurs créneaux bien ouverts.

« Certes, les positions naturelles étaient très fortes ; mais on peut dire que les défenses étaient habilement organisées. Sur les rampes et sur le sommet des montagnes de l'Est s'étayaient deux fortins défendus chacun par deux canons. Tout en haut de la chaine de l'Ouest une batterie garnie de deux canons pouvait croiser ses feux avec ceux de l'Est.

« Puis, sur la colline centrale et sur son ressaut le plus élevé, qui enfile toute la vallée, se dressait une grande redoute armée de trois autres pièces.

« Ajoutons à cela des retranchements partout, des camps dans tous les coins, des abatis dans la vallée pour la mettre à découvert et gêner notre marche, et nous aurons une idée encore imparfaite de l'énorme travail de terrassement auquel s'étaient livrés les Hovas dans l'espérance d'arrêter la colonne. »

Deux compagnies de tirailleurs algériens sont envoyées contre les défenses de l'Est.

L'attaque de l'ouvrage de l'Ouest est confiée au bataillon malgache adjoint pour la circonstance au groupe d'avant-garde.

Quant à la position centrale, c'est le gros de la colonne, composé de la légion et des tirailleurs algériens sous les ordres du colonel Oudri, qui en est chargé.

Le mouvement est retardé par les difficultés du terrain ; les batteries d'artillerie s'enlisent dans des fonds marécageux ; il leur faut ensuite s'élever par des berges très escarpées où le génie a beaucoup de peine à leur ouvrir un chemin.

Le bataillon de la légion qui forme l'avant-garde se trouve un moment seul en butte au feu concentrique des sept batteries de l'ennemi et aux feux qui partent du fortin inférieur.

Heureusement le bataillon malgache, conduit avec une grande vigueur par le commandant Ganeval, arrivait en ce moment sur le premier sommet d'Ambohibé, y surprenait deux forts détachements hovas, les attaquait à la baïonnette après avoir exécuté quelques salves et les rejetait en grand désordre vers les batteries de l'Ouest que leurs défenseurs évacuèrent précipitamment à son approche.

Dès lors, l'avant-ligne du gros n'étant plus exposée qu'au feu des batteries de l'Est et du Centre put se masquer sur la pente Ouest du mamelon qu'elle occupait, et où elle fut enfin rejointe vers dix heures par les deux batteries de montagne et par le reste de l'infanterie.

Durant ce temps la légion était parvenue, par des feux de salve admirablement exécutés à 1800 et 2000 mètres, à déloger l'ennemi de la batterie basse de Tsinainondry.

A dix heures seulement notre artillerie retardée, comme nous l'avons dit, par les difficultés de la route, put prendre part au combat. Dès les premiers coups elle réussit à atteindre le parapet de la batterie haute du piton dont le feu fut bientôt éteint. Elle s'attaqua alors successivement aux autres batteries à 2600 mètres et 3000 mètres.

A ce moment les deux compagnies de turcos ayant réussi à prendre pied sur la crête du Tsinainondry s'avançaient rapidement refoulant devant elles les fantassins ennemis. Le désordre qui en résulta, joint à l'effet de notre artillerie, décida enfin l'ennemi à évacuer ses derniers retranchements.

A une heure de l'après-midi tout était terminé, les Hovas s'enfuyaient rapidement et, abandonnant la route de la vallée, se jetaient dans la montagne en laissant une centaine de morts sur le terrain.

De notre côté nous n'eûmes qu'un tué et deux blessés.

IV.

Aussitôt après, on reprend la marche en avant. La colonne s'engage dans l'étroite vallée du Firingalava et escalade par des sentiers abrupts le col de Kiangara. Au sommet de ce col, on trouve, en travers du chemin, une perche avec une inscription en langue malgache dont voici la traduction :

« La force a permis aux blancs d'arriver jusqu'ici, mais voici qu'on entend le bruit strident du vol des *voromahéry* (aigles). »

Allusion à l'arrivée des soldats de la garde royale vulgairement dénommés les *voromahéry* et qui, pensait-on, devaient mieux que les soldats du Boëni nous arrêter au pied des Ambohimena.

On débouche enfin (17 septembre) dans une vaste plaine à l'extrémité de laquelle s'élève la chaîne des monts Ambohimena. C'est là que les Hovas ont élevé leurs dernières défenses et qu'ils nous attendent pour essayer une dernière fois de nous arrêter sur la route de Tananarive.

Quatorze ouvrages hovas garnissent, coupent, obstruent les pentes de l'Ambohimena. Ces ouvrages sont étagés. C'est un escalier dont les degrés sont des forteresses.

« Du plus haut sommet de l'Ambohimena qui n'a pas moins de 1460 mètres d'altitude se détachent de longues croupes qui sont comme les rayons immenses d'un cercle démesuré. Trois de ces croupes, celles qui accèdent directement à la plaine, étaient hérissées d'ouvrages étagés. » On y comptait quatorze redoutes ou batteries presque toutes armées d'artillerie, et en outre plusieurs tranchées-abris étagées occupées par des tireurs armés de fusils.

Attaquer de front de telles positions eût entraîné sans doute des pertes sérieuses. On préféra les tourner. Mais pour cela il fallait s'engager dans des sentiers inconnus et abrupts. Ce fut la brigade Voyron qui fut chargée de cette ingrate et dangereuse besogne.

Le 19 septembre au matin la brigade Metzinger se concentre au débouché du sentier principal, l'arme au pied, les canons chargés sur les mulets.

Pendant ce temps un bataillon du régiment d'Algérie et la brigade Voyron exécutent par la droite leur mouvement tournant.

Le premier avait pour mission d'attaquer et d'annihiler les défenses les plus rapprochées ; la seconde de prendre à revers, ou tout au moins par le flanc, les ouvrages ennemis les plus élevés.

Nos troupes se mettent en marche à quatre heures du matin.

Le soleil n'était pas encore levé. Rien ne bougeait dans les positions ennemies. Avec le soleil seulement, les lambas blancs apparaissent et commencent à s'agiter comme une fourmilière.

A sept heures dix, un coup de canon part d'une des batteries élevées. C'est le signal d'une canonnade intense qui ne nous fait aucun mal, nos troupes étant hors de portée de l'ennemi.

Il était environ sept heures trente, quand, du point de rassemblement de la colonne de gauche, le général en chef peut apercevoir, déjà parvenue presque sur la crête de la montagne, à 6 kilomètres environ dans l'Ouest du point culminant, l'avant-garde du général Voyron, formée du bataillon malgache ; ce bataillon, qui n'avait rencontré aucun obstacle sérieux, avait marché avec une rapidité surprenante, sans que l'ennemi eût paru se douter de son approche. Ne doutant plus dès lors d'un rapide succès, le général en chef prescrit au général Metzinger de faire commencer l'attaque contre les tranchées établies en travers de la piste centrale par trois compagnies de la légion ; la 4ᵉ compagnie, sans sacs, dissimulant sa marche dans les ravins, devait en même temps essayer de déborder la première des batteries construites sur la piste de l'Est.

Après une ascension des plus pénibles, elle réussit à aborder par la gorge la batterie inférieure. La trouvant évacuée, elle répète l'essai qui avait si bien réussi à Tsinainondry, en ouvrant des feux de salve, à 1,800 mètres, contre les ouvrages supérieurs. Quel a été le résultat de ces feux qu'exécutait de front, en même temps, une autre compagnie du même bataillon? Il n'a pas été possible de le vérifier, dit dans son rapport le général Duchesne. Toujours est-il qu'ils coïncidèrent presque immédiatement avec un exode général des défenseurs de tous les ouvrages avancés, que menaçait, d'autre part, la marche hardie et méthodique du 3ᵉ bataillon d'Algérie vers la crête supérieure.

Brusquement, d'ailleurs (il était alors à peu près huit heures), les Hovas venaient de prendre conscience du danger qui les menaçait vers l'Ouest. Un détachement de 3 à 400 hommes d'infanterie envoyés de ce côté venait de se heurter contre la tête du bataillon malgache, qui, suivant sa méthode ordinaire, pousse de l'avant, presque sans tirer et les culbute, en désordre, vers les ouvrages établis près du point culminant. Dès lors, toute la défense, jusqu'aux ouvrages situés à 6 ou 7 kilomètres dans l'Est, paraît subitement désorganisée.

Les Hovas tirent comme affolés sans même se donner la peine d'épauler ; puis ils se sauvent. Le mouvement de retraite se communique de proche en proche. Tous les retranchements se vident et « bientôt l'Ambohimena n'est plus qu'un champ de course où les Hovas, déployant la vigueur de leurs jarrets, luttent de vitesse avec nos tirailleurs qui les poursuivent (1). »

Malheureusement l'artillerie, retardée par un très mauvais passage, n'avait pu suivre l'allure rapide des tirailleurs malgaches et dut renoncer à contribuer pas ses feux à la poursuite. Néanmoins, les Hovas écrasés par les feux de salve du bataillon d'avant-garde et par ceux de la cavalerie, puis, après la cessation du feu, poursuivis à coups de sabre par

(1) Correspondance du *Temps*.

les cavaliers, rompirent tout ordre de retraite et laissèrent
dans les ravins qui bordent la route une notable partie de
leurs charges, notamment 3 canons hotchkiss, 4 affûts et
plus de 30 caisses d'obus et de cartouches.

« Au cours de ces diverses actions qui ne nous coûtèrent
pas un homme, dit dans son rapport le général Duchesne,
nos troupes firent preuve d'un entrain et d'une vigueur
dignes d'éloge. Le groupe du général Voyron, en particulier,
parti le 15 d'Andriba, n'était arrivé que le 18, assez tard,
à Kinadji pour en repartir le 19 avant le jour. Il sut, néanmoins, mener à bien le mouvement tournant dont l'exécution
lui avait été confiée et on ne saurait douter qu'il fut le principal facteur du succès final. »

D'un seul élan, les Hovas s'étaient enfuis jusque vers
l'Ankarahara, à 45 kilomètres dans le Sud et l'œil qui, du
sommet des Ambohimena, pouvait suivre jusqu'à ces hauteurs la trace de la piste malgache, n'apercevait plus, le
20 septembre, d'apparence d'ennemis dans toute cette vaste
plaine. Néanmoins, malgré cette retraite désordonnée, l'ennemi, fidèle à sa tactique habituelle, avait encore incendié, en
s'enfuyant, tous les lieux habités construits le long de la
route. Cette destruction méthodique d'assez beaux villages
indiquait que la résistance demeurait à l'ordre du jour dans
les conseils du gouvernement hova.

Quelques heures après les troupes campaient à Mahari-
daza. La journée du lendemain fut consacrée au repos.

V.

Le 21 septembre on se remit en marche. Le soir la colonne
vint bivouaquer près d'Ankazobe. Le lendemain on campa

près d'Antoby. On n'apercevait plus trace de Hovas. Ils ne
brûlaient même plus les villages que nos troupes avaient à
traverser.

Le 23 septembre on arriva au pied des monts Ankarahara.
Au moment où l'avant-garde s'apprêtait à les franchir, deux
cents Hovas embusqués derrière les rochers ouvrirent le feu
sur les éclaireurs à une distance considérable. On mit quelques canons en batterie, et une compagnie de tirailleurs
malgaches fut chargée de tourner l'ennemi. Celui-ci n'attendit
pas nos obus. Il s'enfuit, et on arriva après lui au sommet de
l'Ankarahara d'où l'on aperçut deux mille lambas blancs se
retirant au loin.

Sans perdre le contact avec l'ennemi, nos troupes allèrent
établir leurs bivouacs dans une grande plaine nue, désolée,
déserte, à quelques kilomètres du Lohavohitra, grosse montagne à trois têtes, aux flancs encombrés de rochers. Sur
les crêtes et les pentes de cette montagne, les Hovas avaient
installé un camp en carré qui abritait plusieurs milliers de
soldats.

Une reconnaissance, effectuée par une compagnie de
Haoussas, sous la conduite du capitaine Ditte, fut accueillie
par de nombreux coups de fusil, au moment où elle commençait à gravir les pentes de la montagne. La compagnie riposta immédiatement par des feux de salve bien réglés et
put atteindre, sans perte, le sommet du Lohavohitra. Tous
les rassemblements ennemis, parmi lesquels se trouvaient
très probablement la plus grande partie des habitants des
villages abandonnés, avaient déjà pris la fuite. Un détachement formant arrière-garde restait seul encore à portée de
fusil des Haoussas qui précipitèrent sa retraite par une
série de feux de salve.

La seconde reconnaissance qui contourna le pied de la montagne dans la direction de la route à suivre, n'aperçut l'ennemi qu'à grande distance.

La colonne, en descendant de l'Ankarabara, avait pris pied en Imerne, c'est-à-dire dans la région la mieux cultivée et la plus populeuse de l'île. Elle n'était plus alors qu'à 50 kilomètres environ de Tananarive, centre de la puissance hova ; mais la guerre paraissait devoir changer de caractère.

L'ennemi, en battant en retraite dans cette zone supérieure, ne brûlait plus les centres habités. Les habitants, exclusivement hovas, fuyaient encore devant nos troupes ; mais beaucoup semblaient se rejeter vers les flancs de la ligne de marche, et les villages intacts, tous entourés de murs élevés et de fossés profonds, à bords escarpés, pouvaient offrir un abri à des partisans ennemis, disposés à se jeter, à l'improviste, sur nos convois. Ce n'était plus seulement des combats en ordre plus ou moins méthodique que la colonne légère aurait à livrer ; elle aurait aussi à protéger ses longs convois contre les surprises et les attaques de flanc.

Ces considérations amenèrent le général en chef à faire serrer sur la tête les divers échelons de la colonne légère. Les convois s'étaient d'ailleurs allégés de plus de la moitié de leurs approvisionnements ; une partie notable des mulets avaient même été renvoyés vers l'arrière, ramenant à Andriba les blessés légers et les malades ou éclopés de la colonne. Il devenait, par suite, possible de faire marcher en un seul échelon l'avant-garde et le gros.

La journée du 24 fut consacrée à attendre le second échelon, et le 25 au matin les deux échelons réunis reprirent leur marche en avant, suivis encore, à une journée d'intervalle, par l'échelon de réserve. Couverte par une compagnie de flanc-garde qui longea à mi-pente le massif du Loha-vohitra, cette marche s'effectua sans incidents.

A une heure du soir, la colonne établit son bivouac au pied du piton de Babay. La cavalerie qui, pendant la marche, avait formé la pointe d'avant-garde, ayant signalé un assez fort rassemblement ennemi à Sabotsy (à 4 kilomètres au Sud) et sur les hauteurs situées à l'Est et à l'Ouest de ce village, le général en chef couvrit les bivouacs par de fortes grand'gardes qui furent établies sur un plateau allongé dominant le camp de 50 mètres et qui le masquait entièrement aux vues des Hovas.

D'après le rapport de ces grand'gardes, l'ennemi passa sa soirée à mettre la position qu'il occupait en état de défense et à y construire des batteries et des tranchées.

La journée du lendemain promettait d'être chaude. C'était la garde royale que nous avions devant nous. Pour la première fois les Hovas paraissaient décidés à nous disputer sérieusement le passage.

« Le 26 septembre à cinq heures 30 du matin, la colonne se met en route. L'avant-garde formée par la légion, immédiatement suivie du quartier général, n'a pas plutôt débouché du village d'Ampanotokana, sur le plateau qui domine Sabotsy et un amphithéâtre de montagnes, qu'elle reçoit de plusieurs côtés à la fois des coups de fusil et des coups de canon. Les Hovas, embusqués derrière les roches nous avaient attendus à 300 mètres. Trop confiants et cependant avertis, nous n'avions pas voulu croire à un voisinage aussi rapproché. Mal faillit nous en prendre. Les premières décharges ennemies blessèrent six des nôtres ; l'avant-garde était littéralement couverte de fer et de plomb ; elle tombait là comme dans un traquenard.

« La bagarre un instant fut sérieuse ; le quartier général, engagé avec l'avant-garde, se trouva pendant un quart d'heure au centre de la mêlée ; les balles sifflaient à toutes les oreilles ; une d'elles traversa la sacoche et les fontes du général de Torcy, ainsi que sa selle ; c'est miracle que personne n'ait été touché (1). »

Nos troupes étaient trop aguerries pour s'émouvoir. L'espace découvert qui séparait l'avant-garde de l'ennemi fut franchi d'un bond, au pas gymnastique ; les compagnies se déployèrent rapidement ensuite derrière les murs et ripostèrent, par des salves, au feu de l'ennemi, dont l'intensité allait croissante et qui blessa presque immédiatement six hommes de la légion, dont deux très grièvement.

Le général en chef, qui arrivait sur ces entrefaites, approuva les dispositions prises par le général Metzinger et fit prendre position aux batteries, dont les obus réduisirent bientôt au silence l'artillerie ennemie. Cependant la fusillade, toujours très vive, ne pouvait se prolonger qu'à notre désavantage, puisque nous étions en partie à découvert vis-à-vis d'un ennemi posté et abrité. Ordre fut alors donné au commandant de la légion de lancer trois compagnies en avant, après leur avoir fait déposer les sacs, de façon à déblayer les abords de la position.

Ces compagnies exécutèrent vivement l'ordre ; mais les Hovas n'attendirent pas l'assaut et s'enfuirent précipitamment, poursuivis par des feux de salve et des obus, les uns vers le Sud, derrière le village de Sabotsy, les autres vers l'Est, par la piste même que devait suivre la colonne.

Il était alors six heures trente minutes.

(1) Correspondance du *Temps*..

On reprit la marche à sept heures trente du matin, les turcos en tête, derrière eux le groupe du général Voyron. Après avoir traversé non sans peine les rizières du Mananoro la colonne s'engagea sur la piste qui serpente le long du versant Nord du Fandrozana. Arrivée au sommet de cette montagne, la pointe d'avant-garde fut saluée par une décharge. Le gros de l'avant-garde pressa le pas ; dès qu'elle atteignit la crête, elle vit fuir, à ses pieds, 300 à 400 trainards hovas, auxquels ses feux de salve, à très bonne portée (400 à 600 mètres), firent éprouver des pertes sensibles.

Ce fut du haut de cette crête que la colonne aperçut pour la première fois Tananarive où elle ne devait entrer que quatre jours plus tard.

La descente du Fandrozana s'opéra sans incidents. Mais en arrivant à la hauteur de Tsimahandry, la tête de colonne fut accueillie par le feu très bien repéré de trois pièces d'artillerie en position sur les hauteurs d'Ambohipiara. Un obus tombant sur une compagnie de turcos tua net un caporal.

Mais les deux batteries d'avant-garde prirent aussitôt position et ouvrirent le feu contre les hauteurs occupées par l'ennemi. En même temps un bataillon de tirailleurs algériens mettant sac à terre commença à escalader la position, pendant que la légion revenant au canon s'apprêtait à la tourner.

C'en était plus qu'il ne fallait pour démoraliser l'ennemi qui ne tarda pas à abandonner ses ouvrages.

A trois heures du soir, la colonne dressait ses tentes au pied des hauteurs d'Alakamisy que gardèrent les avant-postes.

Les trois combats successifs qu'avait eu à livrer l'avant-garde dans cette fatigante journée nous avaient coûté un tué, 7 blessés (dont 2 très grièvement) et 7 disparus.

On apprit plus tard que Rasanjy, secrétaire du premier ministre, et Razanakombana, ministre des lois, étaient venus l'avant-veille de Tananarive, et que c'étaient eux qui avaient commandé les troupes hovas dans cette journée.

VI.

Le 27 la colonne fit séjour au camp de Tsimahandry. Cet arrêt s'imposait pour donner un repos indispensable aux troupes et pour permettre à l'échelon de l'arrière (colonel de Lorme) de rejoindre les deux premiers, de façon que la colonne fût complétement concentrée pour attaquer l'ennemi dans ses derniers retranchements.

Cette concentration de tous les éléments s'imposait d'une façon d'autant plus impérieuse que la colonne n'était plus qu'à vingt kilomètres à vol d'oiseau de la capitale de l'Imerne, qu'on apercevait distinctement des hauteurs d'Ambohipiara, mais dont la séparait une vaste plaine de rizières.

L'obstacle formé par ces rizières préoccupait depuis longtemps le général en chef.

« Attaquer Tananarive par le Nord-Ouest, suivant la direction générale de la ligne de marche, devait, dit-il, entraîner, non seulement l'obligation de s'ouvrir à grand'peine, un passage à travers les champs profondément défoncés et les digues qui les séparent, mais encore aurait pour conséquence d'obliger la colonne à défiler, en formation très mince, sous le feu de hauteurs isolées qu'occupait l'ennemi, à franchir le Mamba, affluent de l'Ikopa, près de son confluent, où il est large et très profond, enfin à attaquer la place de bas en haut avec une différence de niveau de plus de 150 mètres et sans qu'on pût disposer d'aucun emplacement favorable pour l'artillerie. Ces considérations déterminèrent le général Duchesne à décrire autour de Tananarive un grand arc de cercle, pour attaquer la place par l'Est et le Sud-Est, malgré les difficultés que devait présenter une pareille marche de flanc, exécutée presque en vue et sous le feu de l'ennemi. »

Le 28 septembre on se remit en marche.

L'avant-garde et le gros de la colonne arrivèrent sans incident, vers midi, à l'emplacement fixé pour le bivouac, à 3 kilomètres environ dans le Sud-Ouest d'Ambohimanga. Quant au convoi, dont la marche s'effectua d'abord tranquillement, il se vit, peu à peu, vers une heure de l'après-midi, serré par l'ennemi, qui s'était insensiblement rapproché de l'arrière-garde par petits groupes, et bientôt, de toutes les crêtes, de tous les murs de villages, partirent de nombreux coups de fusil, qui obligèrent les deux compagnies d'arrière-garde à s'arrêter et à faire face.

Les Hovas parurent d'abord battre en retraite; mais ils revinrent bientôt à la charge derrière les deux compagnies, qui durent se retirer par échelons; l'ennemi devint alors plus pressant, blessa six de nos hommes et chercha à gagner les flancs du convoi et du troupeau. Les deux compagnies, dont les mouvements se trouvaient ralentis par la nécessité d'enlever les blessés et quelques traînards laissés par le convoi, se trouvèrent, un moment, presque enveloppés et leur situation s'aggravait du fait qu'il ne leur restait plus qu'une petite quantité de cartouches.

A ce moment une cinquantaine de conducteurs du convoi, et bientôt après le colonel Oudri avec un bataillon de turcos, arrivèrent à l'aide des compagnies d'arrière-garde, et l'in-

tervention de ces nouveaux éléments, très vigoureusement
conduits, rétablit promptement le combat.

L'arrière-garde et le convoi dégagés reprirent aussitôt leur
marche. Mais l'arrière-garde ne put atteindre le bivouac qu'à
huit heures du soir.

La troupe ennemie qui avait poussé contre nos derrières
cette vigoureuse attaque était commandée par Rainianzalahy
et comprenait environ 2000 hommes. Elle se maintint derrière nous et ne cessa depuis lors de nous inquiéter jusqu'à la
prise de Tananarive.

On bivouaqua le soir en vue d'Ambohimanga, la ville
sainte des Hovas, le lieu de sépulture des rois de la dynastie régnante. Il eût peut-être été sage de s'en emparer tout
d'abord pour frapper un grand coup sur l'esprit de l'ennemi. Passer si près d'Ambohimanga sans s'en emparer pouvait être considéré par les Malgaches comme une preuve de
faiblesse. En outre, au point de vue stratégique, il n'était pas
très prudent de laisser derrière soi une ville où les Hovas
avaient sûrement une garnison importante qui pouvait nous
prendre à revers pendant l'attaque de Tananarive. Et c'est
précisément ce qui eut lieu.

Le 29 septembre au matin, on se remet en route.

Tout d'abord la marche s'opère tranquillement. Des villages sont déserts ; dans d'autres les habitants regardent curieusement passer la colonne.

Arrivée sur la place du marché de Sabotsy, la tête d'avant-
garde se laisse prendre à ces apparences et reçoit des coups
de fusil des indigènes qui semblaient vouloir l'accueillir pa-
cifiquement. Un officier de tirailleurs algériens et trois hommes sont blessés.

Un peu plus loin, l'avant-garde reçoit des coups de ca-

non tirés de la colline d'Analamahiky. Puis l'artillerie ennemie se tait; c'est que les Hovas ont aperçu les mouvements
combinés de nos colonnes. Une, à gauche, se dirige vers Ilafy; une autre suit la route d'Ambohimanga, une troisième
garnit notre droite. « Ils ont toujours peur d'être tournés et
à la moindre menace de ce genre ils décampent (1) ».

En même temps on aperçoit au loin dans la plaine une
masse d'ennemis regagnant Tananarive; c'étaient les troupes massées dans l'Ouest pour la défense de la capitale qui,
s'apercevant de notre mouvement tournant, battaient en retraite vers le Nord. On leur envoya quelques obus à la mélinite qui accélérèrent leur fuite.

Pour s'établir au Sud d'Ilafy, il fallut encore déblayer le
terrain sur quatre ou cinq kilomètres de rayon. Aussi nos
troupes manœuvrèrent-elles encore toute la journée et les
coups de fusil ne cessèrent-ils qu'aux approches de la nuit.

Dans la soirée quelques milliers de Hovas vinrent établir
leur bivouac juste sur nos derrières, à quelque distance d'Ambohimanga. C'était sans doute la garnison de cette place qui,
profitant de ce qu'on avait négligé de s'en emparer, s'apprêtait à nous prendre à revers pendant l'attaque de Tananarive.

Le lendemain 30 septembre devait être la journée suprême, celle de la prise de la capitale des Hovas. Quelques lignes de description sont nécessaires pour permettre de comprendre le plan d'attaque.

La capitale de l'Imerne est située sur un plateau ro-
cheux, très étroit, allongé dans la direction du Nord au Sud,

(1) Correspondant du *Temps*.

dont les pentes Est et Ouest sont partout fort abruptes et, en certaines parties, presque verticales. Ce plateau a la forme d'un Y dont les deux branches, dirigées vers le Nord, se raccordent en pente douce avec le fond des rizières, tandis que la branche unique, dirigée vers le Sud, se termine par une croupe escarpée.

Le palais de la reine, qui occupe le sommet du plateau, se trouve vers le centre de cette branche unique et domine le cours de l'Ikopa et les rizières avoisinantes de 200 mètres environ.

Du côté de l'Est et du Nord-Est, trois chaines de hauteurs se développent parallèlement au plateau de Tananarive; la première a son point culminant à Ambohidempona, où se trouve un bel observatoire construit par le Père Colin de la mission catholique; de là elle s'incline vers le fleuve. La seconde moins élevée porte le nom de collines de l'Ankatso. La troisième partant du village d'Ilafy passe par Ambohibe.

Les Hovas occupaient fortement et en grand nombre la première chaine, notamment l'observatoire et un village situé non loin de là, Andrainarivo. Ils avaient en outre établi des batteries sur des mamelons voisins. C'était, évidemment, sur cette avant-ligne que les Hovas comptaient concentrer tous leurs efforts pour couvrir la ville même de Tananarive.

Après un examen attentif de la position, le général en chef arrêta comme il suit le dispositif d'attaque pour la journée du 30.

L'opération devait comprendre deux phases distinctes : 1° attaque et occupation de la première ligne de crêtes qui s'étend de l'observatoire dans la direction du Nord ; 2° bombardement et, s'il était nécessaire, assaut de Tananarive. La colonne devait effectuer ces opérations en deux échelons :

l'un, à gauche, commandé par le général Metzinger, serait chargé de l'attaque débordante par le Sud et de l'attaque de front vers le palais de la reine; l'autre, à droite, sous les ordres du général Voyron, formerait le pivot du mouvement et attaquerait par le Nord-Est.

Le général Metzinger reçut l'ordre de se mettre en marche avant le jour, en dissimulant son mouvement, sur les pentes Est de la troisième ligne de crêtes, pour gagner la ligne de l'Ankatzo, d'où il attaquerait les deux pitons de l'observatoire et d'Andrainarivo.

Le général Voyron devait, de son côté, masser ses forces vers Ambatofotsy et, tout en protégeant les convois rassemblés dans un vallon situé au Nord-Est de ce village, attaquer les pitons de la première ligne quand se dessinerait l'attaque du général Metzinger contre le Sud de cette même chaîne.

VII.

On commença ces différents mouvements le 30 au matin.

Nos troupes n'avaient pas encore quitté leurs cantonnements que déjà les obus tombaient sur elles.

En même temps l'arrière-garde était attaquée à coups de canon et de fusil par les Hovas, dont on avait signalé la présence la veille au soir du côté d'Ambohimanga; deux pièces étaient en batterie sur la place du marché de Sabotsy. Ils trouvèrent devant eux une compagnie d'infanterie de marine et les Haoussas, sous les ordres du colonel de Lorme. Ceux-ci supportèrent vaillamment l'attaque pendant plus de six heures. Mais il fallait en finir; conduits par de vigoureux officiers, ils se portèrent au devant de l'ennemi, combinèrent une attaque de front et une attaque de flanc, se jetèrent sur les Hovas à la baïonnette, les mirent en déroute et s'emparèrent des deux canons qui les mitraillaient depuis le matin. C'était une victoire, mais qui coûta cher : 3 hommes furent tués, 14 blessés.

Pendant que s'accomplissait ce beau fait d'armes, la brigade Voyron allait s'installer sur les collines du Nord-Est. Elle eut d'abord à repousser de nombreux tirailleurs ennemis ; puis son artillerie dut répondre à trois batteries établies sur les hauteurs d'Ampanatonandoa ; trois fois les Hovas évacuèrent leurs positions ; trois fois ils les reprirent et recommencèrent leur feu. Leurs obus arrivaient juste, sans éclater, heureusement, pour la plupart. Enfin leur feu fut éteint définitivement et le général Voyron prit une position d'attente, surveillant son flanc gauche et guettant l'arrivée de la brigade Metzinger.

Celle-ci avait effectué son mouvement très lentement, beaucoup plus lentement qu'on ne l'avait supposé, à cause de la nature du terrain très accidenté sur lequel elle opérait. Elle apparaît enfin sortant du village d'Andraisoro. Malheureusement les turcos précipitent trop leur mouvement en avant. Emportés par leur ardeur, ils veulent se porter contre Andrainarivo avant que l'attaque ait été préparée par l'artillerie. Ils sont accueillis par un feu des plus violents et sont obligés de se replier sur Andraisoro, ayant eu dans cet engagement deux sous-officiers et quatre tirailleurs tués, deux officiers et dix-sept tirailleurs blessés.

Une contre-attaque est même tentée à ce moment par les Hovas contre Andraisoro ; elle est arrêtée par les feux de salve du reste du bataillon et par les feux de flanc d'une batterie du groupe Voyron.

Enfin le bataillon de tirailleurs malgaches qui servait

d'avant-garde au général Metzinger réussit à atteindre l'observatoire. On s'empare des canons hovas, on les retourne contre Tananarive. Les hausses ayant été emportées par l'ennemi, le commandant Ganeval a l'heureuse inspiration de les remplacer par des hausses en bois qu'il fait fabriquer sur place. Officiers et sous-officiers s'improvisent artilleurs, et le premier obus qui tombe sur le palais de la reine est un obus hova tiré d'un canon hova servi par des officiers français, le capitaine Aubé et le lieutenant Baudelaire (1).

A une heure et demie, la ligne entière de crêtes qui constituait la position de défense extérieure de Tananarive était en notre pouvoir. Il ne nous restait plus qu'à enlever la ville elle-même.

Celle-ci qui était demeurée muette jusque-là, venait, à son tour, d'ouvrir, contre nos positions le feu de deux fortes batteries, établies au palais et celui de plusieurs pièces disséminées sur divers autres points.

Le général en chef confirma alors (il était à ce moment deux heures) ses ordres antérieurs, qui prescrivaient d'ouvrir contre les batteries de la ville un bombardement lent, avec projectiles à la mélinite, qui devait durer environ une heure ; il fit en même temps, former six colonnes d'assaut, de deux compagnies chacune, qui, conduites par des guides choisis parmi les gradés et soldats de l'ancienne escorte du résident général et accompagnées de détachements de sapeurs munis de pétards, devaient aborder Tananarive, au Nord et à l'Est, en suivant six itinéraires indiqués, convergeant tous vers le palais de la reine et vers celui du premier ministre. L'artillerie devait, de son côté, appuyer le mouve-

---

(1) Correspondance du *Temps*.

ment des colonnes d'assaut, en élevant successivement son tir, pour éteindre le feu de tous les centres de résistance qui se formeraient en avant de nos troupes.

A deux heures cinquante-cinq minutes, le bombardement général commença. Le tir de l'artillerie fut rapidement réglé et chacune des batteries tira cinq obus à la mélinite sur les batteries ennemies établies sur la terrasse du palais de la reine.

Les dégats matériels, les pertes subies et l'effet moral produit par ce tir sur les Hovas furent tels que, vers trois heures trente minutes, un pavillon blanc fut hissé sur le palais, en remplacement du pavillon de la reine. Les colonnes d'assaut étaient alors sur le point de se porter en avant ; celle de l'extrème gauche, (bataillon malgache), qui devait constituer l'aile débordante par le Sud, avait même déjà gagné le pied des pentes et commencé à les escalader, quand un parlementaire, précédé d'un immense drapeau blanc, se présenta devant nos lignes.

Ce personnage était Marc Rabibisoa, deuxième secrétaire et interprète pour le français du premier ministre ; il n'avait, du reste, d'autre mission que de demander, de la part de la reine et de son gouvernement, (dont il confirma la présence à Tananarive), la cessation immédiate du feu. Le général en chef ne refusa pas de l'accorder, mais en donnant quarante-cinq minutes seulement au parlementaire pour aller chercher des négociateurs mieux qualifiés ou du moins munis de pouvoirs plus étendus ; il ajouta qu'en toute hypothèse, de gré ou de force, il entendait occuper la ville, le soir même.

Quelques minutes avant l'heure indiquée, arrivait en hâte un fils du premier ministre, accompagné du soi-disant ministre des affaires étrangères ; ils venaient apporter, non seulement l'assurance que nos troupes pouvaient pénétrer en ville sans avoir à craindre aucune résistance, mais encore la déclaration du gouvernement que les hostilités ne seraient pas reprises.

Le général en chef poussa aussitôt en avant, sous les ordres du général Metzinger, désigné d'avance pour être gouverneur militaire de Tananarive, 4 bataillons, 1 batterie et les 2 compagnies du génie. Lui-même resta, de sa personne, avec le groupe du général Voyron (4 bataillons, 2 batteries et le convoi) sur les crêtes de l'Est, prêt à faire brûler la ville, comme il en avait marqué la résolution aux parlementaires renvoyés en avant de nos colonnes, si le général Metzinger se heurtait à quelque surprise.

VIII.

Avant leur départ pour Tananarive, le général Duchesne avait annoncé aux négociateurs hovas qu'il entrerait en ville, le lendemain, 1er octobre, à huit heures du matin, pour s'installer à la résidence générale de France et qu'il y recevrait, à une heure de l'après-midi, les représentants du gouvernement accrédités pour traiter de la paix. Il donna enfin des ordres pour la remise immédiate aux troupes du général Metzinger de tous les canons, fusils et projectiles restés en ville.

La nuit du 30 septembre au 1er octobre fut tranquille.

Le 1er octobre à huit heures du matin, le général en chef fit son entrée solennelle à Tananarive. Précédé d'un peloton de cavalerie et suivi de son état-major, il entra par la porte de Tamatave. Le cortège, après avoir escaladé les rues hérissées de barricades, défila devant le palais de la reine, traversa la place d'Andohalo et descendit à la résidence de France. Les troupes entrées la veille rendaient les honneurs militaires sur le parcours.

A huit heures quarante-cinq le drapeau tricolore fut hissé solennellement sur la résidence générale, devant les troupes assemblées, aux sons des clairons.

Le jour même, à une heure, les plénipotentiaires hovas se rendirent auprès du général en chef qu'assistait M. Ranchot. A cinq heures le traité était signé, et le protectorat français accepté avec toutes ses conséquences par le gouvernement hova.

Les trois dernières journées de combat autour de Tananarive nous avaient coûté huit morts et soixante-trois blessés dont quatre officiers. Nous ne connaissons pas les pertes des Hovas.

En résumé, la campagne si mal commencée, se terminait d'une manière brillante. La marche si rapide et relativement si aisée de la colonne d'Andriba à Tananarive montre ce que l'on aurait dû faire dès les débuts. Il eût été aussi facile de commencer cette marche à Marovoay ou au moins à Suberbieville au lieu d'Andriba. Mais nous ne voulons pas revenir sur les fautes si lourdes du début et sur les pertes excessives qu'elles nous ont causées. La marche d'Andriba à Tananarive a été menée avec une véritable maestria par le général en chef ; cette petite troupe de moins de quatre mille hommes a su balayer devant elle une armée nombreuse, peu redoutable il est vrai, mais qui défendait son sol et pouvait nous arrêter à chaque pas au milieu d'un pays tourmenté, désert, sauvage et inconnu de nos troupes. En 16 jours, cette poignée d'hommes a franchi 200 kilomètres et livré huit

combats. Elle a dignement soutenu l'honneur du drapeau et
du nom français.

IX.

La prise de Tananarive ne fut pas l'acte final de la guerre
de Madagascar. Le dernier coup de canon fut tiré à Tamatave, comme l'avait été le premier, par la division navale
sous les ordres de l'amiral Bienaimé.

Dans le courant de septembre, l'amiral avait reçu du général en chef l'ordre de s'emparer des lignes de Farafate
pour dégager la route de Tamatave à Tananarive. C'était
par cette route, beaucoup plus courte que celle de Majunga,
que devait s'effectuer le ravitaillement de la colonne légère
à son arrivée à Tananarive.

L'amiral reçut en conséquence quelques renforts en tirailleurs malgaches qui portèrent à 1.177 hommes le chiffre
des troupes sous ses ordres.

Après avoir pris l'avis du conseil de défense et avoir
fait reconnaître par ses officiers les approches des points
les plus vulnérables des lignes de Farafate, l'amiral décida
que l'attaque se ferait par le village de Vohidrotra, qui
constituait au Nord le point d'appui extrême de la ligne
de blocus. Ce village, suffisamment abordable pour une colonne arrivant par voie de terre avait en outre l'avantage
d'être situé sur le bord de la mer et de se trouver, par suite,
sous le feu de l'artillerie des bâtiments de la division
navale.

Le *Dumont D'Urville,* et le *Dupetit-Thouars* s'embossèrent devant Vohidrotra et Pangalana ; le *Primauguet* la
Romanche et la *Rance* occupaient la rade.

L'attaque commença le 5 octobre au matin. Elle fut précédée d'une messe que l'amiral fit dire à l'église de Tamatave et à laquelle il communia ; il avait de plus fait don à la même église d'un drapeau tricolore en soie sur lequel était gravée l'image du Sacré-Cœur.

A sept heures le *Primauguet* donna le signal du bombardement qui continua jusqu'à deux heures de l'après-midi.

A huit heures du soir une colonne composée de 500 hommes et disposant de 4 canons se mettait en route sous les ordres du lieutenant-colonel Belin. Dans une marche de nuit admirablement exécutée, la colonne d'attaque, après avoir suivi la plage jusqu'à l'embouchure de l'Ivolina, contourna à travers bois la position de Vohidrotra. Les tirailleurs malgaches y pénétrèrent à 4 heures du matin et s'en emparèrent malgré le tir nourri de l'ennemi qui heureusement n'atteignit aucun des nôtres.

De là, une reconnaissance fut dirigée sur le point dominant des ouvrages en vue de l'attaque générale qui devait se faire dès l'arrivée des renforts incessamment attendus.

Le 8 au soir l'ennemi dirigea contre nos avant-postes une contre-attaque fort énergique qui fut repoussée.

Le 9 l'amiral Bienaimé apprit la prise de Tananarive et la soumission du gouvernement de la reine. Il somma aussitôt le général hova de se rendre sans conditions.

Après quarante-huit heures de pourparlers le général y consentit et livra les forts ainsi que les armes et les munitions.

X.

La nouvelle de la prise de Tananarive ne parvint que le
10 octobre en France. L'opinion publique, surexcitée depuis
plusieurs mois par les nouvelles navrantes que l'on rece-
vait sans cesse de l'état sanitaire du corps expéditionnaire
et par la lenteur de la marche en avant, commençait à être
sérieusement inquiète.

On redoutait un désastre final, et l'on n'avait pas tout à fait
tort. Quand on pense que Tananarive comptait près de
100.000 habitants, avec, disait-on, près de 60.000 défenseurs qui, combattant derrière des retranchements, bien
munis de canons et de munitions étaient loin d'être une
quantité négligeable, on ne peut que répéter cette parole
du général Voyron après le succès auquel il avait eu une si
grande part:

« Il nous a fallu une protection évidente de Dieu pour faire
ce que nous avons fait. »

On ne ménagea pas les récompenses et les remerciements
au corps expéditionnaire. Le jour même le ministre de la
guerre envoyait au général Duchesne le télégramme suivant:

« Au nom de la France entière, le gouvernement de la
« République vous adresse ses félicitations, ainsi qu'aux
« officiers, sous-officiers et soldats des armées de terre et de
« mer.

« Vos admirables troupes, celles de la vaillante colonne de
« Tananarive comme celles qui gardent vos communications
« après les avoir ouvertes au prix d'efforts inouïs, toutes
« ont bien mérité de la patrie. La France vous remercie,
« général, du service que vous venez de rendre et du grand

« exemple que vous avez donné. Vous avez prouvé une
« fois de plus qu'il n'est pas d'obstacle ni de péril dont on ne
« vienne à bout avec de la méthode, du courage et du
« sang-froid.

« Vous êtes nommé grand-officier de la Légion d'honneur.

« Envoyez sans tarder vos propositions de récompenses.

« Le gouvernement proposera au Parlement la création
« d'une médaille de Madagascar qui sera donnée à toutes vos
« troupes. »

Il n'est pas dans notre cadre de raconter les événements
qui ont suivi la conquête de Madagascar. Nous ne ferons
donc ici que les résumer brièvement.

On s'était flatté qu'aussitôt nos troupes arrivées à Tananarive les différents peuples malgaches précédemment conquis par les Hovas se hâteraient de secouer le joug de leurs
anciens maîtres et de se tourner vers nous. Quant aux Hovas contre lesquels nous avions dirigé cette guerre, on ne
doutait pas qu'ils n'acceptassent le fait accompli, surtout
si nous leur laissions une apparence d'autonomie dans
l'Imerne.

Le traité de paix, signé le 1er octobre 1895, établissait
donc seulement le protectorat français sur la grande île malgache et reconnaissait à Ranavalona le titre de reine ; un résident général nommé par le gouvernement français devait
contrôler l'administration intérieure du pays. Ce n'était en
somme que le traité de 1885 amendé, amélioré. Le seul
avantage sérieux qu'il nous procurait, c'était de nous permettre de maintenir, sur tous les points de Madagascar que
nous jugerions convenables, les forces militaires dont nous
aurions besoin.

Ce traité eût peut-être été suffisant si le gouvernement

français en avait confié l'exécution à un homme énergique et décidé à faire de Madagascar une terre réellement française. De tels hommes ne manquaient pas dans le personnel de l'ancienne résidence générale. On pouvait encore laisser pour terminer l'œuvre de la pacification le général Duchesne qui lui au moins avait aux yeux des indigènes le prestige incontestable de la victoire. On s'empressa de le remplacer par un simple fonctionnaire, peut-être très bien noté au point de vue administratif, mais qui avait le double défaut de ne rien connaitre à la question de Madagascar où il n'était jamais allé et d'être protestant; nous avons nommé M. Laroche.

Comme nous l'avons déjà dit, à Madagascar plus encore que partout ailleurs, qui dit catholique dit Français et qui dit protestant dit Anglais; et c'était un coreligionnaire de nos anciens ennemis, de Rainilairivony et du colonel Willougby qui venait représenter la France à Madagascar! Les Hovas, comme tous les peuples primitifs, ne comprennent rien à notre soi-disant liberté de conscience. Pour eux, l'arrivée d'un gouverneur protestant, c'était la revanche des Anglais et, bientôt, l'expulsion des Français des pays qu'ils avaient temporairement conquis.

M. Laroche arriva à Tananarive au mois de janvier 1896. Pendant les dix mois qu'il passa à Madagascar, il se montra d'une complaisance excessive pour la reine et les protestants de son entourage. Il appela au pouvoir les amis et les créatures de l'ex-premier ministre Rainilairivony (1) et par son

---

(1) Celui-ci avait été fait prisonnier par le général Duchesne et déporté en Algérie. Il y est mort dans le courant de l'année 1896 après avoir engagé ses compatriotes à se soumettre franchement à notre domination.

incurie, son insouciance des vrais intérêts français il leur laissa toute latitude d'intriguer et bientôt de conspirer contre nous.

Sans doute, avant même le départ du général Duchesne, quelques attaques s'étaient produites contre nos convois, contre des détachements isolés. C'étaient là des actes de banditisme plus que des faits de guerre. Toute conquête est invariablement suivie d'une période de troubles plus ou moins prononcés. Mais le général Duchesne les avait énergiquement réprimés, et avant de partir pour la France, il pouvait écrire au ministre de la guerre que la paix régnait à Madagascar.

Malheureusement elle ne devait pas régner longtemps. La politique de M. Laroche ranima les espérances du vieux parti hova. Aux attaques isolées, aux actes de banditisme succéda une révolte ouverte que dirigèrent sous main les parents de la reine, entre autres son oncle, ses amis, en un mot tous ces gens auxquels M. Laroche prodiguait son amitié.

La révolte s'étendit jusqu'aux portes de Tananarive où nos compatriotes étaient pour ainsi dire bloqués. Les *faha-valos* ou brigands (c'était le titre qu'on donnait officiellement aux révoltés) coupaient nos communications avec la côte et ne craignaient même pas d'attaquer nos postes. Nombre de colons ou de soldats tombèrent sous leurs coups. Plusieurs missionnaires et de nombreux catholiques furent tués. Pendant ce temps M. Laroche faisait de la musique avec la reine et pensait avoir suffisamment rempli ses devoirs envers les catholiques en envoyant au vénérable chef de la mission de Madagascar, Mgr Cazet, une invitation à son bal du 14 juillet !

L'insuffisance de M. Laroche finit par frapper les yeux des plus prévenus.

En septembre 1896, cet étrange gouverneur fut remplacé par le général Galliéni, de l'infanterie de marine.

Le général Galliéni n'est pas un inconnu pour nos lecteurs. Nous l'avons vu diriger la première reconnaissance vers le Soudan et planter le premier le pavillon français sur les bords du Niger. Chargé plus tard d'un commandement important au Tonkin, il mena à bien la pacification de plusieurs provinces les plus troublées de la frontière chinoise. Nul choix ne pouvait donc être plus heureux que le sien. Les espérances qu'on avait fondées sur lui ne tardèrent pas du reste à se réaliser.

En quelques mois le général Galliéni rétablit complètement nos affaires à Madagascar ; la révolte fut réprimée et le *fahavalisme* poursuivi dans ses derniers retranchements. Nous ne dirons rien de ces expéditions militaires, qui furent menées avec énergie et rapidité, les rapports officiels n'en ayant pas encore été publiés.

Le régime du protectorat imposé le 1ᵉʳ octobre 1895 à la reine Ranavalona avait donné lieu à de sérieuses difficultés de la part de plusieurs gouvernements étrangers. Il a été remplacé par l'annexion pure et simple de Madagascar. Cette annexion fut votée par les Chambres au mois de juillet 1896.

Par là Madagascar est devenue terre française, et l'esclavage a été du même coup aboli.

La reine Ranavalona fut maintenue quelque temps encore avec le titre de reine et les apparences de la souveraineté. Mais son pouvoir fut restreint à la seule province de l'Imerne. Dans les autres provinces de Madagascar le général Galliéni rétablit l'autorité des anciens chefs de race indigène sous le contrôle des résidents français.

Cependant la reine Ranavalona ne cessait d'intriguer contre nous avec ses anciens amis protestants. A la suite d'un
complot ourdi contre la vie du général Galliéni, celui-ci a
pris un arrêté d'expulsion contre la reine et l'a envoyée en exil
à la Réunion.

La France règne maintenant sans conteste à Madagascar.

Puisse-t-elle y faire régner avec elle le christianisme in-
tégral et la vraie civilisation chrétienne !

7. — GÉNÉRAL GALLIÉNI

TUNISIE

TUNISIE

I

La Tunisie est le complément naturel de l'Algérie dont elle est le prolongement vers l'Est. Du jour où notre domination était définitivement établie en Algérie, il était évident que la force des choses devait faire rentrer peu à peu la Tunisie dans notre sphère d'influence et nous amener à intervenir d'une façon plus ou moins active dans les affaires de ce pays. La situation géographique de la Tunisie en face de la Sicile, dans la partie de l'Afrique la plus rapprochée de l'Europe méridionale, à égale distance de Gibraltar et de Suez, la bonté de ses ports, la richesse et la fertilité de son sol qui en avaient fait dans l'antiquité un des greniers de Rome, étaient faites pour tenter l'ambition des puissances rivales de la Méditerranée.

« La Tunisie, disait l'Italien Mazzini, est la véritable clef de la Méditerranée centrale ; rattachée au système sicilien-sarde, elle appartient visiblement à l'Italie ».

La France qui avait failli abandonner l'Algérie dans les premiers temps de la conquête et qui y était restée, pour ainsi dire, malgré elle, pour soutenir l'honneur de son pavillon, ne songeait nullement avant 1880 à étendre de ce côté des possessions que beaucoup trouvaient déjà trop étendues. Par contre, elle ne pouvait souffrir qu'une puissance rivale s'y installât ou y fît dominer une influence hostile à la sienne ; c'eût été une menace permanente pour nos possessions algériennes et la ruine de notre prestige dans le monde musulman africain.

De fait, l'influence de la France fut prédominante à Tunis jusqu'en 1870. Les malheurs de cette époque, l'insurrection algérienne de 1871 ébranlèrent la position prépondérante que nous avions occupée jusqu'alors à la cour du Bey. Une puissance que la France avait pour ainsi dire créée au prix de son sang et de son argent s'était brusquement retournée contre elle et cherchait à abuser de sa faiblesse momentanée pour s'étendre et se grandir à ses dépens. L'Italie, c'est d'elle que nous voulons parler, considérait la Tunisie comme un domaine qui devait lui appartenir tôt ou tard et travaillait énergiquement pour nous y supplanter. Nous avons déjà cité l'opinion de Mazzini ; c'était celle de toute la presse italienne, du parlement et du gouvernement italiens.

M. Maceio, consul d'Italie à Tunis, fut l'agent infatigable de toutes les intrigues antifrançaises qui se nouèrent à la cour du Bey. Energiquement soutenu par son gouvernement, il arriva à former un parti puissant qui domina bientôt le souverain régnant Mohamed-es-Sadok. « Ce parti se fit un système d'évincer les Français dans toutes leurs entreprises, de méconnaître nos droits les plus authentiques, de fausser tous les contrats passés avec nous, de favoriser à nos dépens

les rivalités les moins justifiées, de repousser nos réclama-
tions les plus fondées pour admettre, les prétentions les
plus illégales de nos adversaires, de menacer les propriétés
et les personnes, par cela seul qu'elles étaient françaises,
d'accumuler les vexations et les avanies de toute sorte, en
un mot de miner en détail le crédit de la France à Tunis (1). »

Nous n'en citerons que quelques exemples.

La compagnie française de Bône-Guelma avait obtenu la
concession de la voie de Tunis à Sousse. On contesta la validité de ses titres en faisant valoir ceux d'une compagnie
italienne créée en 1869 et qui avait fait faillite avant même
d'avoir commencé les travaux.

Un traité signé en 1861 entre Napoléon III et le bey avait
accordé à la France l'exploitation des réseaux télégraphiques
de la Régence. La compagnie italienne Rubattino prétendit établir un service télégraphique le long de la voie de Tunis à
la Goulette. Elle s'opposa également à la construction d'une
gare à Radès par la compagnie Bône-Guelma, bien qu'aucun
article de son cahier des charges n'autorisât cette opposition (2).

Le 24 janvier 1878 un navire français l'*Auvergne* s'échoua
près de Tabarca et fut pillé par les populations de la côte, à
quelques milles de notre frontière algérienne. La France ne
pouvait tolérer un pareil état de choses. « Depuis de très
longues années, disait notre ministre des affaires étrangères,
M. Barthelémy Saint-Hilaire, dans une circulaire adressée à
tous nos agents diplomatiques, notre frontière est perpétu-
ellement inquiétée ; nos tribus limitrophes de la Tunisie ne

(1) *Année maritime pour* 1881.
(2) De la Berge.

peuvent jouir d'un seul instant de repos. Violations de territoire par les troupes tunisiennes, par des populations insoumises, incendies de forêts ou contrebande de guerre, refuges donnés à des malfaiteurs, razzias, pillages de navires, vols de toute espèce, meurtres, assassinats, tous ces délits et tous ces crimes se multipliaient d'une façon intolérable. En dix ans, rien que les méfaits qu'on avait pu constater officiellement de 1870 à 1881 se montaient à 2379 c'est-à-dire à 250 environ par année. Le gouvernement du bey était absolument impuissant à empêcher ce mal invétéré, même quand il le voulait, ce qui n'arrivait pas toujours, et les réparations, quand nous en obtenions, étaient hors de toute proportion avec les dommages, sans parler des atteintes constamment infligées à notre légitime prestige par l'impunité des coupables qui parfois même profitaient de la connivence des autorités locales. »

De nouvelles déprédations commises par des tribus voisines de la frontière, appelées Kroumirs, au commencement de 1881, fournirent le prétexte à l'occupation de la Régence par nos troupes.

On forma un corps expéditionnaire de 25.000 hommes sous le commandement en chef du général de division Forgemol. Les troupes prises dans le 19e corps d'armée (Algérie) et dans les garnisons du midi de la France furent concentrées dans les camps de Roum-el-Souk et de Souk-Aras, près de la frontière.

Mais, avant de commencer le récit des opérations, il est nécessaire de donner à nos lecteurs une description rapide du pays dans lequel nos troupes vont être appelées à combattre.

II.

La Tunisie se divise en deux parties bien distinctes : au Nord et au Nord-Ouest, le Tell, limité dans le Sud par le prolongement des montagnes de l'Atlas ; à l'Est et au Sud la région des plaines et des chotts. La première partie est généralement montagneuse ; on y distingue deux chaînes principales, l'une qui longe la côte méditerranéenne et dont plusieurs sommets atteignent des altitudes de 1200 mètres, l'autre, qui prend naissance au Djebel-Aurès, en Algérie, contourne la partie Sud du golfe de Tunis et vient mourir au cap Bon ; on y trouve des sommets de 1300 à 1400 mètres. Entre ces deux chaînes coule la rivière de la Medjerdah, la plus importante du littoral méditerranéen de l'Afrique après le Nil, et qui se jette dans la partie Nord du golfe de Tunis, près de Porto-Farina.

Toute cette partie de la régence est habitée par des populations autochtones qui ont vu passer sur elles toutes les invasions des temps anciens et modernes sans perdre leurs caractères ethniques ; ce sont les Berbères. Ces Berbères forment des tribus sédentaires ; ils s'adonnent généralement au commerce et à l'agriculture ; comme les Kabiles de l'Algérie, ils sont très attachés à la terre. Les Arabes, nomades et pasteurs, vivent généralement dans la partie du Sud de la Régence, dans la région des plaines et des chotts.

Les populations du Nord se divisent en un certain nombre de tribus ; les plus connues depuis la guerre sont celles des Kroumirs qui occupent le littoral Méditerranéen depuis le cap Roux jusqu'au cap Negro et les montagnes qui le bordent au Sud, jusqu'à la vallée de la Medjerdah.

« La Kroumirie, dit M. Bois, est un pays très accidenté, rempli de montagnes fort élevées, coupées de roches gigantesques et pour la plupart boisées, ce qui rend le pays d'un accès très difficile. La région qui avoisine la côte et qui se trouve sur la frontière d'Algérie renferme de magnifiques forêts de chênes, d'ormes, de frênes et de chênes-liège. Les habitants, au nombre de 6.000 environ, vivent de leurs troupeaux, de fruits et des produits de leurs champs. Leur ville principale est Béja, sur le versant de la Medjerdah. (1). »

A l'Est de la Kroumirie est le Mogod qui s'étend également le long de la Méditerranée jusqu'à Bizerte. Là les montagnes s'abaissent, le pays devient plus accessible, plus fertile ; la ville principale de cette région, Mateur, est un des plus grands centres de la production agricole du Tell tunisien.

La vallée de la Medjerdah qui s'étend au Sud de la Kroumirie et du Mogod est, avec le pourtour du golfe de Tunis, une des régions les plus riches et les plus fertiles de la Régence.

La partie méridionale et orientale de la Tunisie contraste par son caractère uniforme avec les régions que nous venons d'énumérer. Elle est composée d'une série de plateaux et de plaines monotones parsemées de cuvettes naturelles appelées *chotts* où viennent s'accumuler les eaux qui ne peuvent trouver d'écoulement ni vers la Méditerranée ni vers le Sahara.

Les grands *chotts* qui limitent la Régence vers le Sud forment une ligne presque ininterrompue de la frontière d'Algérie jusqu'au golfe de Gabès. On a projeté un moment d'utiliser ces immenses réservoirs actuellement desséchés en

_____

(1) Bois. *L'expédition française en Tunisie.*

les mettant en communication avec la mer qui serait ainsi venue baigner et revivifier toute cette partie du Sahara; l'isthme qui sépare la partie orientale de ces *chotts* du golfe de Gabès n'a qu'une hauteur de 47 mètres au-dessus de la mer; mais les *chotts* qui viennent après sont encore élevés de 15 à 26 mètres au-dessus du même niveau et se terminent à l'Ouest par un autre seuil de 91 mètres d'élévation. C'est seulement au-delà, c'est-à-dire à 173 kilomètres, que commencent les dépressions creusées en contre-bas de la Méditerranée.

Les côtes de la Tunisie offrent un développement de 900 kilomètres. Elles présentent un grand nombre de ports et de mouillages dont plusieurs sont excellents; et ce n'est pas là une des moindres supériorités de ce pays sur l'Algérie et même sur toutes les autres parties du littoral africain qui sont complétement dénuées de bons ports, de Tanger à Alexandrie.

La première ville que l'on rencontre en partant de la frontière algérienne est la ville de Tabarca qui appartint aux Génois jusqu'au milieu du siècle dernier. La ville s'élève dans une petite île située à peu de distance de la côte; elle est entourée d'une enceinte fortifiée, terminée au Nord par un château-fort. Un isthme étroit formé d'une chaussée de sable relie cette île à la côte et ferme du côté de l'Est la rade comprise entre l'île et le continent. Cette rade n'est guère accessible qu'aux navires d'un assez faible tirant d'eau.

Il n'en est pas de même du mouillage de Bizerte qui constitue actuellement un port de premier ordre dont l'importance ne peut que croître entre les mains de la France. Le lac de Bizerte forme un immense bassin entouré de montagnes, d'une superficie d'environ 150 kilomètres carrés, dans

lequel pourraient s'abriter toutes les flottes de la Méditerranée. Ce magnifique port naturel dans lequel on trouve des
profondeurs de 12 à 13 mètres, suffisantes pour les plus
grands navires, communique avec la mer par un chenal
étroit que l'on peut barrer par des chaines. C'est sur le bord
Ouest de ce chenal que se trouve la ville de Bizerte ou mieux
Benzert, qui a encore un grand aspect avec sa muraille flan-
quée de tours et sa *Casbah* quadrangulaire. Le chenal s'était
envasé et était devenu inaccessible aux navires de mer. On
vient de le draguer et de le prolonger vers le large par des
jetées qui s'étendent jusqu'aux grandes profondeurs. Nul doute
que le port ainsi créé ne soit destiné à un grand avenir ; aucun ne saurait mieux convenir pour abriter, le cas échéant,
nos navires de guerre ; aucun n'est mieux situé pour commander les grandes routes maritimes qui se croisent dans
cette portion relativement resserrée de la Méditerranée.

Tunis, la capitale de la régence, ne s'élève pas au bord de
la mer ; mais elle est située à l'extrémité occidentale d'un
vaste lac qui communique avec la mer, comme le lac de Bizerte,
par une ouverture étroite le long de laquelle s'élève la ville
de la Goulette. Tunis était autrefois une des plus grandes villes de l'Islam et ne le cédait qu'au Caire pour le chiffre de sa
population. Elle est actuellement peuplée de 80.000 habitants.
La ville, qui a encore grand air, quand on la voit de loin avec
ses tours et ses minarets, a deux kilomètres et demi de longueur du Nord au Sud et près d'un kilomètre de l'Est à l'Ouest.
Elle est entourée d'une enceinte fortifiée que domine la Casbah. Le quartier européen qui s'agrandit de jour en jour est
bâti sur les bords du lac où ne pouvaient circuler autrefois
que des navires d'un faible tirant d'eau. Les grands navires
étaient obligés de rester mouillés et de décharger leurs mar-

chandises devant la Goulette qu'un chemin de fer met du reste en communication avec la capitale par la rive Nord du lac. On a tout récemment creusé dans ce lac un chenal accessible aux navires de 6 à 7 mètres de tirant d'eau, ce qui fera bénéficier la capitale du commerce considérable (plus d'un million de tonnes) qui était obligé auparavant de s'arrêter à la Goulette.

A quelques kilomètres au Nord de Tunis se voient les ruines de Carthage, au milieu desquelles s'élèvent la chapelle de St-Louis, érigée sur l'emplacement où mourut le vaillant roi, et la magnifique cathédrale qu'a fait construire le cardinal Lavigerie, rétabli le premier sur l'antique siège métropolitain de Carthage.

A deux kilomètres à l'Ouest de Tunis s'élève le palais du Bardo, résidence habituelle du bey, véritable ville avec remparts et tours d'angles, destinée à loger non seulement le prince, mais aussi une cour, une garnison, et toute une population de fournisseurs et d'artisans.

Nous passerons rapidement sur les autres villes de la Régence.

Hammamet, Sousse, Monastir, Mehediah, Sfax, Gabès sont, en suivant la côte du Nord au Sud, les centres principaux du littoral. Sousse était jusqu'à ces derniers temps la seconde ville de la Tunisie non seulement à cause du chiffre de sa population, mais aussi à cause de son importance stratégique et du voisinage de la ville de Kairouan que nous décrirons plus loin. Elle est actuellement dépassée par Sfax dont la population atteint près de 30.000 habitants.

La ville de Sfax est bâtie sur le bord occidental du détroit, de 30 kilomètres de large, qui sépare l'archipel des Kerkennah de la terre ferme.

Ce détroit ainsi abrité du côté de l'Est forme une rade magnifique et parfaitement sûre ; mais les grands navires ne peuvent approcher de la côte à cause des petits fonds qui s'étendent loin au large. Comme toutes les autres villes de la régence, Sfax est entourée d'une enceinte continue que dominent le haut minaret de sa grande mosquée et les tours de la cathédrale catholique. Tout le pays aux alentours est planté d'oliviers sur un espace de plusieurs kilomètres de large. La fabrication de l'huile d'olive constitue en effet une des richesses du territoire de Sfax et assure à cette ville une prospérité qui ne peut aller qu'en croissant.

Nous ne dirons qu'un mot des villes de l'intérieur. Les deux principales, outre celles de Béja et de Mateur que nous avons déjà citées, sont El-Kef et Kairouan. El-Kef, située dans les montagnes du centre de la Tunisie a surtout de l'importance au point de vue stratégique. Kairouan commande la région du Sahel ; c'est la capitale religieuse de la Tunisie et une des villes saintes de l'Islam. L'accès en était défendu autrefois aux chrétiens et aux Juifs. Elle s'élève au milieu d'une plaine immense qu'elle domine par ses hautes murailles et ses innombrables minarets, et présente de loin un aspect réellement imposant. C'est par la prise de cette ville que se termina en 1881 la campagne que nous allons raconter maintenant.

III.

Les hostilités commencèrent le 24 avril par la prise de Tabarca. Cette opération qui fut confiée à une division de l'escadre de la Méditerranée, avait pour but de faciliter les opérations militaires que nous décrirons plus loin en four-

nissant un point de ravitaillement commode pour les colonnes appelées à pacifier les régions du littoral. Une reconnaissance préalable exécutée par la canonnière l'*Hyène* avait
fourni tous les renseignements nécessaires pour le débarquement projeté. Nous avons déjà donné précédemment une
courte description de la ville et du port de Tabarca. Nous
n'y reviendrons pas ; nous ajouterons seulement que la principale défense consistait dans un fort, le Bordj-Djeddid,
élevé sur la terre ferme, qui dominait la ville et le mouillage ; du reste ce fort était mal armé ; il n'y avait guère à
craindre qu'une pièce rayée placée en barbette sur le bastion
Sud-Est.

Le 22 avril au matin, la division navale composée du cui-
rassé *Surveillante,* du croiseur *Tourville*, du transport *Corrèze*, des canonnières *Chacal, Hyène et Léopard* vint prendre position en face de Tabarca.

Cette division était placée sous le commandement supérieur
du capitaine de vaisseau Lacombe, commandant la *Surveillante*. Elle transportait un petit corps expéditionnaire de
deux à trois mille hommes comprenant trois bataillons
d'infanterie de ligne, une section d'artillerie et une section
du génie, sous les ordres du colonel Delpech. Ce corps était
destiné à occuper la ville et le fort.

Le point choisi pour le débarquement était la partie de la
plage située à l'Est du Bordj-Djeddid. Cette partie, la plus
abritée, la plus facilement accessible, était suffisante pour
l'accostage simultané de tous nos moyens de débarquement.

Les collines qui s'étendent en arrière se présentaient en
amphithéâtre sous le feu de nos navires qui pouvaient en tenir
facilement l'ennemi éloigné. Seul le Bordj-Djeddid enfilait
cette plage par son front Est. Par suite on devait commen-

cer par le détruire. Mais, comme nous l'avons dit, ce fort était mal armé, et quelques coups de canon bien dirigés devaient suffire pour en faire taire le feu.

Le bombardement devait commencer le 24 avril, jour fixé par le général Forgemol pour l'entrée en campagne du corps expéditionnaire. Mais le temps très mauvais depuis plusieurs jours avait rendu le débarquement impossible, et on résolut d'attendre.

Le 25 avril dans la journée, la houle tomba sensiblement. Le commandant Lacombe se hâta de saisir cette occasion. Il envoya au gouverneur de Tabarca une sommation d'avoir à lui remettre les forts. La réponse n'ayant pas été favorable, nos navires ouvrirent le feu à 4 heures. La *Surveillante* et le *Tourville* prirent pour objectif le Bordj-Djeddid, tandis que les canonnières tiraient sur l'île. Celle-ci fut rapidement abandonnée par ses défenseurs.

Quoique le fort ne répondît pas, le commandant Lacombe fit continuer le tir jusqu'à ce que le front Est fût démantelé. Notre tir, d'une justesse remarquable, produisit rapidement l'effet voulu, et à cinq heures trente, on fit cesser le feu. La nuit venue, le *Tourville* éclaira toute la côte d'un jet de lumière électrique et l'on lança quelques obus dans la direction de plusieurs campements de Kroumirs où s'allumaient de grands feux.

Le 26 avril dès le matin la *Corrèze* et le *Tourville* prirent leur mouillage pour le débarquement. Toutefois la houle étant encore trop forte pour qu'on pût débarquer sur la plage, le commandant fit occuper l'île par une section de marins et une section d'infanterie qui ne rencontrèrent pas de résistance.

Dans la journée, la mer étant beaucoup tombée, on commença le débarquement à la plage. La *Surveillante* et les canonnières éloignèrent par leur feu les Arabes qui s'étaient approchés de la côte. Les premières troupes mirent pied à terre à deux heures, et à cinq heures cinquante tout le corps de débarquement, y compris l'artillerie de montagne et de position, ainsi qu'une partie des vivres et des munitions, se trouvait à terre.

Dès qu'il y eut une certaine quantité d'hommes débarqués, les troupes couronnèrent les hauteurs qui dominent la plage ; d'autres se dirigèrent vers le fort qui avait été abandonné par ses défenseurs ; le pavillon français y fut arboré à trois heures quarante-cinq. Les tirailleurs de la gauche éloignèrent par leur feu les Arabes qui se montraient dans la plaine et sur les versants opposés.

Pendant toutes les opérations, des cavaliers arabes furent vus dans la plaine et derrière les dunes qui bordent la côte Est. On les tint éloignés avec les canons-revolvers des grands bâtiments et le feu des deux canonnières *Hyène et Chacal*.

La nuit fut tranquille ; les appareils électriques des bâtiments éclairaient fréquemment la plaine et la rivière ; les Arabes ne s'approchèrent pas des grand'gardes.

Quelques jours après, le débarquement du matériel interrompu par le mauvais temps était complètement terminé, et la division navale rejoignait à Bône l'escadre d'évolutions de la Méditerranée.

IV.

Le plan d'opérations adopté par le général Forgemol était le suivant :

Le corps expéditionnaire était divisé en deux grandes colonnes de trois brigades chacune.

La colonne de droite, commandée par le général de brigade Logerot, devait pénétrer sur le territoire tunisien par la vallée de l'Oued-Mellègue, un des affluents de la Medjerdah, de manière à séparer les Kroumirs des peuplades du Sud. Cette colonne était composée de la façon suivante :

Brigade Logerot.

2 bataillons du 1er zouaves.
1 bataillon du 4e zouaves.
2 bataillons de turcos.
2 bataillons du 83e de ligne.

Brigade de Brem.

27e bataillon de chasseurs à pied.
4 bataillons du 122e et du 142e de ligne.

Brigade Gaume.

3 escadrons du 7e chasseurs à cheval.
3 escadrons du 11e hussards.
2 escadrons du 3e chasseurs d'Afrique.
1 escadron du 3e spahis.

Troupes divisionnaires.

3 escadrons du 3e chasseurs à cheval.
4 batteries de montagne de 80mm.

1 batterie montée de 80^{mm}.

1 compagnie du génie.

La colonne de gauche, commandée par le général Delebecque, devait opérer dans le Nord de la Régence, poursuivre les Kroumirs dans leurs montagnes, les châtier, longer la côte dans la direction de Tunis et donner la main au corps de troupes débarqué à Tabarca. Cette colonne était ainsi composée :

Brigade Vincendon.

7e bataillon de chasseurs à pied.

6 bataillons tirés du 40e, du 96e et du 141e de ligne (2 bataillons de chaque régiment).

Brigade Galland.

29e bataillon de chasseurs à pied.

6 bataillons du 18e, du 22e et du 57e de ligne (2 bataillons de chaque régiment).

Brigade Ritter.

1 bataillon du 2e zouaves.

2 bataillons du 3e zouaves.

3 bataillons de turcos.

Troupes divisionnaires.

1 escadron du 4e hussards.

1 escadron du 3e spahis.

2 batteries de montagne de 80^{mm}.

2 batteries de 4^{mm}.

2 compagnies du génie.

La concentration des troupes eut lieu dans le courant d'a-
vril 1881.

Le 24 avril, le général Logerot pénétra sur le territoire
tunisien ; il campa le soir sur les rives de l'Oued-Mellègue.
Le 25 au matin, il franchissait à gué cette rivière sans incident et le 26 il arrivait en vue de l'importante ville d'El-Kef
qui commande, comme nous l'avons dit, la région centrale de
la Tunisie.

« On mit les pièces en batterie sur une des hauteurs qui
dominent la ville. Les portes étaient fermées et de l'éminence
où étaient placés nos artilleurs on pouvait apercevoir les
soldats tunisiens et les Arabes debout sur les remparts et
suivant les mouvements de nos troupes. Le 2e turcos soutenu
par les zouaves avait pénétré dans un bois d'oliviers situé à
200 mètres des murailles, et le général Logerot venait d'envoyer le colonel de Coulange pour demander au gouverneur
de rendre la place, lorsqu'un officier tunisien vint à onze
heures et demie annoncer que les portes de la ville étaient
ouvertes et que la Casbah serait livrée aux troupes françaises.

« Les généraux Logerot et Gaume entrèrent à Kef et s'occupèrent de faire reposer les troupes dont la marche dans un
terrain détrempé par plusieurs jours de pluie avait été des
plus fatigantes (1). »

La colonne Delebecque se mit en marche après la colonne
Logerot. Son entrée en campagne fut retardée de plusieurs
jours par des pluies torrentielles qui avaient détrempé les
terres et rendu les routes impossibles à l'artillerie. Remar-
quons du reste qu'elle avait à opérer dans un terrain beau-

(1) M. Bois.

coup plus difficile et montagneux que celui où s'était engagée la première colonne.

Le 26 avril, avant le jour, la brigade Ritter pénétra sur
le territoire tunisien et refoula par le feu de son artillerie les
groupes de Kroumirs qui se montraient dans les ravins. A
huit heures, deux bataillons de zouaves et deux bataillons de
turcos bivouaquaient sur les crètes.

Le même jour la brigade Vincendon se mettait en marche
à trois heures et demie du matin et après une marche des
plus pénibles à travers des ravins, en dehors de tout sentier
tracé, elle atteignait le col de Feldj-Kala, où s'étaient embusqués les Kroumirs. Notre avant-garde eut à soutenir le
feu de l'ennemi peu nombreux tout d'abord, mais qui grossit
sensiblement au cours de l'action. Suivant leurs habitudes,
les Kroumirs se tenaient bien dissimulés derrière les roches,
les arbres, les broussailles ; puis brusquement ils se levaient,
lâchaient leur coup de feu à 100 ou 150 mètres, quelquefois même à 50 mètres, quand le terrain était peu accessible.
Nous perdîmes ainsi dans ce premier engagement 2 tués et
4 blessés.

Bientôt la brigade Galland arrivait de son côté au Feldj-
Kala et prenait part à l'engagement.

Le 22ᵉ de ligne qui marche sur les hauteurs ne tarde pas
à recevoir des coups de fusil tirés par des groupes nombreux
de Kroumirs postés sur des mamelons voisins. Une petite
vallée sépare les combattants. Les Kroumirs s'y engagent et
remontant la pente opposée viennent attaquer vivement la
compagnie du Couret. Celle-ci ouvre le feu, et à deux reprises différentes elle est obligée de charger à la baïonnette
pour repousser l'ennemi. Elle se replie lentement, soutenue
par une nouvelle compagnie qui a dù se déployer. L'ennemi

engage alors un combat pareil contre la compagnie Rousset
qui riposte et exécute peu à peu son mouvement de jonction
avec le gros du régiment.

En ce moment un groupe ennemi nombreux, composé de
cavaliers et de fantassins parmi lesquels beaucoup d'hommes
sans burnous et avec des habits sombres, gravit la pente
de la montagne, menace de tourner notre droite et de tomber sur le convoi. L'ennemi montre un acharnement extraordinaire. Des chefs à cheval, dont l'un portait un étendard,
le dirigent. La compagnie Matthieu formant réserve est placée en potence à droite, ouvre un feu très vif contre lui et
le rejette à la baïonnette.

A trois heures et demie, le général Vincendon fait enlever
les sommets situés à l'extrémité de la crête du Djebel-Sekkek
par une colonne composée du 141ᵉ et d'un bataillon du 40ᵉ
de ligne. De ce sommet nos troupes pouvaient apercevoir
l'île de Tabarca et les vaisseaux français au mouillage. Puis
la deuxième brigade continue son mouvement en avant et
gagne l'emplacement de son bivouac en continuant à tirailler
contre l'ennemi. Le feu ne cesse qu'à la tombée de la
nuit.

Nos jeunes soldats, qui voyaient le feu pour la première
fois, montrèrent dans cette affaire un entrain et une vigueur
remarquables. Nos pertes étaient de 5 tués, dont un officier
le sous-lieutenant Payet, du 22ᵉ de ligne, et de 16 blessés (1).

(1) Rapports des généraux Vincendon et Galland. *Journal officiel*, 13 mai
1881.

V.

La fin d'avril et les premiers jours de mai ne furent marqués que par des reconnaissances et quelques engagements peu importants avec les Kroumirs. Les pluies qui tombèrent presque sans interruption à cette époque rendaient les mouvements très difficiles. Le général Ritter, frappé d'une congestion cérébrale, fut remplacé dans le commandement de sa brigade par le général Caillot.

Le 4 mai, les trois brigades de la colonne Delebecque, par un mouvement habile, viennent cerner le massif du Djebel-Abdallah où s'étaient concentrés les Kroumirs. C'était une position formidable où se trouvait la tombe d'un marabout, Sidi Abdallah, très vénéré en Tunisie ; tout chrétien qui s'en approchait devait y trouver la mort. Le 8 au matin douze bataillons sans sacs, divisés en trois groupes avec de l'artillerie et des spahis, partaient sous le commandement du général Delebecque pour tenter un coup de main sur le marabout en question. Les Kroumirs se voyant sur le point d'être enveloppés n'attendirent point notre attaque et se retirèrent devant nos troupes qui occupèrent le marabout sans combat.

Pendant ce temps le général Logerot avait achevé son mouvement dans le Sud. Ayant laissé une bonne garnison au Kef pour contenir les populations voisines, il se dirigea le 27 avril au matin vers l'Oued-Medjerdah en suivant la vallée de l'Oued-Mellègue. Le 30 au matin, une reconnaissance composée de deux bataillons de zouaves commandés par le colonel Hervé fut reçue à coups de fusil par les tribus de Ben-Béchir. En même temps on apercevait un gros rassem-

blement qui couronnait les crêtes voisines. Le colonel Hervé
prévint aussitôt le général Logerot et, continuant son mouvement en avant, il vint s'établir dans une solide position
où il attendit les renforts.

Le général Logerot prescrivit au 11° hussards de monter
à cheval pour rejoindre les deux bataillons de zouaves et
suivit avec le reste de ses troupes.

Le colonel Hervé avait pris position à 6 kilomètres de la
gare de Ben-Béchir. Il avait devant lui à peu près 3000 indigènes qui le menaçaient également sur son flanc droit. Le
11° hussards et les goums furent portés rapidement vers la
gauche de l'ennemi, qui, bientôt débordé, commença à battre
en retraite. Il était 11 heures 45. Le 1er zouaves reçut l'ordre
de se porter en avant. A la suite d'une vigoureuse offensive
le terrain fut déblayé.

Le 11° hussards et le 2° tirailleurs furent chargés de la
poursuite. Le 1er zouaves s'arrêta et cessa le feu. Vers 3
heures, le colonel du 11° hussards donna l'ordre de mettre
fin à la poursuite et de revenir vers l'infanterie. Les indigènes exécutèrent alors un retour offensif. Mais l'artillerie de
montagne mise en batterie ne tarda pas à les arrêter. Nos
troupes regagnèrent leur camp vers 6 heures du soir.

Nos pertes dans cette journée étaient seulement de 3 blessés. Nous avions tué environ 150 hommes à l'ennemi et
nous lui avions pris avec quelques hommes, 1500 têtes de
bétail, des chevaux, des mulets et des armes (1).

A la suite de cette affaire, le général Logerot se dirigea
vers le Nord-Ouest dans la direction d'Aïn-Draham pour don-

---

(1) Rapport du général Logerot. *Journal officiel*, 28 mai 1881.

ner la main à la colonne Delebecque et achever d'enfermer les Kroumirs dans les montagnes de la côte.

Le 11 mai au matin, une reconnaissance envoyée dans la direction de Ben-Métir fut accueillie par une vive fusillade au moment où elle s'engageait dans la gorge de Khanguet-el-Hammam.

Quelques chasseurs d'Afrique mirent aussitôt pied à terre et ripostèrent. Les Kroumirs embusqués dans ce terrain boisé et difficile tenaient solidement. Une fusillade nourrie s'engagea de part et d'autre.

A 11 heures et demie, tous les chasseurs d'Afrique disponibles étaient en ligne.

L'ordre fut alors donné à 120 goumiers à pied, sous les ordres du capitaine Heymann, de se porter sur la droite pour tourner la position ennemie et la lui faire abandonner. En même temps deux batteries de montagne de 80^{mm} qui étaient en position sur l'emplacement de leur camp ouvraient le feu à 3000 mètres.

Les Kroumirs furent refoulés, laissant derrière eux quelques morts qu'ils ne purent enlever.

Ce résultat n'avait pas été obtenu par nous sans quelques pertes. Trois goumiers, dont un cheik, étaient tués ; un quatrième avait disparu. Un lieutenant de chasseurs d'Afrique était blessé, un chasseur tué et un autre blessé.

Vers 2 heures, les munitions commençaient à faire défaut à la cavalerie. Trois compagnies du 1er régiment de zouaves, sous les ordres du chef de bataillon Mercier, reçurent l'ordre de se porter en avant pour les renforcer.

Arrivée sur la ligne des chasseurs d'Afrique, la 3e compagnie du 3e bataillon (capitaine Kœnig) prit sa formation de combat et couronna une première crête. La fusillade qui avait diminué d'intensité recommença aussitôt. La 4ᵉ compagnie du même bataillon (capitaine de Franclieu) vint soutenir la 3ᵉ, et toutes deux se portèrent en avant. Elles se trouvèrent bientôt devant une ligne de rochers d'où partaient des feux nourris. Les indigènes embusqués derrière des abris en pierre dirigèrent sur les zouaves un feu de salve qui tua un homme. On apercevait au milieu d'eux un personnage dont le costume sombre se distinguait parmi leurs burnous blancs.

Devant la résistance des Kroumirs, le capitaine Kœnig fit sonner la charge et enleva à la baïonnette la ligne de rochers d'où s'enfuirent environ 150 indigènes.

Pendant ce temps quelques groupes ennemis descendaient la montagne et venaient menacer notre flanc droit. Le feu d'une batterie du camp fut immédiatement dirigé sur eux à environ 2500 mètres ; deux sections de zouaves firent face à droite et leur mouvement fut arrêté. L'artillerie les poursuivit de son feu jusqu'à 3200 mètres.

Quand l'ennemi eut disparu, les troupes revinrent au camp. Elles étaient de retour à 4 heures.

Dans cette journée la colonne eut 10 hommes hors de combat, 5 tués, dont un cheik, 4 blessés, dont un officier (1).

Ce fut le combat le plus sérieux de la campagne.

Quelques jours après (14 mai), le colonel O'Neil (de la colonne Logerot) eut son arrière-garde attaquée à Ben-Métir par des groupes nombreux d'insurgés. Il les contint pendant trois heures par une fusillade des plus nourries en attendant des renforts ; puis voyant que ceux-ci n'arrivaient

---

(1) Rapport du général Logerot. *Journal officiel*. 29 mai 1881.

pas, il attaqua vigoureusement l'ennemi par son front et son flanc gauche et le refoula dans les bois. Nous eûmes dans cette affaire un tué et sept blessés (1).

V.

Pendant ce temps des événements très importants se passaient à Tunis même.

Le 3 mai à 6 heures du matin, une division de l'escadre française composée du *La Galissonnière*, battant pavillon du contre-amiral Conrad, de la *Surveillante*, de l'*Alma*, de la *Reine-Blanche* et du *Léopard* se présentait devant le port de Bizerte. Le gouverneur, beau-frère du bey, fut sommé de livrer la ville en deux heures. Après avoir hésité pendant une demi-heure, il consentit à ouvrir les portes à condition qu'on lui délivrerait un écrit constatant qu'il avait cédé à la force et que les troupes françaises respecteraient la vie et les biens des habitants.

A onze heures, les compagnies de débarquement de la division navale prirent possession de la ville et des forts, et le capitaine de vaisseau Miot, commandant de l'*Alma*, fut nommé commandant supérieur à terre. Quelques jours après les deux transports *Sarthe* et *Dryade* arrivèrent à Bizerte et débarquèrent un corps de troupes de 6.000 hommes composé de bataillons du 20e, 38e et 92e de ligne, du 30e bataillon de chasseurs à pied et du 1er hussards.

Ces troupes formèrent une brigade sous les ordres du général Bréart.

---

(1) Rapport du général Logerot. *Journal officiel*, 1 juin 1881.

Le 8 au matin cette brigade prit la route de Tunis. La marche s'effectua sous une pluie torrentielle à travers des terrains difficiles. Le soir on campa à 25 kilomètres de Bizerte ; deux jours après on arrivait au Bardo, résidence du bey, et le général Bréart établissait son camp à la Manouba.

Des masses de curieux assistaient à l'arrivée des troupes. La musique jouait le *Chant du départ*.

En apprenant l'arrivée du général Bréart, le bey écrivit une lettre de protestation au ministre de France à Tunis, M. Roustan. Du reste cette protestation était simplement pour la forme ; car le bey écrivait en même temps au général Bréart pour lui dire qu'il le recevrait dans la journée.

« Le général Bréart monta aussitôt à cheval ainsi que son état-major. Malgré une pluie battante, il se rendit au palais du bey, escorté par un escadron de cavalerie. Il mit pied à terre devant la porte de la grille du palais. La cavalerie qui formait son escorte resta rangée devant la grille et les honneurs lui furent rendus par un peloton de soldats tunisiens qui formaient la haie (1). »

Le général Bréart proposa à la signature du bey un traité établissant le protectorat français en Tunisie et garantissant en échange au bey de Tunis la tranquille possession de ses états ; l'armée française devait occuper un certain nombre de points stratégiques pour le maintien de l'ordre et pour la sécurité de la frontière et du littoral.

Après deux heures de réflexion, le bey accepta toutes les conditions qui lui avaient été soumises ; il demanda seulement que nos troupes n'entrassent pas à Tunis, ce qui lui fut accordé.

(1) M. Bois.

Le jour même (12 mai 1881) le bey et le général Bréart apposèrent leurs signatures au bas du traité suivant :

Article 1er. — Les traités de paix, d'amitié et de commerce et toutes autres conventions existant actuellement entre la République française et S. A. le bey de Tunis sont expressément confirmés et renouvelés.

Art. 2. — En vue de faciliter au gouvernement de la République française l'accomplissement des mesures qu'il doit prendre pour atteindre le but que se proposent les hautes parties contractantes, S. A. le bey de Tunis consent à ce que l'autorité militaire française fasse occuper les points qu'elle jugera nécessaires pour assurer le rétablissement de l'ordre et la sécurité de la frontière et du littoral. Cette occupation cessera lorsque les autorités militaires française et tunisienne auront reconnu, d'un commun accord, que l'administration locale est en état de garantir le maintien de l'ordre.

Art. 3. — Le gouvernement de la République française prend l'engagement de prêter un constant appui à S. A. le bey de Tunis contre tout danger qui menacerait la personne ou la dynastie de Son Altesse, ou qui compromettrait la tranquillité de ses Etats.

Art. 4. — Le gouvernement de la République française se porte garant de l'exécution des traités actuellement existants entre le gouvernement de la Régence et les diverses puissances européennes.

Art. 5. Le gouvernement de la République française sera représenté auprès de S. A. le bey de Tunis par un ministre résident, qui veillera à l'exécution du présent acte et qui sera l'intermédiaire des rapports du gouvernement français avec les autorités tunisiennes pour toutes les affaires communes aux deux pays.

Art. 6. — Les agents diplomatiques et consulaires de la France en pays étrangers seront chargés de la protection des intérêts tunisiens et des nationaux de la Régence. En retour, S. A. le bey s'engage à ne conclure aucun acte ayant un caractère international sans en avoir donné connaissance au gouvernement de la République française et sans s'être entendu préalablement avec lui.

Art. 7. — Le gouvernement de la République française et le gouvernement de S. A. le bey de Tunis se réservent de fixer, d'un commun accord, les bases d'une organisation financière de la Régence qui soit de nature à assurer le service de la dette publique et à garantir les droits des créanciers de la Tunisie.

Art. 8. — Une contribution de guerre sera imposée aux tribus insoumises de la frontière et du littoral. Une convention ultérieure en déterminera le chiffre et le mode de recouvrement dont le gouvernement de S. A. le bey se porte responsable.

Art. 9. — Afin de protéger contre la contrebande des armes et des munitions de guerre, les possessions algériennes de la République française le gouvernement de S. A. le bey de Tunis s'engage à prohiber toute introduction d'armes ou de munitions de guerre par l'île Djerba, le port de Gabès ou les autres ports du Sud de la Tunisie.

Art. 10. — Le présent traité sera soumis à la ratification du gouvernement de la République française et l'instrument de ratification sera remis à S. A. le bey de Tunis dans le plus bref délai possible.

Casr-Saïd, le 12 Mai 1881.

Signé Mohammed-Es-Sadok Bey.

Général Bréart. (1)

Le dimanche 15 Mai, le général Bréart reçut la colonie française et passa à 4 heures du soir la revue de ses troupes. Le 19 il partit avec sa brigade pour rallier les autres colonnes qui opéraient dans le Nord de la régence.

De ce côté la pacification marchait rapidement. A part quelques courts engagements avec l'ennemi, tout se réduisait à des marches ayant pour but de cerner les rebelles et de les forcer à demander l'aman.

Aussi le gouvernement français ne jugeant pas nécessaire de continuer à entretenir des forces aussi considérables dans la Régence donna l'ordre au général Forgemol de rapatrier la plus grande partie de ses troupes.

Le 10 juin commença la dislocation du corps expéditionnaire, qui fut terminée vers le 25 du même mois. On ne laissa en Tunisie que 6 000 hommes qui furent répartis entre les différentes places du Nord de la Régence.

Avant de renvoyer ses troupes dans leurs foyers, le général Forgemol leur adressa l'ordre du jour suivant :

« Officiers, sous-officiers et soldats du corps expédition-
« naire de Tunisie, nous sommes arrivés au terme de nos
« plus difficiles opérations ; au moment où les corps et les
« brigades vont se séparer, je tiens à vous féliciter de l'es-
« prit de discipline qui vous a toujours animés, du dévoue-

---

(1) *Journal officiel*, 27 Mai 1881.

« ment et de l'entrain que vous avez montrés au milieu des
« plus dures fatigues et de l'énergie avec laquelle vous avez,
« en toutes circonstances, abordé l'ennemi sous la conduite
« de chefs dont je ne saurais trop reconnaître l'habileté et la
« constante sollicitude.

« Vous avez rivalisé d'ardeur et répondu au chaleureux et
« patriotique appel que le ministre de la guerre vous adres-
« sait au début de l'expédition. — Partez donc avec la satis-
« faction d'avoir noblement accompli votre tâche et avec
« la conviction d'avoir soutenu vaillamment l'honneur des
« jeunes drapeaux que vous avez reçus du gouvernement
« de la République (1). »

VII.

Comme il était facile de le prévoir, les troupes françaises
étaient à peine rapatriées que des mouvements insurrectionnels éclatèrent dans toutes les parties de la Régence non
occupées par nos petites garnisons. Le drapeau tricolore
n'avait fait son apparition que dans les régions du Nord ; il
n'avait pas paru dans les contrées de l'Est et du Sud habitées précisément par les populations les plus guerrières et les
plus fanatiques. La ville sainte de Kairouan était le centre de
cette agitation qui pouvait prendre de grandes proportions
et entraîner dans une insurrection formidable toutes les
populations du Sud de l'Algérie et de la Tunisie. Déjà les
ulémas prêchaient la guerre sainte ; les bruits les plus dangereux circulaient parmi ces Arabes ignorants, à l'imagina-

(1) *Journal Officiel*, 18 juin 1881.

tion facilement surexcitable, qui croyaient que le grand sultan de Constantinople allait accourir à la tête de ses troupes pour chasser les *chiens de chrétiens*, les *Roumis*, du territoire musulman (1).

Cette effervescence se traduisit bientôt par des actes. A la Manouba, près de Tunis, le capitaine Matteï, chef d'état-major du général Maurand, fut assassiné en plein café par un Arabe (2).

On coupa des lignes télégraphiques entre Sfax et Gabès. Des Maltais, des Juifs, des Italiens furent assaillis à coups de fusil dans la ville de Sfax, dont la population très belliqueuse et fanatique, se montrait particulièrement surexcitée. Sans la présence de la canonnière française, le *Chacal*, on aurait eu sans doute à déplorer le massacre général des Européens dans cette ville.

Le gouvernement français résolut de couper court à cette dangereuse agitation. En attendant la fin des grandes chaleurs et l'envoi d'un nouveau corps expéditionnaire destiné à soumettre la partie Sud de la Régence, on décida que l'escadre d'évolutions de la Méditerranée, commandée par le vice-amiral Garnault, se rendrait immédiatement devant Sfax, bombarderait la ville et s'en emparerait.

La ville de Sfax, située sur la côte Est de la régence, est entourée d'une enceinte continue dans laquelle on pénètre par les portes Gabbi, Harbi et Cherchi. La Casbah ou forteresse occupe l'angle Sud-Ouest de la ville. Devant la face de l'enceinte qui longe la plage, on trouve un certain nombre de wharfs qui permettent d'embarquer et de débarquer ;

---

(1) Général Philebert. *La sixième brigade en Tunisie.*
(2) *Journal officiel*, 5 juillet 1881.

partout ailleurs l'accès de la plage est impraticable à cause
des fonds de vase molle qui s'étendent très loin au large.
En prévision d'une attaque par mer, les Arabes avaient construit, à côté de ces wharfs, une batterie rasante et une tranchée qui battaient ainsi le seul point de la côte où l'on pût
tenter un débarquement.

Le 5 juillet la corvette cuirassée la *Reine-Blanche*, commandant de Marquessac, et la canonnière le *Chacal* vinrent
faire une reconnaissance en face de Sfax. Le *Chacal* rangea
le plus possible le rivage ; mais l'ignorance où l'on était des
hauts fonds qui bordent la côte ne lui permit pas de s'approcher à moins de 5000 mètres de la ville. Ce fut à cette distance qu'il ouvrit le feu. Les batteries de terre ripostèrent ;
leurs boulets tombèrent d'abord à une certaine distance du
Chacal ; mais peu à peu leur tir se régularisa et finalement
les projectiles ennemis dépassèrent même le navire. Après
une heure de bombardement la canonnière cessa le feu ; on
constata que notre artillerie avait fait brèche dans la batterie
rasante. Mais dans la nuit suivante, les assiégés réparèrent
les dégâts qu'ils avaient éprouvés en installant devant leurs
batteries d'énormes balles d'alfa pressé.

Le 6 juillet, vers 4 heures et demie du matin, le bombardement recommença.

La corvette cuirassée l'*Alma* et les canonnières *Pique* et
Hyène étaient venues rejoindre la *Reine-Blanche* et le *Chacal*. On se rapprocha de la côte ; les canonnières vinrent
prendre leurs postes de combat à 2400 mètres de terre, juste
à la limite de leurs tirants d'eau. Alors commença le bombardement méthodique de la ville et du fort. Les batteries de
terre essayèrent de riposter ; mais leur feu fut vite éteint. On
tira alors sur la Casbah, et à trois heures de l'après-midi on
cessa le feu, au signal du commandement supérieur.

8. — GÉNÉRAL FORGEMOL

Le 7 juillet les cuirassés continuèrent leur feu lent sur la ville, tandis que les canonnières s'embossaient pour tirer sur les batteries. Dans la journée quelques-unes de nos embarcations armées en guerre vinrent en reconnaissance très près de terre et tirèrent quelques coups bien dirigés sur la batterie rasante qui riposta par plusieurs boulets dont aucun n'atteignit le but.

Le 8 juillet eut lieu une attaque générale des embarcations soutenue par les canonnières. Les embarcations s'approchèrent jusqu'à mille mètres de terre et tirèrent vivement sur l'ennemi qui riposta par plusieurs coups à boulet et à mitraille ; un de nos matelots fut blessé et les canonnières reçurent quelques boulets dans leur mâture.

Les opérations que nous venons de raconter n'étaient que le prélude de l'attaque générale que l'on méditait. Celle-ci devait être dirigée par le vice-amiral Garnault, commandant en chef l'escadre de la Méditerranée ; après avoir achevé la destruction des défenses de l'ennemi, l'amiral avait l'ordre de faire occuper la ville par les compagnies de débarquement de tous les navires de l'escadre et par six bataillons du 92e et 136e de ligne (environ 4000 hommes) sous les ordres du colonel Jamais. Le colonel devait être chargé de la direction des opérations à terre, une fois que le débarquement aurait été terminé.

L'escadre arriva le 14 juillet devant Sfax ; elle comprenait les cuirassés *Colbert*, portant le pavillon du vice-amiral commandant en chef, *Friedland*, *Trident*, *Marengo*, *Revanche*, *Surveillante*, *La Galissonnière* et la canonnière *Léopard*. En y ajoutant l'*Alma*, la *Reine-Blanche*, l'*Hyène*, le *Chacal* qui se trouvaient devant Sfax et les transports, *Sarthe* et *Intrépide*, on aura ainsi la composition de cette escadre, la première qui eût été appelée à prendre part à une action militaire depuis la guerre de 1870.

Après avoir mouillé tous les cuirassés par leur tirant d'eau à une distance moyenne de 6500 mètres de la ville, l'amiral Garnault fit opérer le 14 juillet un bombardement lent avec les grosses pièces des gaillards, tandis que les canonnières postées à 2200 mètres cherchaient à démolir les défenses accumulées sur la plage et à faire brèche dans les hautes murailles de la place.

Le débarquement et l'attaque de vive force de la place furent décidés pour le surlendemain 16 juillet.

La principale difficulté du débarquement consistait, avons-nous dit, en ce que, les fonds décroissant très lentement près de terre, les embarcations ne pouvaient s'approcher suffisamment de la plage ; les hommes ne pouvaient même pas se jeter à l'eau, le fond étant formé d'une vase molle où ils auraient disparu. Pour parer à cet inconvénient l'amiral Garnault fit préparer une sorte de jetée flottante en faisant dégréer et mettre à l'eau les vergues de hune des six cuirassés de l'escadre, que l'on devait remorquer avec les six canots à vapeur et assembler perpendiculairement à la côte. Le capitaine de frégate Juge était chargé de cette opération particulièrement délicate.

C'était par le pont-radeau ainsi formé que devaient débarquer les *troupes de ligne*. Trente-huit mahonnes (embarcations à fond plat en usage dans le pays) devaient aller chercher ces troupes à bord des différents navires de l'escadre et les porter au pont-radeau.

Les opérations du débarquement à la plage devaient être dirigées par le capitaine de vaisseau de Marquessac. Les compagnies de débarquement formaient trois bataillons commandés respectivement par les capitaines de vaisseau Miot, de l'*Alma*, Marcq-Saint-Hilaire du *Colbert* et le capitaine de frégate Maréchal du *Trident*. Les sections d'artillerie de débarquement de l'escadre étaient sous le commandement du capitaine de frégate Tabareau, de la *Revanche*. Une section de matelots torpilleurs était chargée de faire sauter les obstacles. Enfin une escadrille d'embarcations armées chacune d'un canon, sous les ordres du capitaine de frégate Trillot, devait s'approcher de terre le plus possible pour protéger par son tir le débarquement des troupes.

Le 16 juillet, dès que le jour parut, vers trois heures du matin, les diverses opérations commencèrent. Les baleinières et le canot à vapeur allèrent chercher les différentes pièces du pont-radeau. On les assembla bout à bout et on prit à la remorque le pont-radeau ainsi formé. A 400 mètres de terre, on stoppa et on mouilla des grappins au moyen desquels on réussit à hâler le pont et à fixer une de ses extrémités à terre.

Pendant ce temps les gros cuirassés avaient ouvert un feu violent contre la ville et la Casbah, et les embarcations du commandant Trillot étaient venues se former en ligne de combat à cinq cents mètres dans l'Est de la batterie rasante. Ces embarcations commencèrent à balayer la plage par le feu de leur artillerie et de leur mousqueterie de manière à empêcher la concentration de l'ennemi en face du point où devaient débarquer les troupes. Les Arabes embusqués dans la batterie rasante et dans un fortin situé en avant du front Est de l'enceinte répondirent à coups de fusil. Mais nos obus eurent bientôt mis le feu aux meules d'alfa qui leur avaient servi, comme nous l'avons vu, à masquer leurs brèches, et comme il soufflait en ce moment une jolie brise d'Est, la fumée très intense produite par la combustion se rabattit sur les défenseurs et les força à évacuer précipitamment leurs fortifications.

Bientôt, cependant, la plage se garnit de nombreux groupes d'Arabes à pied et à cheval, accourus de la ville pour s'opposer au débarquement des troupes qui s'approchaient. Le commandant Trillot dirigea sur eux un feu très nourri de mousqueterie et d'artillerie. Le tir rapide de nos canons-revolvers et quelques obus bien dirigés eurent bientôt dissipé ces rassemblements et rendu d'un accès difficile à l'ennemi la route qui conduisait des jardins extérieurs à l'entrée Est de la ville. En même temps les canons de 14 et de 16 centimètres des grosses embarcations fouillaient de leurs obus les villas et les jardins qui servaient de retraite aux fuyards.

Pendant ce vif combat d'artillerie les embarcations chargées de porter à terre les troupes de ligne et les marins s'étaient massées en bon ordre à trois ou quatre cents mètres de la plage; là elles subissaient sans pouvoir y répondre le feu de l'ennemi heureusement mal dirigé. A un signal fait par le contre-amiral Conrad qui pour mieux suivre les opérations avait mis son pavillon sur le *Léopard,* le commandant Marcq-Saint-Hilaire fit sonner la charge; les cris de : En avant! retentirent de tous côtés et toutes les embarcations se dirigèrent vers la terre avec un entrain magnifique, soit en forçant de rames, soit en poussant sur le fond.

Le canot-major du *Trident* accoste le premier au wharf même sous la batterie et reçoit un coup de canon à bout portant. L'enseigne de vaisseau Couturier saute le premier à terre et escalade avec une bravoure remarquable le parapet de la batterie. Un Arabe le couche en joue à bout portant. Sans daigner se servir de son revolver, M. Couturier renver-

se son adversaire d'un coup de pied et un marin le perce
de sa baïonnette. Le fusilier Martin qui avait suivi de près
son chef amène l'étendard vert de la révolte et un quartier-
maitre plante sur le parapet le pavillon tricolore du *Trident*.

Peu après toutes les compagnies de l'escadre ont débarqué soit sur le pont-radeau soit directement au wharf et sont
suivies à terre des troupes de ligne sous le commandement
du colonel Jamais qui prend alors la direction des opérations.

Les Arabes chassés de la plage s'étaient réfugiés à l'intérieur de l'enceinte et dans la Casbah. Le bombardement des
jours précédents n'avait pas réussi à faire une brèche dans
les fortifications de la place. Il fallut faire sauter les portes
avec des pétards de fulmi-coton ou les enfoncer à coups de
canon. Nos troupes s'élancent alors dans la ville où les Arabes renfermés dans les maisons se défendent pied à pied.
La compagnie de débarquement du *La Galissonnière* est chargée de s'emparer du fort dit des Trois-Pièces. Elle y pénètre
par escalade; l'aspirant de 1ère classe Banon et le second-
maitre canonnier Gaubert en amènent le pavillon qu'ils
remplacent par le drapeau français. Les pièces sont enclouées
et les poudres évacuées vers la réserve, pendant que l'on
combat contre les Arabes établis dans les maisons voisines.

Il est impossible de signaler tous les incidents de cette
guerre de rues qui se prolongea une partie de la matinée.
Une section du *Colbert* s'était élancée à la poursuite d'un
groupe d'Arabes; un matelot nommé Brenot n'écoutant que
son ardeur s'étant avancé plus loin que les autres se trouve
bientôt entouré d'Arabes; il en abat deux, enlève un drapeau et tombe grièvement blessé frappé de deux balles. Le
reste de la section dut se porter en avant pour le relever et
se replier ensuite.

De son côté la compagnie de la *Surveillante*, soutenue par une section du *Trident,* eut à soutenir un combat très brillant contre les Arabes retranchés dans un enclos voisin du cimetière. L'enclos fut abordé et enlevé à la baïonnette, avec l'aide d'une compagnie du 92° de ligne; celle-ci poursuivit l'ennemi jusque dans les jardins intérieurs où elle eut à subir des pertes très sérieuses.

Le commandant Miot, après avoir fait sauter au moyen d'une torpille la porte de la ville arabe, s'était porté vers la Casbah avec les compagnies de la *Reine-Blanche* et de l'*Alma*. La résistance de l'ennemi fut particulièrement meurtrière dans cette partie de la ville ; nous y perdîmes un officier, l'aspirant de 1re classe Léonnec. Enfin à 7 heures 45, le commandant Miot, après avoir fait enfoncer la porte de la Casbah, entrait dans la citadelle et y faisait hisser le pavillon français aux cris de : *Vive la France!*

Le feu des bâtiments avait cessé depuis le débarquement ; les canonnières seules continuaient à tirer quelques coups de canon sur les Arabes qu'on voyait çà et là. Les différents convois d'embarcation ne cessèrent d'aller reprendre de nouveaux chargements de troupes à bord de l'*Intrépide* et en peu d'heures tout le corps expéditionnaire, infanterie et artillerie, fut à terre. Le 1er bataillon débarqué (92° de ligne) fut porté à l'extrême droite où il coopéra, comme nous l'avons vu, à la prise du cimetière.

Vers neuf heures et demie, la résistance des Arabes paraissait décidément vaincue. Le commandant Marcq-Saint-Hilaire mit les marins au repos en les abritant le long de la muraille; on avait trouvé un puits près de la porte dans l'intérieur de la ville. Pendant que nos hommes étaient à l'eau, une vive fusillade éclata sur eux ; cette fusillade partait d'une petite mosquée située en face du puits. Il fallut en faire le siège. La compagnie de débarquement du *Friedland* en fut chargée. On ne put en venir à bout qu'avec l'aide d'une section d'artillerie. Quand la porte eut été enfoncée, tous les Arabes renfermés dans la mosquée se rendirent. On fit ainsi 42 prisonniers valides parmi lesquels se trouvait un grand chef. Cette petite affaire très chaude nous coûta à elle seule cinq morts et huit blessés.

Vers trois heures, tout le corps de débarquement était rassemblé sur la plage. Nos hommes, debout depuis douze heures, n'avaient rien mangé depuis qu'ils avaient quitté le bord ; ils étaient exténués de fatigue. On fit le recensement des pertes ; on évacua les blessés sur la *Sarthe*. Ce fut à dix heures du soir seulement que nos matelots purent rallier l'escadre, laissant la ville à la garde des troupes de ligne.

La prise de Sfax est le fait de guerre le plus important de la campagne de Tunisie. Il est tout à l'honneur de nos marins et des vaillants officiers qui les dirigèrent. Un débarquement sous le feu d'un ennemi aussi rapproché de la côte, a-t-on dit avec raison, n'était pas sans présenter de grandes difficultés d'exécution et de réels dangers. Grâce aux mesures prudentes et aux ingénieuses dispositions prises par le commandement, nos pertes ne furent pas aussi élevées qu'on aurait pu le craindre. Elles furent pour les marins de 9 tués dont un officier et de 40 blessés; pour les troupes de terre elles s'élevèrent seulement à trois tués et à une dizaine de blessés.

VIII.

Quelques jours après, l'escadre quittait la rade de Sfax. Le 24 juillet, au petit jour, elle mouillait devant Gabès que l'amiral Garnault avait l'ordre de faire occuper par ses compagnies de débarquement. L'opération se fit sans encombre. Les Arabes n'opposèrent une certaine résistance que dans le village de Mentzel où ils s'étaient fortement retranchés.

Le 28 juillet on occupa de même l'île de Djerbah située sur la frontière de la Tripolitaine.

Les mois d'août et de septembre 1881 furent signalés par de nombreux engagements que nos troupes eurent à soutenir contre les dissidents sur tous les points de la Régence. Le plus important fut celui du lieutenant-colonel Corréard avec les insurgés à Er-Baïn. Le colonel se dirigeait sur Hammamet, quand il fut attaqué, le 26 août, au point du jour, par des forces ennemies évaluées à 12,000 ou 15,000 hommes. Après une lutte qui dura environ trois heures, nos troupes forcèrent l'ennemi à se retirer. Nous n'avions eu qu'un tué et 3 blessés. Dans la nuit du 28, le camp fut de nouveau attaqué par 6,000 ou 7,000 cavaliers. Le colonel Corréard leur infligea des pertes considérables. Mais il perdit lui-même 6 tués dont un officier et 16 blessés. Craignant de manquer de munitions et d'approvisionnements, il dut battre en retraite après ce combat et se retirer jusqu'à Hammam-Lif (1).

Cet échec fut compensé par l'occupation de Sousse et de Hammamet où nos troupes débarquèrent sans encombre.

---

(1) *Journal officiel*, 29 août et 2 septembre 1881.

Cependant les insurgés continuaient leurs incursions ; ils s'enhardirent jusqu'à venir dans les environs de Tunis où ils coupèrent l'aqueduc de Zaghouan ; ils s'attaquaient même aux trains de chemins de fer et le général Logerot dut faire escorter chaque convoi par des détachements de soldats montés dans les wagons (1).

Heureusement le mois d'octobre était arrivé, et l'abaissement de la température allait permettre à nos troupes de reprendre vigoureusement la campagne. Le général Saussier, commandant le 19ᵉ corps d'armée, prit lui-même la direction des opérations. Il commença par faire occuper la ville et les forts de Tunis. Les insurgés trouvaient en effet à la cour du bey un encouragement non dissimulé, et les intrigues des hauts fonctionnaires tunisiens tendaient à prolonger des troubles auxquels le gouvernement français était décidé à couper court dans le plus bref délai possible.

Le 6 octobre, le général Logerot fit occuper la position du Belvédère, près de Tunis, par un bataillon et une batterie de campagne. Le 10 au matin nos troupes entrèrent dans la ville même et occupèrent les forts. Il n'y eut aucune résistance ni même aucun incident à signaler.

Puis on forma trois colonnes destinées à marcher contre Kairouan, la ville sainte des Arabes, le centre des mouvements insurrectionnels contre lesquels nous avions à lutter. Une première colonne commandée par le général Forgemol et comprenant 8000 hommes devait partir de Tebessa, sur la frontière d'Algérie. Une autre colonne commandée par le général Etienne devait partir de Sousse. Le général Saussier

(1) *Journal officiel*, 27 sept. 1881.

commandait directement la 3ᵉ colonne qui partit de Zaghouan.

L'effectif total de nos troupes s'élevait à 20 000 hommes
environ.

La division Forgemol quitta Tébessa le 16 octobre. Dès
qu'elle fut entrée sur le territoire tunisien, elle eut à subir
de nombreuses attaques de l'ennemi. A Haïdra, 2 à 300
Arabes se lancèrent avec impétuosité sur nos premières
lignes de goums qui fléchirent un instant. Une charge de 4
escadrons de chasseurs d'Afrique les culbuta rapidement et
les obligea à la retraite.

Les Arabes s'étant ralliés à quelque distance à d'autres
groupes de dissidents qui se trouvaient dans les bois revinrent presque aussitôt au nombre de 1200 ou 1500 et recommencèrent la lutte. Le 3ᵉ chasseurs d'Afrique et le 4ᵉ hussards
soutinrent avec une grande valeur le choc de l'ennemi pendant trois heures et le décidèrent à se retirer. Ce combat,
qui fit le plus grand honneur au général Bonie et qui par
moments dégénéra en une mêlée véritable, nous coûta 5 tués
et 15 blessés.

Le 25 la cavalerie du général Bonie soutint le choc de 3500
cavaliers ennemis et eut 2 tués et 12 blessés.

Le 27 le mouvement en avant de la division fut de nouveau inquiété par des attaques fréquentes sur les flancs et
sur la queue de la colonne. Mais l'ennemi fut toujours maintenu à de grandes distances par les feux bien réglés de
l'artillerie et de l'infanterie. A partir de ce moment la colonne
ne fut plus inquiétée (1).

La colonne Etienne partit de Sousse le 20 octobre. Elle fut

(1) *Journal officiel*. 12 oct. 23-31 oct. 1881.

attaquée le lendemain 21 par 600 cavaliers, au camp de
Kalaa-Sira. Une charge de deux escadrons du 6ᵉ hussards les
eut bientôt repoussés. L'ennemi fit dans ce combat une perte
cruelle ; le caïd Ali-ben-Amar fut tué. C'était un des principaux chefs de l'insurrection. Sa mort jeta un profond découragement parmi les rebelles qui renoncèrent alors à défendre
la ville de Kairouan contre nous.

« Le 25 le lieutenant-colonel Moulin arrivait devant Kairouan. Il avait avec lui deux escadrons du 6ᵉ hussards. Le
drapeau blanc flottait sur la Casbah et sur le haut du minaret de la grande mosquée. On frappa à la porte principale de la
ville. Le gouverneur tunisien fit ouvrir la porte et alla en
compagnie du lieutenant-colonel Moulin à la rencontre du
général Etienne. Il lui remit les clés de la ville sainte au
nom du bey de Tunis.

« Nos troupes entrèrent dans Kairouan au son du clairon.
Un bataillon du 48ᵉ occupa la Casbah. Les principaux quar-
tiers de la ville furent également munis de troupes, et le
reste de la colonne, après avoir traversé la ville, vint camper
à l'Est des remparts (1). »

Le 27 la colonne Saussier arriva à Kairouan sans avoir
rencontré l'ennemi. Le général en chef fit son entrée dans
la ville le 28 au matin. Le même jour dans la soirée le
général Forgemol arriva à son tour.

L'entrée de nos troupes à Kairouan jeta un profond découragement parmi les tribus fanatiques qui avaient été jusqu'alors persuadées que la ville sainte n'avait pas à redouter le
contact des infidèles. Des colonnes légères envoyées par

(1) M. Bois.

le général Saussier à la poursuite des tribus dissidentes ache-
vèrent la pacification du pays.

Au commencement de 1882 la tranquillité était complète.
On commença alors le rapatriement du corps expéditionnaire
qui fut achevé au mois d'avril de cette même année.

TABLE DES MATIÈRES

SÉNÉGAL ET SOUDAN FRANÇAIS.

AVANT-PROPOS.

CHAPITRE I.

CHAPITRE II.

CHAPITRE III.

MADAGASCAR

AVANT-PROPOS.

CHAPITRE I.

CHAPITRE II.

CHAPITRE III.

Cîteaux. — Imp. Guillermain.

www.ingramcontent.com/pod-product-compliance
Lightning Source LLC
Chambersburg PA
CBHW072002270326
41928CB00009B/1517